葛師的歲月(二)
情長七十年

Down Memory Lane Once More : 70 Years at
Grantham College of Education

FORWARD

葛量洪教育學院校友會　編著

顧問：江潤勳院長

主編：李百強主席

委員：謝少熹、郭麗英、鄧志成、潘嘉衡、楊又蓮、何萬森、
余國光、梁紀昌、陳澧祥、鄭振發、胡家霖、何振業

葛量洪教育學院在上世紀五十年代開始，肩負教師培訓重任四十餘年。

校景照片

葛師加士居道校舍全貌

六十年代葛師校舍舊翼及增建的大講堂

葛師宿舍，1953-64年使用，其後改為美術科、地理科教室。

校景照片

目錄

甲　尊師篇

乙　重道篇

丙　立己篇

丁　立人篇

作者名錄索引

下表列出本書各篇文章全部作者的姓名，按英文姓氏排序，略去稱謂。

男註 ▽ 而女註 ▲，辭世者加方框 □；

曾在母校任職任教者附 ☆ 號，末項數字為其詩文頁碼。

作者名錄索引

葛量洪教育學院概述

葛量洪教育學院，在1951年秋創
立，命名葛量洪師範專科學校
（Grantham Training College），
是一所官立的師資訓練機構。
它隸屬於香港政府教育司署之
下，旨在以一年時間加速培養
師資，協助本港推行小學普及
教育。首屆招收中英文中學畢
業生60人，初借英皇書院上課。
到第二年才搬到九龍加士居道新
址，由港督葛量洪爵士主持揭幕。

1953年於學校旁設置宿舍，容納鄉師最後一屆學生，其後則葛師自
用，以方便家居偏遠的學生；1960年衍生柏師，曾共用校舍數月。
葛師在1955年稍擴校舍，1957年在禮堂以酒會形式歡送葛督榮休。

葛師在開校十年間，逐年急增名額，由百餘人至1960年的三百
餘。除辦理日間一年制外，還須負責夜間二年制在職教師訓練班。
1952年辦新界區，1958年辦九龍區，學員人數甚多；導師人數便按
師生比例而增加。當然，學院要為日夜各班開設教育理論與選修科
目，也須安排學生作教學實習，派員視導。直至政府致力發展中學
教育，才開始二年制的新章。在1964這一年，入讀新生可選一年或
二年制。

　　1967年，葛師正式易名為教育學院（Grantham College of Education），改用講師職稱。第三年美術科高級課程於1968年開辦；其後校舍再度擴建，添新翼而加建體育館，於是在1973年起設第三年體育專科，廣納現職中學專才和本校優質學生，使他們受訓後能擔任中學各級教席。此二科師訓的成功，使葛師聲譽日隆。

　　七十年代中期，隨着政府大力發展官津中學，學位急速增加；由於課室及場地不足，於1974年借用柏師紅磡舊校。當年收錄中五以上程度的學生，為了加深他們的學養，1980年便增辦三年全日制課程，開始接納津補中學教師為講師。此時院內科系趨於多元，除術科外，可修學科包括中文、英文、數學、地理、歷史、中史、科學、經公、社教等，各科教學則以大堂講授及小組研習形式上課。教育學有關哲學、理論、心理等範疇則增加深度，重視專題研究，發表論文；且先後嘗試設計、活動教學，輔導、融合形式，以人為本、遙距學習的實驗與施行。直到1984年重設二年全日制課程。此外，葛師須配合港府教育政策及時勢，開設在職英文中學英文科、弱智弱能的短期訓練班。八十年代初期，政府注重發展幼兒教育，委葛師以重任。一時因不同職位及情況而開設的幼師訓練班甚多，院方更需增聘人手，而旺角中心和長沙灣分校相繼租用，方能應付。

　　上面所記，只是葛師一院的概述。其實與羅師、柏師、工商師範、語文學院，因同屬教育署的師訓部門，也常有學術交流、職位調任的機會。不過學院之間的溝通還不算多，但到了九十年代便大為不同。1994年4月政府宣佈成立香港教育學院（Hong Kong Institute of Education），將葛師與上述四院合併而稱葛師為分校。翌年正式定名，於是葛師的教育使命便告終結。此時各分校等候大

葛量洪教育學院概述

埔露屏道新院1997 年建成，陸續遷入。這一所由五院合成的香港
教育學院，致力提升講師學歷與科系改組，提高學術程度，直至
2016年獲承認為香港教育大學（The Education University of Hong
Kong）而止。葛師既屬前身一分子，自然樂見教育大學的正名而
深感快慰。

　　葛院的歷史，從1951到1994共43年。在葛院受訓的學生達萬餘
人，他們畢業後多在香港各類學校或機構服務。各人敬業樂業，成
就自己，發出能量，做着以生命影響生命的專業工作。薪火相傳，
配合社會轉型，為本港數十年的繁榮作出了貢獻。

校友會 主席

李百強

1952年，港督葛量洪爵士（站立者）主持葛師開幕典禮。

第一任院長張榮冕先生

1957年11月校友會歡送港督葛量洪離任返英

葛量洪教育學院概述

第二任院長胡熙德
先生與1962-63年
學生會幹事合照

1988年港督衛奕信爵士蒞臨葛師，在體育館與高級師資課程（體育組）師生合照。

葛量洪教育學院概述

葛量洪教育學院
院長名錄

張榮冕先生

（任期：1951-61）

胡熙德先生

（任期：1961-63）

何雅明先生

（任期：1963-64）

羅宗熊先生

（任期：1964-68）

郭煒民先生

（任期：1968-73）

周刁玉珍女士

（任期：1973-77）

江潤勳博士

（任期：1977-85）

潘宏強先生

（任期：1985-90）

趙蘇麗珍女士

（任期：1990-95）

院長題辭

木有本時水有源

江潤勳博士
(任期：1977-85)

院長題辭

承先啟後
為港育才

潘宏強先生
（任期：1985-90）

院長題辭

學然後知不足
教然後知困

願與葛師校友們共勉

趙蘇麗珍女士
（任期：1990-95）

香港教育大學校長賀辭

《葛師的歲月（二）情長七十年》
出版誌慶

情繫教育
絃歌不輟

香港教育大學校長
張仁良 敬賀

序　言

　　單看書目《葛師的歲月
（二）》，大家都曉得這一本是同名
書目的第二冊。那年我們葛量洪教育
學院校友會為了紀念母校「葛量洪教
育學院」建立六十週年，特別編刊此書。母校初名「葛量洪師範專
科學校」，於1951年創始，借港島英皇書院上課；至翌年才遷入九
龍加士居道的新校舍。1952年夏，便有第一屆學生結業而到本港各
區學校任教，是以校友會常記着1951-52是一個值得紀念的年份。
今年2021-22正是葛師的七十週年，謹此編纂新書，以表慶祝。

　　校友會積聚了第一冊的編刊經驗，提早兩年便開始籌劃。先在
2018年初的常委會上提出此議，獲得全體同意，隨即於4月的會員
大會上初步徵詢出席會員意見，得與會會員贊成。經大半年時間的
個別接觸和有關商談中，常委會認為此議應行而可行，便在2019年
5月的會員大會上正式公佈此事。幾個月後，祗收得文章數篇；常
委會認為宜加速宣傳，由我籌辦其事。到了2020年，原定2月的葛
師之友（曾在葛師任教的導師們的聯誼組織）及5月的校友會週年
會員大會，皆因新冠疫情猖獗而改期（後者延至7月10日舉行）。
常委們遂使用手機傳訊，廣泛聯繫；猶幸反應良佳，支持者眾，移
居海外者亦相繼惠稿。結果在7月底獲40篇而8月底共獲50篇，其後

陸續收得投來文稿，終告完成。

下面將致本會會員的「徵文芻議」及致葛師之友「懇請賜稿」兩文摘錄，以見書成故事。

甲　徵文芻議（在葛師校友會會員大會上提出，2019-05-04）

葛量洪教育學院校友會現計劃出版《葛師的歲月》第二冊，為此特誠意向校友們及導師們徵稿。請惠賜鴻文，以便編纂成書。是書期於2021年出版，作為紀念母校七十週年，表揚葛師同人長期服務教育的精神。茲將要項分列於下：

1、內容：文章宜以較輕鬆的筆調，抒寫個人當年在葛師就讀時的學習生活、交友情誼及其後個人在教育事業的進修、研究、奮鬥、成就等方面的經歷與反思。真情實感，文責自負。

2、字數：長文宜在2000至3000字之間，中英不拘，請附若干相片。文稿將由本會專責小組整理、編輯。當視文稿累積至相當數量時，才收集投稿人簡介、近照等，準備付梓。

3、印製：祈恕不設稿酬。歡迎校友為書名提議，新書印妥即開發佈會，贈與每位投稿人新書兩冊。書印成後，即在本港書局發售，另送各公立圖書館，供市民借閱。

4、通訊地址：九龍紅磡德安街30號葛量洪校友會黃埔學校（附聯絡電話及電郵）。

請葛師校友們為此事廣為宣傳，執筆撰稿。歡迎來電查詢，坦誠共商，促成美事。

校友會主席

葛師之友 全已退休 畢生奉獻 教化長留

這十六個字，可以作為一班曾在葛師任教多年的老師們，在教育貢獻方面的寫照。

香港位於南中國的窗口，我們正處身於歷史浪潮之中；雖未經歷過1919年五四新文化運動，但在2019年則體驗到當前一國兩制在香港出現的公眾活動事件，在我們平靜的退休生活中感受到近月時勢動盪的影響。回顧我們在上世紀中葉的年代，大多在香港渡過中學、專上或大學階段，畢業後投身教育，其後獲調入教師訓練的行列。我們都戰戰兢兢，接受重任，憑着自己的學識與經驗，不斷累積，持續進修，敬業樂業，成就自己。直到1994年合併為香港教育學院，才進入另一個擴大教育範疇、爭取學歷承認的新領域。

我們這一群在葛師教學的師範老師，各有科系，但都圍繞着教育為主體，以專科為本行。依照學院的課程，定二年制為基礎，三年制為專精，授年青教師以理論與技能，給他們提供發展與深造的機會。看到學生們在校勤奮學習，畢業後各守崗位，各盡其力，甚感欣慰。他們致力培育社會各業所需的人才，帶動社會前進和社會轉型，功勞不小。這幾十年間，我們目睹本港各級教育的擴展：五十年代開始時在小學，轉眼便到六七十年代在中學，直到港府八九十年代達致擴大專上教育的目標。我們屬於葛

師的教育團隊，包括我們及學院歷屆的畢業生，默默耕耘，為社會作了人們未必看到的無形奉獻。目前有些人肆意評論本港教育，或嫌稍近偏頗。我輩早年所付出的心血，自問克盡其力，無愧於心。今天的教育情況，容有未善，但其成因複雜，不易分析。葛師之友諸君，能不深有感慨乎？

為此，本人冀望各位能將昔日在葛師教學工作上的滿足，全校同事間的情誼，把一些正能量的東西，摘記下來。心有所感，寫個二三千字，實非難事；幾個人分別寫些花絮，也可合成文章，去描述一個前輩的事跡。倘自己無暇執筆，亦可考慮另人記寫，以問答形式為文，可能更為輕鬆有趣。倘欲發表一些對教育問題的宏觀看法，則更能使人了解到一生從事教育的人仍在繼續履行其天職。

記得去年二月，我曾在葛師之友新春聚會中為《葛師的歲月（二）》作徵稿呼籲（亦曾在前年五月葛師校友會週年大會上向會員宣佈）。至今交到手上的文章，不足十篇；而口頭答應者則有十多人。據我的工作經驗，當來稿累積至三十餘篇，即可開展編纂小組的工作。無論如何，葛師校友會早已為出版此書作好準備，計劃將是書獻與葛師七十週年院慶。深盼各位葛師之友積極回應，玉成此事。本人希望：諸君正好趁今年二月為防新冠病毒傳至本港而留在家中之便，動些腦筋，奮起執筆。有意為文者，請來電賜示；文章寫成，至盼早日付來。最後願藉下列四言四句，與同人共勉。

時局易變　往事難忘　育人功績　永誌心房

校友會主席

讀者看過以上兩份文件，大概可以猜出本書徵稿之不易。有些投稿者十分熱心，一早寫好傳來，有些則或因事忙，遲遲未能動筆，但大多數於2020年寫成。是以諸君讀文時，似宜粗暑得其敍事的大概，而不必根究其時日的準確性；畢竟雜記舊事，以抒發感情為主，祈為體諒則簡。

校友會常委會曾於2020年7月會議上，檢討《葛師的歲月（二）》編刊事宜，通過正式成立工作小組：由李百強任主編，其餘組員有：郭麗英、何萬森、鄧志成、何振業。小組成員將通力合作，於常委會上報告有關事務的進展，期於2021年付梓印成。

本文縷述是書編刊之要旨及進程，作為序言。

校友會主席

李百強

尊師篇

葛師的歷史僅佔上世紀中及末的四十餘年，曾在校任教的老師眾多，各有專長。他們在教育、學術方面有精闢的見解和深入的鑽研，在個人修養及喜好方面，也有不少出色的表現。他們值得後學尊敬，值得我們學習。

主編特意蒐集幾位早期在校任職而離世多年的前輩，摘錄其有關著述或作品，置於書內，用留永念。

香港的師資訓練

羅宗熊院長

(掌校任期：1964-1968)

前言

羅宗熊校長掌理葛師時（1964-68），曾指導學生編纂雙月刊《仁聲》，以提高學院的學術理論，鼓勵同學們的文藝創作，任內出版六期（1965-67）。

他在該刊第一期撰寫〈香港的師資訓練〉一文，追溯香港開埠至今之師範訓練詳情；史料翔實齊全，至為珍貴。謹將全文重刊於下：

（ -1993）

香港的師資訓練已經有很久的歷史。據說1849年創辦的聖保羅書院，曾經辦過師範班來培植該校低年級的師資。見於記錄的，則在1881年第一間官立師範學校開辦，訓練教英文的中國教師。

後來，教育當局因為教師的需求不大，無須維持一間獨立的師範學校，便計劃在中央書院裏附設一個師範班來代替師範學校。所以1902年中央書院改為皇仁書院之後，便成立一個師範班，招收第三班以上的學生，作為「教生」（Pupil Teachers），委派一位師範教師負責訓練。

1907年，因彌敦爵士的贊助而成立的工業夜校，亦設有一師範

尊師篇

29

班訓練英文教師。凡在官校和補助學校的華籍英文教師都要在夜校接受三年制的師範訓練，資格才獲得承認，1915年，夜校再開辦漢文師範班，養成合格的中文師資。

1917年，香港大學創立教育系，最初只收受大學入學試及格之皇仁書院師範班教生，攻讀四年，有學士學位的教育課程。幾年之後，大學入學試及格之其他學生也可以在該系就讀，而皇仁書院的師範班也停辦了。

1921年，香港政府設立了男女漢文師範學校各一間。男師範初借荷里活道中華書院上課。首任校長是余芸先生，1923年由吳鳳洲先生接充，1924年由黃國芳先生繼任，校舍遷往榮華台，招收七年制小學畢業生，接受兩年師範訓練之後，在中英文學校教授中文。此外，又增設了兩年制進修班，讓小數畢業生追隨前清翰林區大典太史繼續深造。1926年金文泰爵士和當時的教育司有意開設一所官立漢文中學，孔教團體起而響應，把所辦的孔教中學交由政府接管，官立漢文中

學（現在金文泰中學的前身）便
很快的成立，委李景康先生作校
長，暫借育才書社、中華書院等
校舍上課，因為中文師資缺乏，
便將漢文師範男校也併入漢文
中學，仍由黃國芳先生主持，而
師範部教師則兼在中學部任課。
1926年春天，般含道的英皇書院
落成，收容西營盤書院全部的學
生。於是漢文中學連同師範部便
遷往舊西營盤書院上課，直到太
平洋戰事爆發為止。

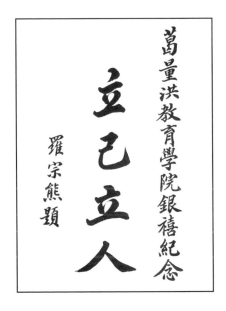

葛量洪教育學院銀禧紀念

立己立人

羅宗熊 題

　　官立大埔漢文師範學校是在1925年創立，用來訓練鄉村小學教
師的，由漢文師範第一屆畢業生且完成兩年進修的陳本照先生做校
長，大埔由那時起便成為新界的教育中心。

　　1935年，英國皇家視學官賓尼先生（Mr. E. Burney H. M. I.）
來港訪問並研究本港教育制度。他建議設立一所新的師範學校或擴
建原有的師範校舍。1938年港督任命一個委員會來研究及報告香港
大學和政府夜校的教師訓練，其中有一個建議，就是本港應設一
個或幾個訓練中心，訓練教授中英文和其他學科的男女教師；新界
的訓練鄉村教師辦法，亦應一樣。結果，一間師範學院便開辦了，
分英文部和中文部。初時只有臨時校舍，直到1940年才有新校舍，
定名為羅富國師範學院。目的在訓練一批非大學畢業教師，在本港
學校任教。1941年末，太平洋戰事爆發，香港淪陷，師資訓練工
作，也因而全部停頓。漢中師範部、漢文女師範及大埔師範均無復
校機會。

尊師篇

1946年9月，鄉村師範學校成立，代替了大埔漢文師範學校，以訓練鄉村學校的教師。全部課程為兩年，學生在受訓其間，必須居住校內。鄉師初設於港督粉嶺別墅（Fanling Lodge），1948年遷往粉嶺戰時兒童保育會舊址，1949年再遷往屏山張園。

　　1950年，教育司柳惠露先生（Mr. J. R. Rowell）有意作一個十年教育計劃，並且邀請孟徹斯特教育司費雪先生（Mr. M.Fisher）來港協助。這個計劃決定在十年內興建官校50間，並且擴大訓練師資來配合小學的發展。因此，葛量洪師範學院便在1951年開辦、初時暫借英皇書院上課，1952年才遷往加士居道新建的校舍。葛師第一年招生60名，第二年100名，第三年125名，包括由鄉師的借讀學生25名在內。

　　1953年9月，鄉師因為沒有固定的校舍，而且容納學生人數有限，政府決定由葛師兼負訓練鄉村教師的責任，結果這一年的鄉師新生25名便和葛師的學生同受一年訓練，至於鄉師第二年的學生，便繼續在屏山上課，直至1954年與在葛師受訓的一齊畢業，鄉師便告結束。

羅氏當年曾在葛師任教。該屆同學畢業前編印同學錄，分頁載師生相片及有關資料。嗣後每屆均製有同學錄，用留紀念。

　　1954年，教育司又宣佈七年小學發展計劃，於是葛師便在1955年9月擴充學額招收學生180名，第二年更擴建校舍，招生330名。

　　1955年9月，羅師開辦特別一年制，以訓練專上學院之畢業生，1957年9月又開辦一年制，借余道生紀念學校及英皇書院上課；1962年遷往沙宣道新校，有宿舍設備，可容宿生192人。

　　1960年，因小學數量繼續增加，師資依然未足，葛師便多招學生100名，開設一所分校，借老虎岩官立小學一部份校舍上課。但在1961年9月，這所分校，增加學額，獨立辦理，名稱由第三師範專科學校改為柏立基師範專科學校，並於年尾遷往紅磡一間新建的官小校舍作為臨時校址。柏師的組織與葛師相同，也是用中文授課，校舍建設正在積極籌劃中。

　　政府除進行全日課程的教師訓練外，同時準備以部份時間上課之教師訓練班代替夜學部的師範班來訓練受助及私立學校之在職教師。市區教師訓練班在1952年開辦，分香港及九龍兩部上課，隸屬羅師。1953年3月所開辦的鄉村教師訓練班，則隸屬葛師，其始分在大埔及元朗兩地上課，但自從1955年9月起，教學集中在葛師進行。

　　1958年在教育司高詩雅博士任內，師訓班大事擴充，名稱也改為在職教師訓練班（I. C. T. T.）。那年在羅師上課的有三班，即在職英文教師訓練班、在職中學教師訓練班和香港區在職小學教師訓練班；在葛師上課的有兩班，即九龍區在職小學教師訓練班和新界區在職小學教師訓練班。

　　1959年教育司署政府夜校亦開辦一個教師訓練班，名為教育司署夜學部在職教師訓練班（E. I. I. S.）。目的在容納投考羅師及葛師在職訓練班及格而未獲收容的教師，設有九龍及香港兩中心。開辦了五年，最後因申請入學人數減少，而1962年柏立基師範專科學

專師篇

校亦開辦了另一個九龍區在職小學教師訓練班，所以便在1964年停辦。

因馬殊及桑柏遜報告（Marsh and Sampson Report）的影響和教育政策白皮書對訓練教師的建議，受全日訓練以獲取教師資格的師範生，最短受訓期經已決定延長到兩年。於是葛師在1964年9月增辦二年制，並積極加強各科設備，預計全部擴建工程可於1968年完成。柏師亦在1965年試辦二年制，以訓練小學及初中教師。羅師的一年制由1965年9月起開始改為中文二年制。葛師的一年制則將於1966年結束；至於柏師一年制，須由教育當局考慮始作最終決定。由1965年9月開始，師範生每年須交學費四百元，但經濟有問題者，可以申請無息貸款及津貼。各師範學校之開設一特別三年制以訓練美術、音樂、手工及體育的專門師資，可希望於最近將來實現。

關於大學所辦的師資訓練，港大於1941年，根據一個委員會的建議，以一年的教育文憑班（Diploma in Education Course），代替四年的教育課程，由科士打教授（Professor Lancelot Forster）主持，招收港大肄業期滿，獲得文理科學士學位的學生作教師的專業訓練，這種訓練維持至今。1957年9月，港大教育系又增辦一個為在職的教育工作人員而設的兩年制的教育文憑班。中文大學方面於1965年9月，也沿用港大的辦法，新設一全日制的教育文憑班，在旺角廖創興銀行大廈上課，現有學生21人。

尊師篇

漢字問題淺說

馮翰文副院長

(任教年期：1953-67)

馮老師1935年畢業於國立中山大學文學院，獲頒教育學士（榮譽）銜。1946-67年間，任鄉師、葛師之講師、高級講師、教務主任、副院長，兼新界在職教師訓練班監督，升至高級教育官。後任何文田官中校長。退休後任職於珠海書院、中大教育學院。鑽研中文文字學、太極氣功學，著有漢字研究專書、文教論述數種。2011年獲教大頒授榮譽院士。

（1913-2021）

前言

　　馮翰文老師治學甚勤，退休後專研文字之學，著有《漢字問題淺說》、《李斯、許慎的無奈》，由鄉師同學會及葛師校友會於2013年編纂成冊，以紀念老師百齡誕辰。下面摘錄《漢字問題淺說》文末（六）、（七）兩節。該文各節為：（一）一人造字的謠傳；（二）群眾創製語文的事實；（三）《說文解字》書中的群眾造字；（四）群眾造字的再次發現；（五）「潮語」的梗概。讀者倘有興趣，請覓該冊，細閱全篇。

尊師篇

（六）群眾造字和倉頡造字兩説的利弊

寫到這裏，可見群眾造字竟是一種經常運用的，可靠而且穩健的方式，造出來的字，成功的話，便都是造字的人和用字的人所用慣用熟的，不會有甚麼的問題。

至於倉頡造字，則本無其人，亦無其事，不過喧傳已久，深入人心。如果將這一句略為改動，略加補充，譬如説：一人造字給眾人用，或者一方造字給另一方用。那麼好些文字造造、改改的事件都可以代入。太史籀改古文為籀文，李斯等改籀文為篆文，便是最早的兩宗。

倉頡造字這個模式弊在造字者和用字者分開，是兩種不同的人物。這樣一來，不期而然的，足以在漢字的理論和措施兩方面引起諸多的問題，試舉例言之：——

許慎《説文解字》講到六書的轉注，以為是「建類一首，同意相受」，引起許多爭論，其中以「同部互訓」一説最為貼切。可是這本書裏，屬於「異部互訓」的，為數也不少，要摒諸轉注之外，又成問題。其實，從一人造字的觀點，一個人為同一個意思造字，為甚麼要造出一對對，或者一組組，形、音不同的字呢？這當然值得考究，但是從群眾造字的觀點，群眾分屬不同的年代，不同的地區，為同一的意思造字，造出不同形，不同音的字，便是理所當然。橫豎轉注並非一種造字方法，轉注字不是由象形便是指事，不是由會意便是形聲或假借造成。大可以各從其類，毋須因為同意而另成一類，鬧出雙重身份。準此而言，轉注這一書實在不能成立，大可以取消。這樣，「六書」就得改為「五書」了。由此可知信賴群眾造字或倉頡造字，足以影響語文的學理。

從十九世紀末到二十世紀末，搞了足足一百年的漢字改革運動，要用拼音字代替漢字，結果卻完全失敗。開頭的二十年，一群

馮翰文老師著《漢字問題淺說》

有心人士先後編製出二十多三十個不同的切音字方案，以為採用比較簡單容易的文字可以救國。這些方案雖則曾經試用，參與人數也不少，卻未曾真個代替漢字。辛亥革命一起，便都煙消雲散。收尾的五十年，拉丁化新文字由蘇聯傳入，邊區政府首先試用，不久更風靡全國。人民政府成立，準備拿它來代替漢字，卻先行簡化漢字，以觀後效。殊不料，花費許多人力、物力和時間，造出二千多簡化字，卻遭受到群眾的抗拒，推行起來更發生諸多問題，再添造一千多簡化字，情勢並無改善。到了1986年，再搞不下去，唯有廢二簡，中止簡化，連拉丁化新文字也不再提。

漢字改革，企圖以拼音字代替漢字，用的就是倉頡造字的模式，結果行不通。簡化漢字亦正相同。群眾幾千年來，已經積聚了四五千簡體字，都是依照群眾造字、改字的模式，一點不成問題。政府簡化二千多三千個字要他們用，則是依照倉頡造字模式，不免就有問題了，當然一下子推出大批簡化字，而有關的繁體字又不能即時不用，群眾負擔不起，也是一個極大的問題。

由此可知信賴群眾造字，或倉頡造字，也足以影響語文的措施。

（七）拼音字雖好，漢字仍然要用

語言是憑語音來表達心意，文字則是以形體來紀錄語言。從語言去造出形體，即拼音文字，方法祇有一種，簡單到極。拼音文字既易學、又易用，也十分理想。可惜我們的祖先造字一開首便依類象

尊師篇

形，跟着又用到會意、形聲等幾種方法，既繁瑣，而且造出來的字也不似拼音字那麼易學、易用。但是這種漢字我們仍然要用，不好改為拼音，百年漢字改革徒勞無功，已經給我們一個很明顯的教訓。

講道理麼，漢字沿用了好幾千年，不但是國家民族文化的基礎，而且也成為整個文化的重要部門。何況歷代文化遺產，靠漢字來紀錄的，像四庫全書，已經汗牛充棟，而且憑漢字寫出來的文學作品，更屬舉世奇花。這些要轉為拼音文字，難免失真，亦非人力、物力以至時間所容許。單從這個角度去看，漢字就不好改為拼音。

進一步來說，我們的祖先沿用漢字幾千年，未嘗對它有甚麼不滿，事實證明漢字可以學，也可以用。過去他們長期使用漢字在文、史、哲方面做功夫，獲得長足的發展，近年轉向科技，也能力迅速追上國際水平，使國力突飛猛進，國運日益興隆。漢字建立了許多功勞，更可能進入強勢文字的境界，最好還是保留着它的本色，不要改它。

值得一提的還有一些小節。漢字有幾千年的歷史，要造、要改的大都已經完成，要添造、再改的自然有限。這方面的問題不啻已經過去，不必為它費神。此外，現時語言可以隨便錄音重播，毋須倚賴文字紀錄。文字也可以由多種機械設備表現出來，毋須再勞手寫。漢字顯然再也難不到用家。這樣，它不但不好改變，實在也毋須改變。

最後作者還要在這裏加上一句，任何人士，因為興趣或其他因素，要將漢字轉為拼音，可以名隨其便，這跟多學一種外文一樣，不成問題。

（附記）本文和作者2011年發表的《李斯、許慎的無奈》，主旨相同，而體例則有別，併讀可以互相補充，了解更深，獲益更多，讀者不妨一試。

尊師篇

對兩位前輩老師的悼念

何漆園老師

(任教年期：1951-1959)

　　何老師是嶺南派國畫名家，擅山水、花鳥、人物、走獸，詩書皆精，氣質高雅。在葛師任教美術科，兼授藝術欣賞，為師範生奠下文化根基。他在1959年秋退休而於1970年2月辭世。

（1899-1970）

葉梁寶祿老師

(任教年期：1951-1964)

　　葉梁寶祿女士，人皆稱葉太 Mrs Yapp，主講社會學科，兼負訓導、舍監之責。她嚴謹而摯誠，對校風的建立、學生的修維克盡其力，貢獻至大。1964年秋退休後移居美國，十年後在美辭世。

（ -1975）

前言

　　葛師在1951年創辦時，張榮冕校長帶領着約十位老師，承擔校務及教學的重任。他們篳路藍縷，盡心教育的精神，最為後學敬重；其中何漆園老師及葉梁寶祿老師是表表者。

　　兩位前輩老師仙遊後，葛師校友會曾分別為他們在葛師禮堂舉行追悼會，當時不少導師和舊生們都來參加聚會。追悼會儀式簡單而肅穆，但免不了請到場來賓致詞。在略進茶點時，大家為故人往事緬懷一番。當日的會場四周，掛上不少輓聯；藉文字而寄意，使教澤及友情得以長存。

尊師篇

時光飛逝數十載，參與者對追悼會的印象早已模糊，各人致送挽聯文字恐難記得。猶幸我會當日派人用筆記下，並鈔錄印發。師恩師情，永誌於心。謹逐一臚列於後。挽聯挽詩，按傳統長軸直行寫法，並以親疏輩分為序列下：

甲 悼何漆園老師

記曾雅集，五月花杯酒尚餘歡，何圖聽悉靈音
已辭俗世

同道赴瑤池，千歲宴壽星正聚會，乃竟追隨耆老
聞新參
周一峰拜挽

歲擁皋比，海島栖栖，畫苑教同開兩派
晚朝迷蝶夢，天風浩浩，漆園名合列仙班
春朝
趙少昂拜挽

隆情托葭莩，寶繪未償留宿諾
文駕歸蓬島，亡妻若遇告余懷
姻姪伍朝卓率男廷森廷勳孫乃仁敬挽

香島樂餘暉，仰公是藝海名流，遍栽桃李
穗垣驚噩耗，教我痛
子壻陳蕭輝率子端正端本端人叩挽

教育瘁終生，立樹木樹人，叩附葭莩慚末誼
勳猷垂後世，立言立德，問天何事喪斯文
姻弟周鳳軒拜挽

七十二載相依，痛遭折翼
半百小時莫救，默祝安心
胞兄家誌含淚書挽

尊師篇

歷亂故人餘幾許，拈花縱引超三界。
元日春光驚乍飲，老來每憶從前事。
死生何慳賸一賢，度門宗派藉能傳。
高海盟交四十年。
　　　　　　珠呂化松拜輓

響天風我懷畫喆，
化敷時雨群失良師。
　　　　黃維琩頓首拜輓

早歲獻身美術繼嶺南畫派大業
中年執掌教育開香港藝運先河
　　　　　　　丁衍庸敬輓

從今慧業已完，一去自應醒蝶夢。
此後江山如畫，重來誰共作鵬遊。
　　　　　韋翰章
　　　　　施乃昕

多君恬澹復清新，三友歲寒懷故舊。
一江春雨，哭若斯人。更挹天風，若有神。
　　　　羅竹坪
　　　　李撫虹敬輓

蘭芬金斷學圍同遊卅年一夕真徂矣
柏暗燈昏屠蘇未勤老新春亦滄然
　　李岑　幼公　成燧　容宜燕
　　徐虹　黃枕亞　黃少明
　　劉永隨　潘隆同敬輓

詞語註釋

折翼：喻兄弟同行，途中失去隻雁。

蔦蘿：蔓生植物，攀附松柏而生，喻有幸結為姻親。

桃李：良才賢士。「桃李滿門」，言學生成材者眾。

泰山：五嶽之首，喻位尊德重，俗稱岳丈。

頹圮：意與「頹垣」同。

蓼莪：父母期望其子女如莪菜高大。喻子女常念父母養育劬勞。

蓬島：蓬萊仙境，王母娘娘居所，與「瑤池」同義。

尊師篇

大雅云亡典型猶在
老成遽謝言行可師
香港中區聯絡服務會主席周有敬輓

譽著藝壇畫絕詩工脈接嶺南一派
才宏文海齒尊德邵公門桃李千行
正統藝術書院許統正敬輓

大樹高風永游山水
先宇世界未止經書
鄺耀普敬輓

繪事如生無愧藝名揚海內
精神不死永留教澤在人間
陽居弟子馮叔江拜輓

憶當年爐峰共事為國育才遽經凋謝失良師
痛今朝藝海聲沉繪事空留何其天妬哀斯人
梅芳中學吳敏墀陳萬瑩暨全體員生仝拜輓

南國畫宗推健者
通家蘭契哭先生
晚莫儉溥拜輓

詞語註釋

皋比：虎皮，指老師座席。

蝶夢：取自莊周蝴蝶夢，喻人生苦短。

徂：往也，通殂，逝去之意。

屠蘇：酒名，正月初一飲用。

天風：何師與同門曾組天風七子，稱譽嶺南。

畫喆：喆通哲，聰明睿智的畫家。

三界：佛家語，人世三界：欲界、色界、無色界。

高門：意指高奇峰門下眾弟子。

尊師篇

卅載相隨每對雲山猶髣髴
數天小別竟逢春旦失規模
受業王齊樂敬輓

學海失前賢愁對青燈懷謦欬
文壇傾砥柱空懸絳帳憶丰儀
葛師第三屆同學敬輓

春風化雨嶺南藝壇親教澤
高山仰止美學子弟失仁師
香港美學會全體弟子敬輓

藝壇星隕絳帳人空不盡伊懷黃卷青燈寒夜半
蝶化夢回鵑唳花落何堪此日天風海雨暮春三
金文泰中學校友會同人敬輓

墜緒挈尋畫派嶺南存正軌
高風宛在道心蒙叟是宗師
香港漢文師範同學會敬輓

立雪憶當年筆底師承編六法
春風悲此日堂前示範誰點三毫
羅富國教育學院校友會敬輓

畫藝開早學傳美一垂代不宗朽師桃李遍香江縱悲壽靳八旬

帳設蘷宮十年樹木菁莪承葛師澤堪悼曆逢人元旦輓

詞語註釋

通家：姻親之意。

蘭契：結為金蘭，心意契合。

爐峰：同「鑪峰」，香港另一雅名。

教澤：同「手澤」，老師教導，弟子感恩。

德邵：邵，美好，取自「年高德邵」。

黌宮：高等學府。

六法：國畫六大法則；南齊謝赫所倡：氣韻生動、骨法用筆、應物象形、隨類賦彩、經營位置、
傳模移寫。

才高善畫追前代
德大能文啟後人
陽居學生馮壽松敬輓

蒙吏覺人齊物我　先生淑世有丹青
哲人長者今俱杳　一是漆園德譽馨
杖履相從踏曉霜　當年何幸立門牆
浴沂風詠嘗舒志　身教言傳敦可忘
受業陳乃琛拜輓

生平妙絕丹青更有善行嘉言傳弟子
此後登臨山水空餘光風霽月憶先生
受業岑世琪　鍾幹材　岑世璘拜輓

絳帳春風成昨夢　時雨善風瞻方期　請業有門步趨有自奈何正始陽初玉樓召駕
山頹驚木壞那堪
落梅殘雪慟餘哀舊篋復翻手澤復睹太息寒林秋草馬座空懷
門人鍾秉剛于焗球同泣輓

高山仰止賦崔巍　慟哭師門淚自揩
愧負心傳親六法　難忘身教沐三暉
茶烹桂閣花香冷　燭剪屯村曉露晞
鵜鴂先鳴春又暮　更誰攜挈浴沂歸
受業司徒華拜輓

顧綠倪黃名重嶺南傳後學
林青塞黑魂來夢裏見先生
受業劉國藩拜輓

詞語註釋

三毫：用筆揮毫的奧妙。

蒙吏：蒙國長老，莊周曾任漆園小吏。

絳帳：紅色簾帳，古人教學場所，即「設帳授徒」。

警欬：喻親炙老師，因言談而得教益。

六法蜚聲化雨春風無缺我
五中交慟耳提面命更何人
晚梁鐵梅拜輓

猶留丹桂芳香剛叩盛宴
永記紅梅時節慣約清遊
弟陳錫添李幼成敬輓

昔日從遊老手丹青傳幾輩
今朝臨奠虔心香瓣敬吾師
受業陳冠球黃廼秋李澤明敬輓

三十年藝訓時聞噩耗驚傳悽愴祖廟後樓城隍古道
九旬日春光色黯心喪謹守惆悵葛師斜徑萬茂高台
宗弟子何秉聰敬輓

短暫列宮牆一暴十寒慚言繪事
畢生傳國畫山頹木壞哀遍藝林
弟子李適宜陳玉梅黃念平拜輓

千歲會耆英鳳尾龍頭方知意竟隨花落去
大名垂畫筆雲嵐煙樹何到底色成空
林翼中敬輓

詞語註釋

顧綠倪黃：倪與睨通。眼前見以黃綠為主色的畫作。

林青塞黑：又見青青樹林和塞外黑黑的大地。

崔巍：言山之高峻。

三暉：謂大恩難忘。

桂閣：何師晚年住麥當奴道，名其居「桂香閣」。

尊師篇

七旬松茂，階來繞桂蘭，吾師方泉石優游，奚期元旦履
端莛歌陸聽香島
禊風詠何堪憶舞雩
六法薪傳，蹊成桃李，小子亦門牆，幸列此後暮春修
　　受業李百強拜輓
譽滿嶺南，早擅丹青垂不朽
魂招海外，空留絳帳有餘哀
　　受業伍仕強敬輓

嶺南國畫大師何漆園先生遺作展
本月廿二日起舉行
在大會堂八樓隆重展出三天

「何漆園老師遺作展」由葛師校友會及香港美學會合辦，資料登載於1972年12月19日《華僑日報》文化版。

詞語註釋

鵜鴂：杜鵑，常作哀鳴，見《離騷》「恐鵜鴂之先鳴」。

浴沂：孔子嘗帶眾高弟「浴乎舞雩風乎沂」。見《論語》。

山頹木壞：言高山崩毀、巨木摧折，喻聖人已逝。

落梅殘雪：境況衰颯，引起對故人思念之情；與「烏啼月落」、「春樹暮雲」義近。

光風霽月：和風朗月，美好時光之意。

齊物我：出自莊子「齊物論」，有物我兩忘之心境。

鳳尾龍頭：即「龍頭鳳尾」。寫畫作文，其始具氣勢，其末有美姿。

萬茂高台：何師退休後，居灣仔「萬茂草堂」。

化雨春風：言老師善教，弟子如沐春風，似「春風化雨」，潛移默化。

莛歌：即薤露歌，喪禮哀曲，喻人生短暫。

修禊：言文人春遊雅集，古人在三月上巳日臨水洗濯，袪除不祥。

尊師篇

乙　悼葉梁寶祿老師

愛人以德
鴻案溯德家風況教天賦高才最難忘玉我於成
萬里歸魂忽聽星沉寶嫠
鶴踪留遠島更何堪三秋坦化
　　　　　　　　受業李百強拜輓

書香世德壇坫先芬學藝蚤超群十三年為校宣勞
桃李勤栽成美果
菁莪深恨失良模
教育長才慈祥懿範典型尤足式七秩壽騎箕歸去
　　　　　　　　受業陳乃琛拜輓

膠庠受訓憶當年德導禮齊翹首雲天逾十載
塵世息勞聞此日山頹木壞傷心風雨近垂陽
　　　　　　　　受業司徒華拜輓

約我以禮博我以文憶當年愛護慇懃乃移鐸美洲每瞻
春樹暮雲儕輩永恆懷面命
烏啼月落門人悲悼心喪服
行可為師言可為法羨七齡精神矍鑠剛息鞭臺島陡聽
　　　　葛師校友會受業同人拜輓

詞語註釋

矍鑠：謂年紀雖老而精神壯健。

壇坫：土台。

騎箕歸去：言人之仙遊，與「駕鶴西歸」同義。

菁莪：詩小雅「菁菁者莪」，詩序謂樂於育才。

鴻案：引梁鴻舉案齊眉，喻夫妻恩愛。

星沉寶嫠：「嫠女」星宿，言女子逝去。

坦化：安詳而逝。

Grantham Training College,
Kowloon.

July 12, 1964.

Dear Hon Hung,

I was so overwhelmed by the many kind things
you said about me that I became speechless. Thank you so
very, very much for having gone into so much trouble in
organizing the lovely party last evening - an occasion I
shall always recall with satisfaction and pride.

Please tell all my boys and girls that I shall
always treasure the very charming gift as well as the memory
of the occasion.

To you and Chiu King Fook and Lee Pak Keung and
all the rest go the best of wishes. May you all be blessed
and guided all your days.

Very Sincerely Yours,
Grace Yapp

葛師校友會於1964年7月舉行歡送會，目的為葉梁寶祿、譚蕙珍、Moorhouse三位導師榮休。事後得葉太來函致謝。時任校友會主席為李漢雄（前排左十），函中提及趙景福（前左三）及李百強（前左六）兩常委。（載於《葛師校友》第36期1965年）

校友會歡送三位導師榮休大會，百餘校友參加。前排導師有：何漆園（左四）、何雅明院長（左五）、Moorhouse（左八）、葉梁寶祿（左九）、譚蕙珍（左十一）、張榮冕院長（左十二）、張維豐（左十三）。

散文二篇及素描遺作

李國樑老師

(任教年期：1959-77)

（1920-2010）

四十年代在重慶中央政治大學畢業。1948年回港從事寫作及美術教育，以維陵為筆名，著有《荊棘集》及《隔閡集》。1956年起多次在港舉行畫展，曾在聯合書院任教，在葛師教美術，任大會堂美術顧問、中大藝術系校外考試委員。1974年出版速寫集，退休後移居多倫多，曾舉行多次個展。

　　李國樑老師的《隔閡集》，在1979年10月由香港的素葉出版社刊行。這是一本散文集，共83篇。李氏對人生、世事觀察入微，以心理、哲學的角度去闡析，捭闔縱橫，發人深省。下面選錄書中兩短篇：

隔閡

　　人與人間的關係越來越變得複雜、難於理解了。我們不但不容易了解別一個人內心的變化，甚至他們的做法，我們越來越難以捉摸。按照正常合理的情況，你以為結果當會如此做，但事實上大出所料，做出來的可能非常「離譜」，「離譜」到你只能搖頭嘆息，說一句：「豈有此理！」

尊師篇

可能這種難於理解不自今日始，但過去的人似乎並不急於追究根源，知道真相。他們把每樣事物都加上個大團圓結局，以編織出來的美麗夢幻來滿足自己，即使是悲慘和痛苦的，也心安理得地宿命下去。而現在，人們考慮的便不這樣簡單了，他們會探討得更多、更深入。

很可惜，越探討得深入，卻發現所知者越少！

從前所認為「理所當然」的人的關係，竟然複雜得這麼可怕，你很難了解圍繞在你身邊的人羣的真正面目，你難於判定敵友。兄弟、夫婦、朋友，應該親密的變成仇敵，應該對立的互相結盟。上下兩代間出現「代溝」，這個集團和那個集團的勾心鬥角，甚麼倫常、道義都再無法維繫人與人之間的平衡，利用與出賣他人成為合法的途徑。

於是，在人與人之間，一堵一堵的圍牆築起了，人繳得越來越隔閡，你很難窺進別人的內心深處，也不能了解別人的行為與動機。

隔閡越來越深，爭端越來越多，而人與人之間的關係也越來越緊張，越來越難於捉摸。

現代的傳媒介本來是最適於幫助我們探討真相，但很不幸，我們在報紙、雜誌、銀幕與熒光幕上所看到的，仍然停留在過去的階段：以編織出來的美麗夢幻來自我陶醉、自我滿足！

淺顯的真理

所謂真理，就是真實的道理，其實是非常淺顯易明，用不着兜太多圈子才能懂得的。

正如見到老弱和傷殘者摔跌在地上，走過去扶他一把，這是用

不着甚麼證明的。

這是非常淺顯易明的真理：人樂於助人也樂於人助，人樂於愛人也樂於人愛，人不要匱乏而希求裕足，人需要新鮮舒暢的空氣而恐懼窒息、渾濁⋯⋯

所以，用腳將摔跌在地上的老弱傷殘者踩他一把，即使說得頭頭是道，但那怎會是真理？

阻制將濟助拯援施用受到自然災害侵襲者，即使說得振振有辭，但那怎會是真理？

真理出自人性自發的良知，因良知而致良能。甚麼是非黑白，都出於這種本性善良的判斷，所有的解釋都是多餘的補充。

但很多時人性自發的良知會受到外在腐蝕而僵化，於是，虛假的真理亦隨處充斥。

雖然真假是一種相對的說法，如同忠、奸，正、邪也是相對說法一樣，但無論怎樣，總有一面是正確而肯定的。

倘若違反了人性的基本立場，你便會分辨不出是非曲直，你自己行乖踏錯，也以為站在真理的一邊。

由於每個人都有他自己的真理，這結果，似是而非的真理混淆在淺顯易明的真理中間。久而久之，人性自發的良知受到欺蒙，甚且，誰握有金錢和權力便可代表真理，「指鹿為馬」，也有不少應聲蟲。

如果人真的甘於這樣埋沒良知，那真是莫大的悲哀。

如果人還有不泯的良知，則「公道自在人心」，最後的判斷依然存在。

尊師篇

「九龍油麻地古廟」摘自《李維陵畫集》

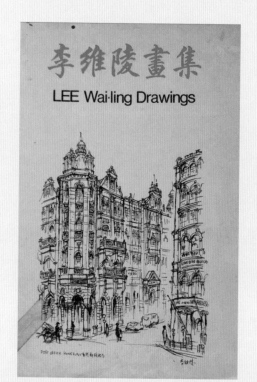

《李維陵畫集》封面

迴文詩詞及謎象詩詞數首

李知其老師

（在讀年份：1951-52；任教年期：1955-65）

葛師首屆畢業，數年後調入母校擔任數學及中文科導師，後任數所官立小學校長。五十餘齡即退休，以賦詩填詞自遣，鑽研紅學，著紅樓夢謎四冊。曾於官立中文夜學院任教文字學，中大校外進修部開班導讀詩學、詞學及詩詞賞析等課。

（1927-2009）

　　下面自李知其老師所著《退居集》、《安年集》中摘錄其詩詞作品數則，以見其文學素養之精湛。李氏詩詞功夫極深，多屬述志、記事、紀遊之作。謹錄其謎象詩詞五首，迴文詩詞四首，以饗讀者。

尊師篇

迴文詩　幽簾

香草野田村景美，燕飛雙舞岸西東。長雲白日閑池綠，淨苑
村田野草香。

迴讀

風雅入簾幽苑淨，綠池閑日白雲長。東西岸舞雙飛燕，美景

迴文詞虞美人

時來冷雨秋涼峭，醒夢詩懷繞。月明辭淚怨愁情，
夜寂斷魂歸恨客心驚。　枝疏落葉枯殘日，雁唳馳
風疾。　苦聲悲笛暮船征，遠岸露堤幽樹玉蟬鳴。

迴讀虞美人詞

鳴蟬玉樹幽堤露，岸遠征船暮。笛悲聲苦疾風馳，
驚心客恨歸魂斷，寂夜情
唳雁日殘枯葉落疏枝。　淚辭明月繞懷詩，夢醒峭涼秋雨冷來時。
愁怨。

謎象詩　五絕（八度反起反收）

風趣，而閒窗，開自掩，我青；
野草隨風倒，窗前細雨聲。重門廬自掩，人我沒心情。

謎象詩　五絕（七陣反起反收）

（二）盧雲，我掩虔喜尸，斗嘗，鎖門香。
圓月雲間隱，三秋夜夢長。半生顛倒意，白日鎖門香。

謎象詞　最相思

（三）梦，（三字句），数萦，
梦腸巷家（七字句），永花火（五字句），
涯（三字句）涯
月半霧霞（七字句），朝鴉（五字句）。

柳絲斜，雨絲斜，破夢枯腸短巷家
，無言詠落花。　斷水涯，隔水涯
，缺月橫舟濃霧霞，回眸白首鴉。

中詩英譯及英詩創作

李郁和老師

(任教年期：1956-68)

（1925-2019）

　　早年羅師畢業，後調葛師，任自然科導師。再調任教育署行政及社會科督學。曾任香港自然歷史學會秘書，攝製香港四季花果植物紀錄片。退休後赴美定居，暇時鑽研中英語文；從事新詩創作，中詩英譯，為國際桂冠詩人學會會員。經常發表詩文，飲譽海外。

下列摘錄李郁和老師作品：

一、宋蘇軾詞

水調歌頭

蘇軾（蘇東坡）

THE ENCHANTMENT OF THE FULL BRIGHT MOON

"The Melody of the Flow of Water" A Lyric of the Sung Dynasty (960-1279) by Su-shi (So Tung Po)

尊師篇

明月幾時有	When would the moon be full and bright
把酒問青天	I ask the divine - in the blue sky with a cup of wine
不知天上宮闕	Which year would it be to-night
今夕是何年	at the celestial palaces high above
我欲乘風歸去	How I wish to drift home with the breeze
唯恐瓊樓玉宇	fearing only
高處不勝寒	the palaces of carvings and jades there are too cold and high for me
起舞弄清影	Dancing and teasing with my own shadow in solo
何似在人間	How on earth could this be so in our man's world
轉朱閣	Shining at the mansion red and high
低綺戶	turning to crouch through the window with carvings and blinds
照無眠	shed glares at the restless guy
不應有恨	though he bears no grudge in his heart
何事長向別時圓	Why should thee - full moon - tend to appear at this time when the loved ones are far apart
人有悲歡離合	There are times of joy when they are together and times of sorrow when they are separated apart as the
月有陰晴圓缺	moon is sometimes dim and sometimes bright as it waxes and wanes since the early days
此事古難全	Expect this turn out to be heartily perfect is but hard and in vain Long shall we live
但願人長久	Long shall we share the enchantment of the moon full and bright
千里共嬋娟	even though we're thousands of miles apart

56

丙辰中秋　歡飲達旦　　Su-shi wrote this poem on the eve of the
大醉作此篇　兼懷子由　Mid-Autumn Festival in 1076 while he got
　　　　　　　　　　　drunk thinking of his brother Zi-you
　　　　　　　　　　　throughout the night

二、新詩創作

在夢境中向着明亮的晨曦邁進，詩文與意境的結合

EPISODE OF PHOTOGRAPHIC AND POETIC INTEGRATED ARTISTRY PRESENTATION HEADING FORWARD TO A NEW MOON IN MY THOUGHT AND DREAM

在煙霧迷濛中向前邁進

在小船上搖盪，渡過一個漫長的黑夜。

在那煙霧迷濛中的晨曦。我終於登上跳板，踏上實地去找活。

前途是那麼崎嶇漫長，且滿佈荊棘，但我必須奮勇邁前，希望在渺茫中獲得生機！

可是，我現在走到十字路口，不知何去何從。

我的心情低沉，在煙霧迷濛中，失落於那十字街頭！

人生的路程同樣是那麼崎嶇漫長，困難重重，需不斷奮鬥。

像困在小船上，在漫長的黑夜搖盪，在夢境中不斷地盼望着明亮的晨曦降臨！

尊師篇

HEADING FORWARD IN THE MIST AND THE FOG

From my little boat rocking and rolling

through out the night dark and long

I climb on the landing board to set foot on solid rock to look

for an odd job

at the dawn of the day in the mist and the fog

The road to press on is rugged and long and full of thorns

Yet I have to press on with the dim hope of beating the odds

But now I'm caught at the cross road

Which road should I take - I know not

My heart sinks and am lost at the cross road in the mist and the fog

The road in life is also rugged and long

and full of trouble and struggle

like living on the little boat - rocking and rolling

throughout the night dark and long

yawning and longing

in my thought and dream

for the dawn of A New Bright Moon

Episode image : digitally turned back in time

from the subject original photo

as the imaginary scene

in my thought and dream

to collaborate with the poem

as an integrated artistry presentation

Both photo（original）and poem（herein）under the same title
are award winning art work awarded by the former
International Society of Photographers and The International
Society of Poetry respectively

李郁和老師作品在鑽禧藝展展出

尊師篇

重道篇

此篇屬本書的主體部份，把曾在葛
師任教的老師或修讀的校友所提交的
文章，編纂而成。各人多就個人專業
觀點或師友關係縷述一番：或寫己，
或記人，或訴苦，或說樂，總是情意
交融，令人感動。

文章編排是先老師而後校友，以進
入葛師年分為序：註明任教或在讀，各
附相片及簡介。是篇最末三文，由幾位
校友以同一題目撰寫，各設小題。

八四自述（五言舊作）

江潤勳院長

（在讀年份：1954-55；掌校年期：1977-85）

1952年在皇仁、1955年在葛師畢業後，入香港大學修讀中文，獲文學士、碩士、博士銜。曾短暫在津小及官中教學，自1962年起，長期擔任師範學院教學及行政工作，先後任職於柏師、葛師分校、羅師，後掌葛師七年及柏師八年，其間曾任教署總督學職。1993年退休後，移居多倫多。

　　此篇「八四自述」五十言，緣於丁酉（2017）四月吉日與舊生在宮庭御宴茶聚席間口占之作。本屬遊戲文章，殊乏文采，老少可讀。返家後續成全篇，庶可作簡略自述觀。自感手腕不靈，難作工楷，幸柏金遜未至，思維尚健。蒙周生兆鎏（皇仁1962畢業生）以電腦印出，衷心感激。謹以是篇獻與《葛師的歲月》。

加拿大安大略省萬錦市之畏鼠閣

今日持杖人	他朝扶輪客
持杖仍可行	扶輪賴手握
八四耄耋齡	鬢髮皆灰白
老伴亦龍鍾	鬢絲常染黑

重道篇

懷緬舊時事　　　未敢言叱咤
皇仁勤有功[1]　　五二班畢業
被拒羅師門　　　稅局任督察
葛師第四屆　　　獲教師資格
白日教津小　　　黃昏上夜學[2]
師隨顒園子[3]　　學涉文史哲
港大十五年[4]　　一級學碩博[5]
返母校任教　　　瞬即升講席[6]
黌宮卅二載　　　司鐸羅葛柏[7]
學子萬千人　　　不乏成顯赫[8]
中文夜學院　　　課程大改革[9]
古今中外通　　　雅俗休閒樂[10]
致仕移海外　　　加國得敞宅
佔地萬呎餘　　　康山畏鼠閣[11]
不知漢魏晉[12]　　但求淡與薄
佳棟故人多　　　時聚無礙隔
菊普共言歡[13]　　百福黃金閣[14]
巨蟹海龍皇　　　宮廷御宴嚼[15]
麥記龍門陣[16]　　添仔咖啡腳[17]
孫兒繞我膝　　　含飴樂無極
身老心猶健　　　且望年過百

註釋

1　皇仁校訓。
2　中文夜學院，舊日簡稱「文商」。
3　1940年代廣州名士陳顒居「顒園」；時作雅聚者，凡五人，號稱「顒園五子」。
　　余讀文商時隨曾希穎，得曾師介，學文於熊潤桐。曾熊二人俱五子中人。時每週

重道篇

日約曾師早茶，劉伯端景堂先生時亦來敍。陳顯孫女綺華女士，為掌葛師時之首席英文講師。

4　1955年入學至1971年獲博士學位，先後凡十五年。

5　一級榮譽文學士、文學碩士、哲學博士。

6　1959年港大畢業。初任職於佛教黃鳳翎中學，1960年4月返皇仁任職，1961年9月即獲升柏師講席（時稱第三師範）。

7　柏師1974年遷新校舍，余奉命留紅磡，舊校舍轉為葛師分校。1975年4月升羅師副院長，1977年升葛師院長。1985年4月署理學校總督學職，10月調掌柏師。學院服務計時達三十二年。

8　司徒華評三師成就稱羅師出高官，葛師多學者，我謂柏師多傳媒演藝界。

9　中文夜學院隸屬教署成人教育組。本為繼承中國大學文學院、商學院而設，簡稱「文商」。師範一年制畢業之小學教師，讀後可升文憑教師。

10　余讀中文夜學院時，商科已取消，文學院舊課程承中國大學文學院制，學生須連習三年畢業。後因師範取消一年學制，所以不必修讀中文夜學院均可升級；入讀中文夜學院人數驟減，時余忝任院長，遂改三年學制為學分制。課程分三組：第一組為舊學經史子集詩詞；第二組屬現代語文（中英）、社會心理學、邏輯之類；第三組屬休閒教育類，包括書法、普通話、古玩欣賞，甚至粵曲音樂等。學員須在第一、二組各選10單元，須參加考試。第三組選10單元，不必考試，學生不計年限，完成30單元後即獲頒畢業證書。《明報周刊》特此為我作專訪，謂我以「大笪地」搬入課堂；而其後多間大學之校外課程卻相繼開辦類似課程。「樂」字兩解，一指快樂，二指音樂。

11　「畏鼠閣」乃Welsh Court之音譯。

12　陶淵明《桃花源記》：問今是何世，乃不知有漢，無論魏、晉。

13　茶敍時多飲菊花普洱。黃負架句：菊普言歡慶日長。

14　百福、黃金閣俱食肆名。

15　宮廷御宴以售亞拉斯加蟹及巨型龍蝦著名。

16　麥記指麥當勞餐廳，余另有麥記飽飽歌紀其事。

17　添仔指添荷頓 （Tim Hortons）咖啡店。

2014年筆者（右一）與舊友午餐於多倫多

重道篇

左起：謝立、蘇紹興、黃榕岫夫婦及筆者夫婦。

筆者夫婦與李知其及李百強在港相叙，攝於2008年。

重道篇

我的教學生涯——從葛師談起

陸武平老師

(任教年期：1956-60)

羅師受訓、官小執教各二年，調任葛師健康教育科。1960年選送倫大進修健教文憑課程，返港後派往柏師。其後考取倫大榮譽文學士，再往英布理斯托大學進修高級教育文憑，又在港大教育系得哲學碩士。1984年升任教署輔導視學處經、公、宗教倫理科首席督學。退休後在地球之友、慈恩基金會任義務工作至今。

　　2020年2月，在電郵收得主編李百強兄傳來的徵稿大文，情詞懇切。我讀了深受感動，立即動筆以應。記得此書第一冊也是由他約我投稿的；份屬同室同事多年，我得誠意為文回應。在第一冊裏，拙文題目用了「四年甜蜜」幾個字，此文或可補說一些「隨後往事」。

　　我在1932出生，現年88，在1956年進入葛師任教，時年24；我於1954年從羅師畢業，在油麻地官小開始我的教學生涯。任教小學兩年後，便因我中學時期的恩師蔡國炳先生向張榮冕院長推薦而加入葛師導師行列。在葛師教了四年，獲政府獎學金到倫敦大學教育學院進修健康教育，課程完結後回港被派去當時的「第三師範」（即後來才冠以正名的柏立基教育學院）。因此，在葛師任教的四

重道篇

年，可以說是我教學生涯的初段。今天在我享米壽之際，就來談談我的教學生涯罷。

與其說「我的教學生涯」，無寧說「我的教育事業生涯」，因為除了在小學和教育學院擔任教職之外，還在當年的教育署輔導視學處任督學，做教育行政工作。回過頭來一算，我當小學教師兩年，任教

恩師蔡國炳伉儷（中）與筆者夫婦於溫哥華合攝

育學院導師廿三年和當首席督學六年，其間另有兩年被派去英國進修。57歲時從公務員職位退休後，還在環保組織「地球之友」擔任了五年管理職務。在各種職位中，時間最長是在教育學院，而我較喜歡的工作也是做教院導師。大概真是「人之患在好為人師」罷！

回想起來，短短兩年的小學教師生涯也帶來了一些驚喜。例如初當小一班主任時，一句「先生，你看她的櫈底濕了！」便令我手足無措！趕緊找位女工友幫忙善後。後來教過的小學生成長了留學回來到我家探望我，那種有趣而親切的感受是難以形容的。

在廿多年的教育學院生涯中，我算得上是個「多面手」：曾經教過的科目有「健康教育」、「視聽教育」（後來改稱「教育科技」）、「教育學」和最後的「經濟與公共事務」。說來好笑，後來令我被選入輔導視學處任「經、公、宗教、倫理組」首席督學（Principal Inspector〔Economics, Public Affairs, Religious & Ethical Education〕）的理由，正是因為我在教育學院的最後職位是經濟與公共事務科的首席講師。

上文說過，我在1954年從羅師畢業，到1956年剛完成了畢業後兩年的試用期，可以領取教師證書。（當年政府規定師範學院畢業生，要完成兩年試用期才可領取教師證書。）那年的畢業禮剛選定在葛師禮堂舉行。我是在眾多學生觀禮的情形下上台領取證書的。無怪乎掌聲特別多！令我感到十分興奮。

在葛師的第一年，任健康教育科蔡國炳先生的副手。蔡先生當年兼任羅師的健教科講師。有一天他要我去羅師代他向二年制的師範生講課。雖然認真準備，總覺得向同等學歷的師弟在禮堂講大課，需要不斷充實自己。

在葛師任教四年後，1960年秋獲政府獎學金到倫敦大學教育學院進修一年制的健康教育文憑課程，翌年在港收到文憑試結果時知道成績優異的喜訊。碰巧由郵政寄來的成績通知書那天，時維7月22日，是我結婚的大日子，正是「洞房花燭夜，金榜掛名時」了！

這紙倫敦大學健康教育文憑在工作上加強了我的信心，但對於我的職級卻無幫助。很明顯，要持有學位才最實際。因此，我利用工餘時間進修，經四年努力，考取倫敦大學校外課程學士學位。這樣，我的職級便可轉為學位教師。加上1971-72年政府利用「英國文化協會中英獎學金」送我去布里斯托大學進修高級教育文憑，回港後，香港大學便接受我註冊入讀碩士課程。經四年工餘自修及主持問卷調查，於1978年通過碩士論文考試，取得香港大學教育系哲學碩士學位。這些轉變的最大作用在於增強我工作上的自信心，在執行職務時更加揮灑自如了。

1983-89的六年，在輔導視學處「經、公、宗教、倫理組」（後來簡稱為「公民教育組」）工作其間，參加了「學校公民教育

重道篇

指引」的編寫、出版、分發、召開幾場教師研討會，銳意推行該科，並上《城市論壇》推介，以及跟着主持連續兩年的實施情況作評估工作（見附圖四本書）。主張跨學科推行的公民教育在當年是新鮮事物，後來我在1989年退休，學校公民教育的發展，就由其他同事接力了。

從1954到1989，在教署服務共三十五年。自政府工作退休後，參加了環保組織「地球之友」，一幹四年。往加拿大居住五年後，回港加入了慈善機構「慈恩基金會」，在那裏當董事和秘書，一幹至今不覺又是廿年了。回想起來，「地球之友」實在與健康教育有關，「慈恩基金」實在是良心教育。而在我的教學、視學、環保、慈善四大作為之中，教學還是歷時最長的部份。可說我個人的事業生涯，仍以教學為主哩。

重道篇

葛師美勞教學二十年

梁杏寬老師

(在讀年份：1956-57；任教年期：1962-83)

出身於庇理羅士女學堂，成績優異。香港為日本淪陷時居澳，光復後回港組織家庭。曾深造英文，就讀文商、聯合、珠海書院，即入葛師受訓，畢業後教過津小、官小，後調入母校任教美勞科。退休後隨家人移居多倫多，生活閒適。

　　1956-57年，我在葛師接受師範訓練。時間短促，往事只得個印象：上學匆忙，斜路難行，實習教學緊張，設計教學得獎。一年畢業後，我受聘於聖公會聖多馬小學，三年後轉往觀塘官小。憑着教學表現及手工科的創意，獲得母校老師提拔，調入學院，協助羅吳錫嫻女士教手工及美勞科。在1962-83年間，經歷四任院長（羅宗熊、郭煒民、周刁玉珍、江潤勳）；廿一年間，教過日師學生及夜師學員之選修者三千餘人。我檢討個人的教學成果，自信能將所學理論、實施方法等各方面，詳細釋述，又勉勵他們發掘新知，交流心得；而自己則邊學邊教，在教學上頗有成功感。

　　手工和美勞，前者是行動而後者是成果，在概念上實在不必強行劃分。它的範圍極闊，除紙料、膠泥外，還包括鋅鐵浮雕，紮

重道篇

染、蠟染、毛織、藤織、膠印、皮料創作等等⋯⋯學生只要對任何一項感到興趣，針對原材特色，加以設計，注入新意，便會有良好表現。對於任何新的項目，我必先親自鑽研，達到較滿意的效果為止，然後考慮怎樣在課堂上施行，這當然包括小學生的興趣和能力，使用工具、物料費用和購備等條件。而我最欣賞的就是利用廢物做成的手工藝作品，不費分文而呈現美感。此外，在學院走廊或手工室內，把學生的心血製品陳列出來，則是最有效的鼓勵手段。

師訓課程規定，學生每年分派到小學去作兩次實習教學，導師則須往各校，給予視導。為求準時到校，我常先視察地點及途徑；最掃興的是辛苦地拾級而登七樓天台，竟不得其門而入。作為導師，能在課室內得見一節精彩的教學，十分快慰；而對教材處理欠佳、步驟解說不清，則須提點，多予指導。那年代開始關顧到特殊教育，我對師訓學員為弱智、弱能兒童上美勞課，印象最深；特別欣賞他們的耐心引導和思想啟發，其敬業樂業精神，令人欽佩。除學院的日夜課程以外，我有好幾年派到教育署為成人舉辦的勞作班講課；每週兩或三晚、每次二小時的課程，報讀人數眾多，座無虛席；我亦樂此不疲，夜課後還須費時收拾，有時從早到晚，使人感到葛師真是我的家。

且說一件在學院裏的恆常閒事。每天早上十時多，休息室備有茶點，同事們聚於室內，男女兩三組，各佔一隅，高談闊論。男的多以時事、車輛為話題。女的則多談兒女經、時尚服裝、廉價物品，一顯賢妻良母典範。再說一件學院廿五週年的歡樂往事。1976年屆，為表慶祝，院內各科在晚會上分擔不同節目，我們以「游龍」為主題，用幼鐵線結紮多個圓筒做龍身，糊上透明花紙，內裝乾電池和小燈泡，龍頭也結紮得十分華麗；繫上竹棍，配上燈光音樂而舞動，非常壯觀。此節目的成功，使同學們感到異常振奮。

重道篇

我在1983年退休，即移居多倫多，開始另一生活方式。善用餘暇，消閒養生，是我的宗旨：

1. 到圖書館搜集資料，如蒔花栽種、草地保養、殺蟲、施肥，工具運用，做其園藝工作。

2. 參加多倫多教育局開辦之中文班，並在學員大會時介紹美勞科範圍，親手製作，深受歡迎。

3. 圖書館多在中國傳統節日，如春節、端午節、中秋節等，設兒童興趣班，使當地的小朋友認識中國文化與風俗，由我負責指導有關手工藝的創作。

4. 此間部份陶瓷廠，備有做泥模的陶土，供人選購。我重溫故技，做足打磨、入窯、二次上釉入窯等工序。並將製成品分贈親友留念。

5. 日常練習書畫，且試行裝裱，又隨篆刻老師學習石頭雕刻技法；既可增值，又添雅趣。

6. 曾往烹調學校學來中西美食製法，所弄菜餚糕點，與人分享而倍感自豪。

三十多年來居於多倫多，每年暑期，常有舊同事從香港或外地來探，而葛師同學亦間有聚會，我必抽空出席，相見言歡，直到去年因行動未便而止。我年紀愈長，對教過我的前輩更為懷念；其中我想談談三位前輩老師。第一位是麥君澤先生，他戰前在港執教於皇仁書院，每年暑假在家設壇講學，我因與他女兒是摯友，故能幸列門牆。事實上我國學根基得以穩固，全是他的功勞。在1940年他因日本陷港而舉家避居中山，不幸貧病交逼，愛女失醫病故；當時我家已遷澳門，家母亦曾匯款以紓其財困。其後香港重光，兩家在港相會，恍如隔世。第二位是夏書枚先生，我在年輕時常得他在詩文方面的指導，特別是音韻格律，開我竅門，評騭詩作，助我

重道篇

進步。第三位是馮翰文老先生，我在葛師受訓時學得他和劉國藩導師講授有關社會科設計教學的理論，那年我小組選定「香港船塢」為題，全組同學分頭蒐集資料，以不同形式展出內容；最後評為佳作，由他頒獎。1960年代我調入葛師，再得他經常賜教，獲益最多。如今上述三位前輩中，僅得馮老一人健在；知悉他今年108歲，精神矍鑠，虔祝他身心康泰、福降人瑞。

我這老年人在加國，無欲無求。尚幸腦能思考、手能執筆，終於把零碎的記憶寫成短文。最後，且掇拾近作七言絕詩數首寄意：

贈葛師同學

不倦誨人有妙方，莘莘學子遍香江，

春風化雨肩宏任，重道尊師發曙光。

春節團拜

樓頭歡聚話西東，笑語風生喜氣濃，

君子之交如水淡，真情顯露盡輕鬆。

憶友人（懷曾月清）

更闌夜靜思潮起，舊雨凋零感慨多。

歷歷前塵如夢幻，漫將往事付詩歌。

悼馮翰文老師

西山落日念我師，靈耗傳來動悼思，

如煙往事多感慨，悵望浮雲撰哀辭。

（備註：付梓前趕忙之作）

我在葛師卅九年

蔡禦寇老師

（在讀年份：1955-56；任教年期：1964-92）

葛師畢業，任教官小八年；調入葛師任木工、教育科技及書法教學講師。曾獲邀赴英遊學，觀察外國教育科技設備及施行。喜好書法及楹聯創作。現為中國楹聯學會、中國書協香港分會、廣東省書法家協會及中國硬筆書法協會會員、香港著書會副會長、香港硬筆書法家協會副主席、香港書法專業人員協會副主席、香港詩書聯學會創會副主席、香港書法家協會副會長，可觀天文館顧問。

　　九龍加士居道是一條陡度頗大的「長命斜」。那些年，無論晴天或風雨天；無論上班下班或午飯，我都要在此斜路鍛煉腳力。斜路的末端建有一所學院：葛量洪教育學院。我曾在此度過年青的29載，在這長長的年月中，總有一些喜歡的或不如意的事。剛巧今年我又逢退休29載，幾十年的事情和時序都忘記了，祇能憑回憶寫下一些個人在葛師的生活體驗，與各位分享，旨在博君一粲而已。

　　1955年我考入葛師受訓，選木工科。因家居元朗，獲配宿位。舍監是葉太，她外表嚴肅，內心卻十分親民。每個星期三的晚上，她都和我們在院內餐廳聚餐，指導我們用餐的禮儀和生活態度等。講回宿舍，上層屬女生；下層屬男生，男女生共26人。我的宿位在下層2號。在這一年中，我接觸到當年不少精英分子，如曾昭亮、

重道篇

黃耀樞、陳溥志、朱亮基、利家麟、洪枋淇、關志雄、陳鼎任及梁觀照等。在這小羣體中，各具不同性格，使我有機會在適應人際方面獲益良多！

上世紀中，在覺士道的童軍總會銳意拓展。陳溥志同學是童軍總會的高層，他慫惠宿生們參加童軍領袖訓練班。心想多一種技能，日後就多一份工作！我被「日行一善」的呼籲吸引着，參加了訓練。後來且當了港島第九旅的旅長。我覺得童軍的各項課程，是一種良好的紀律訓練，對青少年的成長很有幫助；身為教師，實應踴躍參與。

葛師畢業後，被派到軒尼詩官立上／下午小學教木工科及中文普通科。該校位於市區，班數不多；但設有一間獨立建築，由當時的副教育司建立了一個「模範家庭」。這單位裏的家俬用具，由木工及家政兩科教師負責更新和保養，我當然樂於肩負有關工作，並與家政科同事合作，把日常教學與家居生活結合起來。

1964年我調任葛師木工科，接替Mr. Moorhouse 的課務。當時他留下的器材由我負責點算及接管。據說這種工作該由首席講師做的，我那時雖是一位小學教師，只好勉力完成。但重責來了，那年葛師開始辦二年制，我須負責編寫詳盡的課程：以一年制課程為基礎，我加入了工具原理及應用、中西工具差異、工業繪圖、工房安全、機械操作安全、習作常規及成績評估等等。編寫課程之外，當然還要執行教程、增訂器材、做好考核報告等工作。

記得到任第一個星期，葛師的大內總管羅太帶我到禮堂右側的大木門前說：「這門卡住了，不能開關，多名工友都推不動！」我拿了大木槌，讓助手拿其他工具。在門下貼地處我一槌撞過去，大木門移動了少許，連續揮了三槌，門脫開了；再用木楔子托起木門板，讓助手用木銼削去貼地的廢料，大木門便立即打開了，旁觀的

工友們及我的助手都在讚許,以後我的助手對我言聽計從,使教學工作順利不少。

記不起是七十年代初的那一年,Mr. Moorhouse 從紐西蘭回港一行,某日下午抽空到葛院訪探。這時不少舊同事早已轉任教署其他部門,認識他的人很少;祇有訓導主任郭太和我這個舊生和他晚飯。飯後,郭太駕車讓我們三人一遊窩打老道。當時窩打老道車水馬龍,汽車燈光燦爛,使他對香港的急速發展,驚訝不已。他十分感慨,只惜在港終老的願望未能實現!

早在六十年代中期,葛師已開設視聽教育科。當年我曾替學院在新建的大講堂設計/安裝了一套視聽系統。其中包括中央大銀幕、中央高映機及中央16毫米放映機台,還有音響系統以及大講堂兩側十部可調校角度的大電視,另有隨時可開合的黑布簾;記得當時工務局不肯承擔電視的支架設計/安裝工作,又要由我這小夥子去完成。裝好後,各科教學稱便。

木工這個以手腦協調,技術及設備為主的科目,它隨香港中小學的學制改變而發展。五十年代後期,除工業中學外,還有實用和職業先修等名目,故選修木工者出路頗佳。但在六十年代末政府再重視文法中學,且開辦了工商師範,於是葛師木工科幾年後便光榮結束。

學院方面,早就掌握上述契機,順勢在課程上加強教育科技科,由我兼任這個必修科目。校方接納我的提議,將木工室徹底改裝,添置設備,設了數十個自學/自助攤位。例如:高影機操作及高影片製作;木偶聲聲帶製作;電影放映機操作;微距拍攝;蠟紙燒製等四十個攤檔。每個攤位都製訂了使用器材的指引,貼在當眼的位置,以便自學自用。

至於教育科技器材管理方面,採用先到先得原則。科主任要及

重道篇

早訂用器材，才免於向隅。這一科的教學課程，有溝通理論、教材設計、器材優/劣點及選用等等。為了消除學生對使用教育科技機器的恐懼，要求他們對某一種器材須動手操作至少一次，再通過學院筆試才給予及格。在這過程中，幸得資深工友全哥協助，分擔了登記及監察工作。

某年，葛院內美術及體育兩科轉三年制，我須為三年制教育科技課程擬訂綱領。為了實用，我設計了兩個暗房，一個在大禮堂側；一個在二樓。我創製用錄音帶沖洗膠卷的方法。將提示、計時錄在音帶上，長時段配上背景音樂，將繁重的膠卷沖洗過程變得輕鬆！又在暗房中加添了巨型的儲水箱，使水溫較為恆定。為了相片五十年不變黃，洗片的方法，一邊用梯田式；另一邊用離心式。暗房不用全黑，衹在必要的地方弄得夠暗，不影響曝光便可。這些措施使同學們能樂於工作，不致沉悶。三年制同學都可以使用暗房。記得美術三年制的楊又蓮，暗房作品又多又好！在此一讚！

幾乎忘記，1978年，英國保頓教育學院（工業）的教育科技專家Mr. Blissdale來港訪問。特別參觀了我們的暗房及其他設備。他對這暗房資源少而效率高，甚為讚許；更欣賞我的創意:用卡式錄音帶作沖洗膠卷的提示／計時方法。因此，他推薦我到保頓學院遊學三個月。讓我獲得一紙《關於訓練教師的教育科技理論》文憑。我的工作獲得外國人肯定，深感欣慰！

在葛師，我的教學實務，前期大段時間都由我一人擔起木工及教育科技兩科的教務。兩科教材均需自行編製，並無現成的參考資料。由於我有電機知識，一切都順利踐行。

另一方面，我與其他同事亦有多方面的溝通。可舉的事例如：與馮翰文老師及周永賢研究相機及鏡頭；與李國榮評論書法；與李錦鴻及馮坤贊談論汽車；替周永賢的房車安裝冷氣（那年代的汽車

多數未裝冷氣機）；與謝國強及湯志堅追求優質音響的樂趣；與黃嘉鑾組裝電腦及習寫軟件，課後和他遊逛鴨寮街等。這些都是課餘的開心時刻！

在葛師，除了正常課務之外，每位導師都要負責一些課外活動，目的在培養同學們的廣泛興趣。記得當年我曾經和李學銘教篆刻；和劉燕儀教書法。由於我自幼得祖父以《星泉小楷》啟蒙，為了再建根基，便在課餘跟隨書法家陳文傑老師，邊學邊教。我出生於「九一八事變」的後半年，祖父賜名「禦寇」，以表抗敵之意。是以我撰寫了一副謎語般的聯句「中郎共姓」及「列子同名」作為我的姓名印。我亦曾以小名撰寫一聯自嘲：讀歷史，愧稱禦寇；拋頭顱，懷念英雄。

寫了一大堆往事前情，實屬敝帚自珍耳！

篆書聯及姓名印

草書聯

在葛師週年聯歡晚宴上，筆者（右一）送書軸與校友。

重道篇

2015年校友會聯歡晚宴：左起郭麗英、陳麗妍、陸武平、筆者與郭鄭蘊檀老師。

2016年參加校友會聚餐，前排左三為筆者。

重道篇

我的雕塑教學心路

陳炳添老師

(在讀年份：1958-59；任教年期：1968-88)

葛師畢業，即在官小、官中任教，後獲獎學金赴英修習雕塑。回港在官中三年，再調入葛師，擔當第三年美術科高級師資課程系主任。並在港大、中大校外課程及中大藝術系教授雕塑陶藝創作，從事美藝教育三十餘年。曾舉辦個展多回、參與聯展廿餘次，任香港藝術館、文化博物館顧問。

　　1959年我畢業於葛師，即派往塘尾道官立小學任教，一年後轉到伊利沙伯官立中學。兩年後獲英國文化協會獎學金赴英國修讀雕塑藝術兩年。1965年8月底回港後，立即推行立體美術教育。

　　新學年開始，調派到筲箕灣官立中學，擔任美術科教職。很幸運，因有天時地利及人和的關係：校長O'hanrahan的欣賞和支持，背山清幽的校舍，和創意無限的學生，他們完成的作品，多令人滿意。第二學年完後，便舉行第一次中學雕塑美術展覽。

　　鑑於展出成功，在第三學年開始，便準備作第二次展覽，是次展出作品有四百五十餘件，分別佈置於學校內外各處。展品大部份為雕塑：有高五呎餘的舞蹈人物、各類浮雕有十吋的踏腳石至十呎多的玻璃纖維畫、三個近十呎大小的魚池等……。此外，更有以全

重道篇

級四班的集體設計，如：露天兒童遊樂場、筲箕灣酒店等。

教署美工中心總督學顧理夫、香港博物館總館長溫納等，來校參觀。各報社及雜誌等都派人來訪問報道，亞洲電視台還安排半小時節目，由四位中一至中四學生，帶同自己的作品，到電視台接受訪問，由他們個別介紹創作過程。

在香港製作雕塑有一定難度。我自幼喜愛繪畫，畫了不少作品，包括靜物、風景、人物等。在中學階段，參加童軍露營，在郊野活動時，利用搜來的斷木殘枝，雕刻成各類作品。

1963年獲英國文化協會獎學金，赴英深造。我選習雕塑藝術，純是興趣使然，其間專注學習人體模塑、製模、鑄造、焊接、和玻璃纖維製作。指導導師LENARD先生，是世界知名雕塑家享利摩爾的助手。此外，利用暑假、復活節及回港等長假期，到歐洲、中東、北非各地遊歷近五個月，觀賞和細察建築、雕塑等不同藝術。而給我指點迷津途徑的，主要靠當時英國每月出版的Discovering Art期刊。

在英國修讀的藝術學院，雕塑與陶藝科都設置於同一低層。經申請後，我獲准加入。這學科原來有晚上七時至九時上課的一項校外進修課程。我平時及晚上經常出席，製作頗多，主任讓我參與工場助理的工作，使我獲得不少實際經驗。

自英回港後，我發覺製作陶藝物品極為缺乏。當時只有位於銅鑼灣的何東女子中學設有「Pottery」陶藝設施。除此之外，位於青山道十九咪半的工合陶瓷廠有高溫及粗糙泥土外，其他物料和工具等則完全欠缺。約於1970年和廠長梁森先生，及剛由台大回港的陳松江先生，創辦香港陶瓷藝術室。數年後，全由梁森兒子梁柏泉先生主理至今。1972年葛師新翼建成，第三年美術專修班便加入陶藝科。隨後教署批准中學美術科增添此科設置，至此事事俱備。我

重道篇

於1974年在英國文化協會舉辦首次雕塑個展，主題環繞「聚」與「柱」意念而創作。展品三十，全是陶坭製作。

那幾年間，我與港大及中大籌辦數十次各類雕塑課程：如立體美術教育、人體模塑、玻璃纖維製作、陶藝課程等。又在馮平山博物館舉行中學陶藝展、香港茶道館茶具辦創作比賽等活動。1975及1976年在中文大學范克廉樓舉辦在職人員陶藝班，又在1979年至1981年任教於中文大學藝術系陶藝科。

1995年退休後，我立即投入雕塑創作，舉辦多次個展。於2018年6月，與香港教育大學及博物館舉辦「雕塑陶藝檔案陳炳添作品回顧展」。而我過往所作的雕塑陶藝作品數十件，分存於香港美術館、香港文化博物館及教育大學（註：上述提及各點，可參閱存於教育大學博物館各檔案）。

我在學院的雕塑教學過程，從1968年起在葛師二十年，至1995年在羅師止，前後共廿七年。當年羅富國、葛量洪、柏立基三所師範學院都設有美術科，其後為配合各類中學的發展，改稱為「美術與設計Art and Design」。1968年，葛師先開辦第三年美術專修班。該班在最初的十三年內，五次易名：1968: Third Year Specialist Art Course、1973: Third Year Course in Art、1975: Third Year Course for Specialist Teachers in A. & D.、1977: Third Year Course in Art & Design、1981: Advance Course of Teacher Education in A & D。

到1980年，專修班才正式定名為高級師資課程：美術與設計。葛師除了前在舊翼已設有手工室外，其後在校舍原址右側加建新翼及體育館各一座；新翼建築物高四層，設美術與設計室五間。至此，本科設備更趨完善，負起訓練美術與設計科教席的責任。修習人數每年平均有十二人，由七人至廿三人不等，歷年總數達

重道篇

二百五十人。此外，在我兼任兩所大學的校外課程，每年也有數十人修習。畢業諸君除任教於中小學及私人藝坊外，有些加入理工大學及教育學院擔任這科的專業導師，亦有些繼續藝海求精，成就一己，做了專業的陶瓷或雕塑藝術家，發展其專長與創意，為香港作出貢獻。

1997年5月在沙田的個展：
陳炳添雕塑及陶瓷展。

葛師美術與設計科
的彫塑習作，在校
園草地展出。

高級師資課程：美術與設計科
的畢業展，在葛師禮堂舉行。

重道篇

Fond Memories of 20 Years at Grantham College of Education

Mrs Mary Poon Wong Shik Ngan

(Principal Lecturer：1970-92)

An alumna of the Northcote College of Education, Mary Poon obtained her BA (Hons) degree from the University of Hong Kong in 1966. Two years later, she received further training at the Moray House College of Education in Edinburgh on a British Council Scholarship. She joined the Grantham College of Education as an English lecturer in 1970, later heading its Primary Retraining Course. She was Secretary of the Education Department's Curriculum Development Council before her retirement in 1997.

Working atmosphere

The working atmosphere at Grantham College of Education was most harmonious and co-operative, with an environment that was supportive, protective and engaging. The Principal had full confidence and trust in our dedication and commitment to work. The general vision and mission were elaborated at staff meetings, together with the rules that we had to abide by. We were then left to carry on with our work to the best of our abilities. The steadfast principle of our endeavours was always to help our students achieve

重道篇

the goal of doing their best and to constantly upgrade the quality of teaching and learning. We aimed at not only equipping our student teachers with the right skills, but also helping them to understand the culture and traditions of the College. Our mission was to make Grantham a unique training institution.

Consequently, our students were generally very hard-working, open to advice, and willing to render help to others. They too had a strong attachment to the College, an enduring spirit of solidarity, and an *esprit de corps* based on the shared fundamental values of honesty, love, respect and humility.

Life at GCE

We were provided with a quiet working environment with each office accommodating only two lecturers. The big sturdy wooden desks, cupboards and side tables were identical in each office. While we worked mostly in our separate offices, we were expected to gather to have tea around 10.30 am in the staff common room, where we could socialize and interact with our colleagues over a cup of tea or coffee. It was an enjoyable time for all of us. Important messages were also announced at this time. Strangely enough, our GCE colleagues observed the rule of segregation and the male and female lecturers seldom sat together except for official reasons. In the old days around the 1970's, we had lunch together in the Woodwork Room, while the food was prepared in the canteen. From my memory, most female colleagues stayed at the College for lunch to avoid the difficult task of walking up and down the steep slope between the College and the main road. Many of the male lecturers, however, preferred to drive out to restaurants for their lunch.

Apart from our dedication to past principals and dear colleagues, I think we all have fond memories of our chief of the minor staff, Uncle Yui（銳叔）. He was neither tall nor large in size, but had a commanding voice which made him an important and imposing figure to all of us. He was perhaps, in practical matters, more authoritative than the Principal, the highest ranking non-commissioned officer (as it were). We all had to pay him due respect if we wanted our handouts or notes to be printed and neatly stapled in time for our use. Another case in point was that due to the limited number of car spaces, we had to double park our cars if we came in late. If we were on good terms with him, we could leave our car key in the office and should it become necessary to move our cars, he would be the one to carry out this task. This would save us the inconvenience and embarrassment of being called away in the middle of a lecture or meeting.

Relationship with the Student Teachers

We normally used English whenever we talked to our students, even after lessons. As such, therefore, our students were not usually very forthcoming or eager to converse with us. This meant that we had to take the initiative to start conversations whenever we met them on the campus.

重道篇

I must say I was very strict with our students and made sure that they submitted their assigned writing tasks on time. Some of the students, in particular those who had many physical education practices or student activities after school, failed to hand in their assignments, assuming that I would overlook it. To their surprise, whenever I saw those students in the canteen or on the campus, they were caught off guard when I politely approached them and reminded them of the deadlines. Later in the academic year, I seldom had to use these gentle reminders, as news spread fast that the assignments of certain lecturers should take priority over their many after school activities.

Before joining the College, I attended an overseas training course for teaching English as a Second Language in order to be better equipped to be a teacher trainer. In the course of putting into practice the skills I had learnt, I attached high priority to phonics, knowing that teachers would come across new words in the course of their teaching. It was important that teachers should be able to pronounce these words correctly, and so I insisted that all my students be familiar with the International Phonetic Symbols and that they pass an oral paper before they could proceed to the second year. Should they fail in this paper they had to retake a supplementary test after the summer vacation to give them time to revise the phonetic symbols. Years after their graduation, I was gratified and complimented to be told by my old students that they found this basic skill very useful in their teaching careers.

Perhaps the most rewarding experience at the College was organizing the 8-Week Retraining Course for Primary Schools, a refresher course newly introduced for trained teachers who might have been in the front line for decades. From scratch, we had to decide on the course design, including the course content, mode of training and teaching materials. I was most fortunate to have the assistance of Mrs Irene Law, Mr Yu Wing Sun and Mr Lai Kar Kui （representative from the Advisory Inspectorate） and the four of us, as 'pioneers' of this new course, worked out a course outline that focused on the adoption of activity-based teaching strategies in classrooms. Our efforts paid off as this refresher course was very popular among primary teachers. The intake of the course was increased later and our teaching team was expanded to include more experienced, capable and dedicated lecturers.

Conclusion

With 20 years of service at Grantham College, I can say with both pride and humility that it was the most memorable landmark in my career. I treasure every minute of the past and take pride in having been a part of the teacher training programme in Hong Kong. I enjoyed the companionship of all my colleagues and we still remain connected despite the passage of time. I sincerely hope the spirit of solidarity and passion for our College will forever live in all of us.

重道篇

Dr Kong, our Principal, visiting the end-of-course exhibition with English lecturers

Pioneers of the Primary Retraining Course

Teaching Team of the Primary Retraining Course

在葛師工作的喜與樂

陳婉玲老師

(在讀年份：1961-62；任教年期：1970-89)

在官小任教兩年後，參加教育署舉辦之
「中學女體育教師訓練班」，遂調往中學任
教。後獲獎學金赴英國進修，回港後在教育署
體育組工作。1970年至1993年先後任教於葛師
及羅師。退休後熱愛旅遊及參與義務工作。

　　1961年9月，我進入葛量洪教育學院就讀，選修體育科。翌年
9月派往啟德官小下午校任教；過一年的9月，教育署新辦了一個
「中學體育女教師進修課程」，為期一年，我幸運地被選中。於是
每週的五個上午要返回母校葛師上課，下午仍須返啟德教書。受訓
與教人雖是辛勞，但能回到熟悉的環境學習，至感親切；心想必有
一天要調到中學去。學以致用，往後幾年，我先後調到元朗、何東
官中教體育，其間又獲推薦赴英進修。

　　1970年9月，我接到調校通知，竟然是加入葛師大家庭，跟隨
體育組的陳坤霖老師，學習師範傳人之道。他是個全能的體育健
將，在理論和實踐二者涉獵甚廣；他落力教導我課程的各個方面，
從資料搜集、教學方法、到待人處事，令我一生受用，是我的良師

重道篇

益友。

那年代正值政府致力擴展中等教育，學院裏增添了很多學位教師，分別擔任不同的學科，而體育科的我則是最年輕一位。葛師是一個很有理想、很有活力的團隊；同事中有我的老師，或是我的長輩，他們像家長般照顧我，叫我加入福利組為同事服務。兩年後我女兒出生，郭煒民院長還親自到我家探望，就像家裏添了個孫女一樣，同事又送上很多禮物，親切得像一家人，使我難以忘懷！

76年的暑假，葛師同事曾組織一個28天的中國文化交流團。這是我首次踏足國內，到北京時剛好遇上唐山大地震，哀鴻處處，給我親歷一次重大體驗，領隊、導遊、同事之間互相關懷、照顧、彼此扶持，心境才得平復。多年後團友相聚話舊，談起這事，猶有餘悸。

1978-79年度我在葛師遇到最大的考驗及挑戰，當年坤霖先生要到英國進修一年學位課程，我被學院委派肩負起領導體育部的責任，整個部門六位同事全是助理講師，最開心是得到各人的支持，學生又有優良表現，大家同心協力將體育組辦得有聲有色，可算是成功的一年。

1989年7月署理院長黃李志欣女士告訴我將會於9月調職到羅富國教育學院，我即時感到很失落——難捨葛師。我出身、工作在此近三十年，實在不忍即離。當晚我在家中獨自一人哭了幾個小時，更將多年在葛師的照片及錄音帶翻看多回，重聽學生給我唱的歌曲。第二天幸得李銓炘等好同事的解慰，才決定順受。8月31日是我一生最難忘的日子，當日是我在葛師最後一天上班，由1970年至1989年間的體育組學生組成一個籌備小組，在禮堂為我開了一場歡送會，令我非常感動，他們還將過程拍成錄影帶送給我。與會者對我的關懷和愛護，真是沒齒難忘，學生對我的尊重，實是我在葛師

最大收穫之一。

　　我在葛師總是專注工作，學生是我最大的精神支柱，他們各自在體育專項發展良好，頻頻獲獎，青出於藍，都給我很大的鼓舞；他們的成就正是我學習的對象，讓我得益。體育教育做了三十餘年，學生人數眾多，他們都肯與我緊密聯繫，使我覺得相聚是我退休後的最寶貴的大節目。我和學生相處就像一家人，他們娶媳婦、嫁女兒、生日、週年聚餐，我會成為他們的座上嘉賓，學生甚至稱呼我為：「陳媽媽」或「大師姐」，新春佳節更帶同家小來拜年；現今科技發達，電話、電郵等傳訊，紛至沓來，使人甜在心中。

　　我十分喜歡旅遊，當年李國榮老師經常組團到國內旅遊，我們到過絲綢之路、新疆全省和羅布泊等，坐四驅車漫遊沙漠，非常難得。我和外子也經常與同事組隊到日本、東南亞、台灣等地散心，生活多姿多采。更不時到世界各地探親、會友、遊覽等，每到一地，我都探望葛師前輩。有一年我到多倫多探親，剛好江潤勳院長千金出閣，他邀請我參加整個婚禮過程，包括接新娘、往教堂、晚宴、回門等，宴會的禮儀，中西兼備，我就像他家中一員，參與盛大喜事，印象深刻。

　　與學生一同旅遊更是最難忘的往事。當年有兩位學生在美國春田大學進修，他們駕車到多倫多與我一起遊覽尼加拉加瀑布、安大略省湖泊，並參與各種戶外活動，我好像母親帶着兒媳度假旅遊。後來另一位學生到美國德州侯士頓進修博士學位，我到當地探他，並介紹住在侯士頓市的葛師舊生互相認識，三十年來我們保持聯絡，他們都稱我為契媽。

　　2000年以後，我喜歡乘搭郵輪旅遊，在船上經常遇到葛師同事、學生及校友，真是友緣有份。多次乘輪都以悉尼為我上落船的地點，我必藉機上岸與舊同事、學生相聚，他們帶我周圍遊覽，甚

重道篇

至駕車數小時去探望我老師梅美雅女士，三代相逢，就像與家人團聚一樣，非常親切。

2013年、2017年及2019年，曾有學生先後發起香港體育界同寅大聚會，邀約海外前輩回港，讓老、中、青體育人聚首一堂，筵開十多席，非常熱鬧。這種薪火傳承的精神，希望可以維持下去。

葛師老朋友、舊同事每年都舉辦新春團拜，歷年得潘黃色銀女士協助，安排於紀利華木球會聚餐，各科同事都鼎力支持，每次參加者多達六七十人，長輩馮翰文先生、郭鄭蘊檀女士及校友會主席李百強都來出席聚會，場面熱鬧溫馨。

我在葛師讀書和教學二十年，非常感恩。葛師帶給我珍貴的人際關係，包括同事、學生、校友、師兄、師姐的愛護，我十分珍惜這份友誼！我把最近寫的一篇「感恩頌」送給大家，祝葛師大家庭的每個人都身體健康、生活愉快！

八十人生古來稀　　佛恩賜我康福年
回顧修禪無盡力　　深感慚愧在佛前
我雖不配佛憐憫　　蒙福活在慈愛中
幸得椿萱授庭訓　　舉案齊眉禮佛躬
家人盡力勤照顧　　親朋相聚笑哈哈
同學關心情深厚　　師兄教導愛護加
一生無罣亦無礙　　如斯恩典復何求
前路光明佛引領　　有佛相偕不須憂
悲歡離合等閒事　　陰晴圓缺定可數
信心堅定常歡笑　　佛牽我手到淨土

重道篇

94

葛師之友中的前輩：前左起馮翰文、郭鄭蘊檀、趙蘇麗珍。

簡榮基 KAN Wing-kay David、陳應樹 CHAN Ying-shu Lawrence 、陳澧祥 CHAN Lai-cheung Paul、何振業 HO CHUN-ip Victor
覃照焜 TAM Chiu-kwan 、巢志光 CHAU Chi-kong、簡廖慈珍 Mrs KAN、趙炎信 CHIU Yim-shun David
曾李佩蘭 TSANG LEE Pui-lan 、梅薇雅 Betty MAIR、陳陳婉玲 CHAN CHAN Yuen-ling
招岑淑嫻 CHIU SHUM Shuk-han 、朱福榮 CHU Fook-wing、黃麗華 WONG Lai-wah Sandra
體育之友聚餐 PE & Friends 2019 @HK

重道篇

與幾位體育科首席督學攝於2018
年，前左起何振業、簡榮基、黃蘭
心、筆者、林冠新。

2019年葛師之友新春聚餐

重道篇

「嘉士居」雜憶
——兼懷陳乃琛、李知其兩兄

李學銘老師

(任教年期：1971-74，1980-82)

新亞書院、羅富國師範學院畢業，後獲香港中文大學學士及碩士、香港大學博士。曾兩度在葛院任教，並先後出任教育署輔導視學處督學、葛院首席講師、香港語文教育學院副院長、香港理工大學教授。退休後，任新亞研究所教授、香港公開大學榮譽教授。已出版學術論著六種、讀書隨筆集一種、學術論文近二百篇，又曾主編學術專書及學術期刊多種。

一

葛量洪教育學院的地址在九龍加士居道，「加士居道」是「Gascoigne Road」的中文譯名，以前街道名稱的譯者多考慮譯音，沒有考慮意義。其實把「Gascoigne」譯為「嘉士居」，不是更好嗎？「嘉士居」之名，把葛院這個群體的人稱為「嘉士」，包括當時葛院的師生和歷屆校友，又把葛院的所在地喻為「嘉士之所居」，意義雙兼，會不會是不俗的改動？

稱「加士居」為「嘉士居」，不敢肯定是不是由江潤勳院長最先提出。我那時喜愛篆刻，並常刻印贈送同事，也不管自己刻得好不好。有一天，江院長囑我為他刻一方長形朱文印，印文就是

重道篇

「嘉士居」。他沒有說明為甚麼要刻這方印，我也沒問。我推測大抵他身在葛院任職，而葛院的所在地是加士居道，他把「加」改為「嘉」，成為一個有意義的名號。本文擬題為《「嘉士居」雜憶》，就是用「嘉士居」代替「葛院」。

二

我不是葛院的畢業生，但自以為與葛院的關係尚算密切，因為我曾兩度進出「嘉士居」，第一次來葛院是在中文系任教，當時陳乃琛兄是系主任。乃琛兄畢業於崇基學院，我畢業於新亞書院，大家互有所知，但不算認識。不過我們有共同認識的老師和朋友，治學方面又有共同的話題，因此一見如故。在我的印象中，乃琛兄是位謙謙君子，能以誠待人，能認識異己之美，能包容他人的缺失。他學有專詣，但從不以己所長，度人所短，反而常常以開豁的態度，去認同、欣賞他人的優點。他待同事如朋友，對下屬從不擺上司架子，從未見過他疾言厲色。

我第二次來葛院，是就任新設的中史系首席講師職位。職位的調升，原是教育署的安排，但院長在多名候選人中，應有選擇權。江院長與我並不熟識，偶然在書店遇上，只會微微頷首，甚少交談。我第一次在葛院任教時，江院長在柏立基教育學院，他對我的了解，大抵不多。他當時可考慮的人選應該不少，為甚麼會選擇我？我不清楚。有人告訴我，大力推薦我的人是乃琛兄。我與乃琛兄在葛院重逢，當然大為高興，但他從未向我提及曾為我美言舉薦。更難得的是，他舉薦我的職位，是高於他自己當時所任的職位，如果沒有弘廣無私的磊落胸襟，不是人人可以做到。他退休後接受何雅明先生的邀請，前往恆生商學院繼續以所學沾溉桃李，

可惜不久就因病去世，未能作育更多英才，真是令人惋惜。我懷念他、敬重他。

三

我與李知其兄熟識，是第二次到葛院的時候，知其兄在葛院中文系任教，他與乃琛兄是好朋友，可能因這層關係，我很快與他相熟，更因為他與我對中國古典文學、書畫藝術都有興趣，因此大家談起話來，頗為投契。我也應他所需，先後為他刻了幾方印，其中一方，印文是「真假何妨」，可見他對待藏品的脫略態度。不過，知其兄性格剛強、率真，待人處事，有自己的原則，因而在葛院除了與少數同事交往，他經常的表現是獨來獨往，落落寡合，要是他不高興，他會板起面孔，弄青白眼，說話毫不委婉，不怕得罪人，甚至不怕頂撞上司。我或許可舉一兩個例子。

有一次，在同事小息茶敘時，知其兄掏出一塊古玉摩挲把玩，並遞給身旁幾位同事一起觀賞。我旁邊剛好有一位女士對玉器也有興趣，便伸手來取，想不到剛拿到手，知其兄就一把奪回來，說：「玉器不可讓女人觸摸，我回家後要用茶把它煮一煮！」跟着他把古玉迅速放入懷裏，然後若無其事地繼續與同事閒聊，也不理那位女士愣在當場。知其兄的舉動，不一定有性別歧視的存心，他只是相信一些玩玉器者的傳統說法，是否有理據，他也不管。提到那位女士，也可一說。她面惡心慈，待人寬容，似乎對知其兄的「無禮」不甚介意，從未借任何口實去針對他。不過，她對不滿的人和事，有時會脫口贈以「賤格」兩字，但並無惡意，更無「斥」意，因為她不大懂中文，也不知「賤格」語氣之重。而被「贈」者，往往哈哈大笑，不以為忤。

重道篇

又有一次，知其兄知我愛好書畫，特地從家裏拿了兩軸名家畫作回校，邀我共同欣賞。有一位同事下課後，知道這件事，就興致勃勃去找他，希望可以欣賞他的藏品。想不到他竟然拒絕了，並說：「我的畫是隨便讓人看的嗎！」他這種硬繃繃的拒絕方式，讓人覺得真是不近人情。話雖如此，許多人都知道他的性格，因此似乎甚少人深怪他，當然也少人隨便去招惹他。聽說他對上司、同輩雖時有不近情的表現，但他的教學，深受學生的歡迎，而他對學生也很友善。

知其兄喜作詩，也好讀書，尤其是對《紅樓夢》有深入的研究，走的是索隱派路子。他曾出版了好幾本有關《紅樓夢》的專著，都有贈送給我，因為他視我為可以談藝論學的朋友，而不止是同事。可惜他也跟隨老友乃琛兄辭世了，到了今天，我仍然不時想起他。

四

在各階段、不同院校的教學生涯中，葛院的日子，是我最愉快的。

在工作環境裏，凡涉及人事的問題，一般總是很複雜，但我兩度進出葛院，並不覺得人事複雜，與不同系的同事相處，都和諧少牴牾，而且結交了不少真正的朋友。除了乃琛兄和知其兄，與我成為朋友的，還有美術系、中史系及其他系多位同事。我離開葛院後，他們與我平日各有各忙，交往不多，也少溝通，但每次相見，感覺是朋友關係而不是同事關係，其中李國榮兄更長期與我保持交往、聯絡，大家見面，相談甚歡。我視他為兄長。凡有舊同事聚會，大多以國榮兄為中心，地點或在他家裏，或在他家附近的酒

樓，見面時氣氛很好，我總覺得是老朋友聚會，而不是一般酬應。在我認識的人中，國榮兄是一位很有凝聚力的人物，他好客、慷慨、寬厚、生活淡泊、不斤斤計較，凡是他的同事和學生，都成為他的朋友。乃琛兄在生時固然是他的朋友，不易與人相處的知其兄也不例外。

五

我兩次調職離開葛院，都曾熱切期望留下，可惜都不成功。我的第一次調職，是由「非學位教師」轉為「學位教師」。根據教育署當時的「規定」，轉「學位教師」，必須在中學任教，別無選擇。直到現在，我仍然不明白「規定」的邏輯理據在哪裏。第二次調職，是往新成立的香港語文教育學院。我當時曾強烈表示，情願留下不升職，並請院長代向教育署表達，因為我在第二次來葛院時，本有這樣的心願，就是預備在葛院任教至退休。聽說教育署官員的指令是：這是工作需要的調動，不情願也得要履職，將來是否有機會回葛院，往後再說。公務員的調動往往身不由己，這是一個例子。我說出這件事，用意在表達我對葛院的感情，也可約略顯示我無意進取的心態。了解我心意的人，我相信葛院中應有好幾位待我如朋友的同事，其中應包括乃琛兄和知其兄。可惜他們都與我永別了！燈下執筆，昔日大家相聚歡談以至握手道別的情景，彷彿仍在眼前。臨末，無端地想起「留君不住益淒其」這一詩句。唐代詩人高適的「淒其」，是為了生別，我的「淒其」，比生別更甚了。

重道篇

1982年夏，筆者與葛院同事同學合照；坐排左起老師：曾憲森、筆者、鄭秉舫。

筆者離開葛院時，中史系同事同學送別聚餐。

重道篇

My Few Memories of Grantham College of Education Annexe (Hung Hom)

Mr Nelson LEE Chuen Yan

(Principal Lecturer：1974-76，1988-94)

Nelson Lee graduated from the Northcote College of Education in 1959. Until his retirement from the HKIEd in 1995, he worked in the areas of education and sports from government secondary schools and colleges of education to the PE Inspectorate Section, HK Police Force and the Sports Recreation Service. In 1960, he was nominated to attend a one-year, part-time PE Supplementary Course. Four years later, he was awarded a three-year scholarship to study full-time at the Scottish School of PE, Jordanhill College of Education, (now Strathclyde University), Glasgow., Scotland.

1. Introduction

Hello, Ladies and Gentlemen. I had been a P.E. Lecturer in Grantham College of Education Annexe (Hung Hom), (GCEA (HH)), Hok Yuen Street, Hung Hom, Kowloon, as the Head of the P.E. Department of this Campus from 1974 to 1976, and as the Head of the P.E. Department of G.C.E., Main Campus at Gascoigne Road, Yaumati, Kowloon, from 1988 to 1994. Later in 1994, the local Colleges of Education merged to be established as the Hong Kong Institute of Education using the various former sites of Colleges of

重道篇

Education as its various Campuses. There, I was also the Head of the P.E. Department from 1994 to 1995.

Now, not very many people in Hong Kong, involved with education or teaching, know of this GCEA (HH), as it only existed for a very short period about two full academic years. This Campus has been closed now, and many of the former Lecturers of that Campus may not be contacted easily, or are not in Hong Kong, or have passed away.

2. G.C.E. Annexe (Hung Hom) and Its Lecturing Staff

It was about August, 1974, before School Summer Holidays, a group of Lecturers of various Academic and cultural Subjects had been informed by the Hong Kong Education Department that they would be posted to this GCEA (HH), which would offer Teachers' Training for Full-time Two-Year Day Courses for all Subjects with In-Service Teachers' Training for Part-time Two-Year Evening Courses (I.C.T.T.) of a few Subjects. The site of this Campus was taken from the former Sir Robert Black College of Education (S.R.B.C.E.) which had been using this site since 1961 but moved to a new site leaving this Campus vacant. The Education Department then took over this site and set up this GCEA (HH).

The Principal of this GCEA (HH) was Mr. CREW, and Dr. Y.F. KONG as his Deputy. The Principal of G.C.E. at that time was Mrs. M. CHOW. Now, many of the former Staff Members had retired with some living locally or abroad, or some passed away. But a few of them can be found still serving in educational or academic activities or organisations locally or abroad.

In this GCEA (HH), a young and a new P.E. Graduate of S.R.B.C.E., named Miss CHENG Kuk Lan, served cooperatively with me in the P.E. Subject. At the end of the academic year in August, 1976, we both left this GCEA (HH) to join the newly formed Recreation and Sport Service promoting Recreation and Sport to the local community.

3. The Training

As far as the P.E. Subject in this GCEA (HH) was concerned, in the first few months of the academic year 1974-1975, the situation was very disappointing and frustrating. Large and small P.E. equipments were lacking. But gradually, items of PE apparatus, large and small, had been purchased and arrived for use in teaching and training.

As the premises of this GCEA (HH) had been designed previously to be built as a local primary school, training for P.E. Teachers could not be up to quality and quantity, satisfactorily. Hence, training for Athletic Events had to be done on Saturday mornings by hiring Public Athletic Facilities at Perth Street Sports Ground. For Swimming, the Y.M.C.A. Indoor Swimming Pool at Salisbury Road, Tsim Sha Tsui, had to be hired for training. Within the Campus itself, training space was very limited. Hence,

重道篇

large and fast movement activities were also became a handicap. The playground surface was rough and in concrete. All these caused safety problems also.

Owing to lack of P.E. training equipment and facilities, the G.C.E. Principal, Mrs. M. CHOW, made a special arrangement that only the GCEA (HH) P.E. Students would be allowed to use the Main Campus Gymnasium exclusively after College every Thursday for practice or training of gymnastic activities.

Therefore, the lack of facilities for proper P.E., Athletic Events, and Aquatic activities had been a problem for the P.E. Subject. Other problems were time available to use these outside facilities. We had to "compete" to obtain such time against other outside sports organisations to secure these times and facilities. Travelling to and from these training venues occupied much of the Students' time causing them unnecessary fatigue and waste of time.

Nevertheless, all the GCEA (HH) P.E. Students took advantage of opportunities to experience working in such available facilities and with proper equipment. They made very good effort and improvement in learning and practising. The P.E. Lecturers were pleased with the efforts and improvement of their P.E. Students.

While all Lecturers did their best in organising and presenting their respective Elective Subjects as best as they could, the Students did their best studying in their Elective Subjects. All Elective Subjects were dealt with good and high academic, technical and professional standards. Occasionally, Lecturers were invited to present talks on other topics of interest to Students in large grouping to provide and broaden interest and knowledge to Students in general as extra-curricular activities. I had been invited to present a Talk with a colour-slide Show during a Lunch Session, sharing my experience while I was staying in Glasgow, Scotland, apart from my training in a Three-Year Full-time Day Course in P.E. held in the Scottish School of Physical Education, Jordanhill College of Education (now, Strathclyde University) in Glasgow, Scotland.   I had successfully completed the Course.

4. Social Gatherings

After Graduation, in 1976, all Graduates got their teaching jobs or other jobs they liked. They had organised Social Gatherings among themselves, inviting former Lecturers to participate, occasionally. Some of the Lecturers attended had been Miss CHAN Wai Man, Alice (Eng.), Mr. CHOW Sik Cheong (Maths.), Mr. HO Kee Ho (Geog.), Mr. LAU Hoi Tung （E.P.A.）, Mr. LEE Chuen Yan, Nelson (P.E.), Ms. LEE Yee Ling, Elaine, Mrs. WONG (Edu.) and Ms. MAHOMED, Mariam (Eng.). Such Social Gatherings always provided us with very good opportunities to meet and chat of our old days in the GCEA (HH) and our experience and feelings in our jobs, mainly in teaching and school administration.

5. Notes on Some Past Students

There is actually a lot to write about relevantly regarding the

GCEA (HH), but as I was involved mainly with the Elective Subject of P.E., I cannot write much in other matters. Indeed, I miss the days serving there in P.E. As to the Past Students, I also missed my P.E. Students very much.

Some Past Students have changed to work in other jobs or posts locally or abroad. A few more familiar GCEA (HH) Graduates to me were: -

(a) Mr. CHAN Fan Hin (P.E.), is now living in U.S.A.. Before leaving Hong Kong, he had been successfully teaching Athletic Events to physically handicapped athletes.

(b) Mr. CHENG Chun Fat, Dominic (P.E.), at one time, had changed to teach in Hong Kong Police Cadets School with many other Colleges of Education graduates. Coincidently I had a chance to meet him, while I was seconded to serve in the Royal Hong Kong Police Force. At that time in 1978, I helped the Police Force to set up its Sports and Recreation Section/Department, stationing at the Police Force Headquarters, Arsenal Street, Wanchai, Hong Kong. I organised a Police Family Fun Day at Kai Tak Recreation and Sport Centre for the Police Family Members and off-duty Police Force Members as a Recreational Event of the Police Welfare Section/ Department. There I met Mr. Dominic CHENG again taking charge of a large group of Police Cadet Students to help in this Event, thus getting Community Service experience.

(c) Mr. KWAN Yam Wah, Vincent (Sc./ Math.), had changed to serve in the Royal Hong Kong Police Force in a very Senior Rank.

(d) Ms. KWOK Siu Yee, Lilian (E.P.A.) frequently organised Social Gatherings of her E.P.A. and Tai Chi Classes, as well as GCEA（HH）very successfully.

(e) Mr. LAW Wing Lok, Eddie (P.E.) and Mr. SZETO Kwok Wai (P.E.) had helped actively and busily in large Community Projects of the Home Affairs Office in Tsuen Wan areas.

As to the female GCEA (HH) P.E. Students, I have very little contact with them after graduation, except only a few. Sadly, three P.E. Past Students had passed away. They are Mr. LAU Kung Ping, Mr. LEE Shui Keung and Mr. LEUNG Chung Wan. May they rest in peace!

6. Retirement

Anyway, I feel very happy and privileged to have a chance to serve in this GCEA (HH) for two academic years in 1974-1976. Then later in 1988 September, I came back to the Main Campus of G.C.E. in Gascoigne Road, Yaumati, Kowloon, as the Head of the P.E. Department until 1994. When all the local Colleges of Education merged in 1994 as the Hong Kong Institute of Education, I also served there as the Head of the P.E. Department in 1994-1995. There, I retired from service in the middle of 1995 at the end of the academic year. Missions Accomplished!

重道篇

Some PE
Graduates of
1980-1983
with their PE
Lecturers

Portrait of 22nd Governor of Hong Kong, Sir Alexander
G.H. Grantham, G.C.M.G., which was displayed near
the College Principal's Office. Standing were three P.E.
Lecturers

G.C.E. P.E. Lecturers:-
From Left to Right: Dr. TSANG
Cheuk Kuen, Eric; Mr. LAM Koon
Sun ;
Mrs. TSANG LEE Pui Lan, Penny;
Mrs. CHAN CHAN Yuen Ling ;
Mr. LEE Chuen Yan, Nelson;
Mrs. CHING WAN Yuet Yue,
Evonne ; Mrs. CHOI TSE Kang
Chun, Karen;
Mr. LAU Kam Sun, Sunny; and Dr.
LIU Yuk Kwong, Raymond.

葛師的多采教育路

温月如老師

(在讀年份：1968-70，1973-74；任教年期：1977-81)

在葛師兩度受訓，二年制時讀英文、數學、體育，一年制則修高級體育專科。初任教於官小官中，後調任柏師葛師。再赴英大學攻讀特殊教育，獲高級文憑及哲學碩士。回港任教育署特殊教育組督學；後移居澳洲，教書三年並兼任英大學講師。返港後擔任匡智翠林晨崗學校校長，為智障學童服務廿二年。熟悉課程與教學、評估及培訓、建立融合教育中心；曾發表研究論文。

　　「各位同學，請排隊，站在球場這一邊向另一邊的同學講幾句話。」這是當年招岑淑嫻導師面試體育選修科同學的情景，目的是測驗這些未來的體育教師，能否有足夠的聲量，在球場上傳遞信息，同時用聲調控制上體育課的秩序。已經過了五十多年了，還歷歷在目呢！腦海中湧起的又豈只一個畫面呢？難忘的是在大講堂，郭鄭蘊檀導師用她那瀝瀝鶯聲查核缺席的同學；在那狹小的石地球場上，同學們散發青春活力，享受雨中排球比賽的樂趣 ；在午飯時，偷偷走到飯堂廚房，請廚師為我即炒的加料美味米粉；還有被挑選了在大禮堂，教一節給其他同學觀看的示範教學呢！太多難忘的葛師片段了！當然最感恩的是在葛師邂逅我的另一半，後來攜手共譜溫馨的人生樂章。

重道篇

千萬想不到，在中小學任教數年後，又有機會每天可以走上葛師的斜路，重回母校懷抱而當上體育導師。這一次的重逢，三角草地不見了，換來的是舒適寬敞的室內體育館，而我的辦公室便是坐落在體育館對面的新翼。重回母校，倍感親切，再得昔日老師指導，一同工作，只好懷着忐忑的心情，加倍努力做好自己。在陳坤霖系主任的領導下，更明白做導師應要精益求精、具創新突破的思維和態度。當年我是夜師同學的班主任，他們日間既要埋頭於私校任教，下課後要花上個多小時路程，趕到葛師上課，下課後又要披星戴月、跋涉返家晚膳。我得費盡思量，為他們安排更妥善的學習空間和場地，好使他們善用那寶貴光陰。對這些不斷努力進修的在職老師，我是十分敬佩的。而令我欣慰的是，他們不但用心教學，同時更富有創意去解決疑難，個別同學長於行政和管理的，後來更晉升為校長呢。許多時路經學校球場，我也會駐足旁觀，去欣賞體育老師的認真態度和巧妙佈局。每見學生在球場上興奮的動態和歡樂的面容，我這位體育導師便會滿懷高興，與有榮焉！

　　回想那年代的師範學生，懷着理想，努力耕耘，把教育下一代視為己任，為社會培育優秀人才，我在葛師同學和所教學生身上，得到不少鼓勵。曾有一位本港跨欄冠軍的體育教師，被獲選為香港代表隊，將遠赴海外，出戰東亞運動會。他為了不想因為自己的培訓，而耽誤了學生的課程，竟毅然放棄運動員那明星殊榮機會。他那清高品格，真令人折服！

　　在當導師其間，有機會到不同的特殊學校觀課，竟然為我打開了特殊教育這扇門。還記得當時我正懷孕，到跑馬地一間特殊學校觀課。當時那校長跟我開玩笑，說我懷的孩子說不定是個殘障的。作為一位將為人母的我，立即產生了危機感和同理心，亦因此打動了我為特殊教育工作的心。非常幸運，我這種服務特殊孩子的

心願，深得家人尤其是丈夫和長輩的大力支持，使我免去不少的煩憂。

1981年，便離開教育學院講師的崗位，走上特殊教育之路。先進入教育署當起督學，其間幸獲政府助學金，帶薪到英國諾定咸大學接受特殊教育的培訓。因此對英國特殊教育的推展有個概括的認識，而對智障學童的教育有了更深切的研究。進修其間的一個意外收穫是，該年的畢業論文及隨後的碩士論文，主力研究唐氏綜合症兒童韻律感的報告，竟獲刊登在國際研究期刊（Journal of Mental Deficiency Research 1983,1989）之內。那年代以一位中國女士來說，發表論文是非常光榮的事情！

在教育署特殊教育組服務時，正值該組重整的年代，由以弱能類別為單位，改為以工作性質作組合，我恰好橫跨了兩個年代，見證新舊的交替。我在任職的智障學童組裏，認識了不少大師級的同工，他們把着手帶我進入教育智障孩子的學習旅途，當中包括課程發展，教學技巧，自閉症兒童的處理，學生的評估等，使我受用不盡。其後有機會在學位分配組工作，更鞏固了我對各類弱能學生的了解，尤其是學業評估、智能評估工具的運用和閱讀。這些工具一般也要有認可培訓才可採用，幸好我在英國受訓時，已獲取基本資歷，才能順利執行工作。學業評估採用在香港開發的中文、英文、數學的工具，以本港基準為依歸；學生評估的成績能準確反映該生所達到的年級水平，以供學校編班作參考。智能評估則採用翻譯自海外的標準評估表來試行，例如韋士智能測量表等；學生智能經評估後，便會轉介至適合的智障學童學校。當然還有其他視覺、聽覺等專業評估，以配合轉介至不同類型的特殊學校。當年正有大量國內移民到港，我們為這些不同殘障類別的學生安排醫療、福利、學位轉介等服務。我們還透過定時會面和評估來跟進，看到孩子們的

重道篇

進步而告慰；不久，便被調往特殊教育服務中心的行政組，使我有機會認識整個特殊教育組的運作和各組別的同工。最後，我在視學組安頓下來，開展了為智障學童學校的教學、課程和專業發展的視學工作。這其間，與前線的校長及教職員有更直接和緊密的協作，攜手為智障學童，開展更有效的學習內容和方式，同時負責教師的培訓。

數年後，舉家移民澳洲，在當地的主流及特殊學校任教，也曾參與當地的融合資源中心，見證了昆士蘭省融合教育的推展和施行過急的後遺症。

1988年重回香港，展開了二十二年的特殊學校校長生涯，在三易校名的匡智翠林晨崗學校服務，對學生無窮的關愛，使我蛻變成滿有使命感的校長，委身於特殊教育。其間幸得黃佩霞總幹事的領導及一群全心全意服務智障學生的教職員伴我同行，全力為學生、為家長提供悉心培訓和支援。在過程中，發展了不少嶄新的項目和技巧。尤其為自閉症學生設計的「翠林12+1式教學法」更是家校合作的典範。當中創設了12項教學方式，包括溝通日記、社交故事、每日評估施教計劃等。而最重要的「+1」便是「關愛」這個主角了！該教學項目後來更獲頒教育局「行政長官卓越教學獎」呢！由於學校的教學及課程發展達至優秀水平，於2001年被教育局確認為首屆全港16所「傑出學校獎勵計劃」中之一所。在芸芸數千所各類學校中脫穎而出；對特殊學校來說，更是非常大的鼓舞呢！另一項重要的成就，便是成立本港首個「支援融合教育中心」，為本港教育界奠定融合教育中心模式的基礎，也讓其他支援中心模仿學習。另一令人興奮的活動，是帶領高中智障學生，組織「省港澳高中青年會議」，邀請國內、澳門和香港的智障高中學生，到我校作三天的研究和分享。在活動中更為校內不同智障高中生，創造了七十多

重道篇

個工種，用以實踐所學，從而改善他們的溝通、解難、主動、應變等能力。此項新猷由準備到進行，工作繁重，幸而取得成功，我實要為校內同工們的獻身教育和追求完美的精神，深表謝意！

身膺校長，自然更要關顧畢業學生，喜見他們大都能自我照顧，自食其力，減少了家長的擔憂。部份學生更能在社會中找得職業。有在特首辦公室當信差的、有在四星酒店當廚師助理的；而最特別是一位自閉症學生竟當起萬能司機來，他為工作計考獲了十多種駕駛執照，包括交通用車及工業用車，真是比普通人尤為能幹呢！

轉眼間，五十多年彈指過去，我在教育路途上的經歷真是多采多姿，收穫豐碩！很感謝母校葛師的培育，葛師的始祖鳥，帶領了我整個蛻變展翅的教育之路，正如我的一個智障畢業生所言：「沒有學校當年的教導，便沒有現在的我了！」

1968-70年選修體育科女同學，前排左起：汪健輝導師、陳坤霖導師、郭煒民院長、招岑淑嫻導師、黃區碧清導師。

重道篇

筆者（左四）率領一小隊體育組同學出發三天的野外訓練營

匡智翠林晨崗學校的教師團隊

特殊學校的歡樂時節

重道篇

葛師給我豐盛的十五年

劉錦新老師

(在讀年份：1976-77；任教年期：1980-95)

1968年柏師畢業後，先後任教於馬頭涌官小及上葵涌官立工中，1976年入讀葛師第三年體育專修課程。1980-95年到葛師任教。課餘在中大深造，1997年獲中大教育學士。1995年9月回流教育局轉職督學至2006年退休。

1. 廣泛結識體育精英

我在1980年9月轉職到葛師，其前在官小及官中任教了十二年，包括曾有一整年在體育專科課程受訓。當時我隸屬的體育組首席講師是陳坤霖先生，屬下有陳陳婉玲、程溫月如、覃照焜和我五人。

坤霖先生是我進修葛師專科體育時的主任，他持續進修，治學嚴謹，在各項教務的要求甚高，對新入職的我提點特多。開學不久即叫我試教籃球課，課後提出改善建議；又與我一同到學校視學，觀察我如何與受訓學員作分析討論。只惜翌年他因眼疾往加國就醫，更提早退休而將重責付與陳陳婉玲。她除了要負責各級體育課程外，還要兼顧小學教師進修和幼稚園教師文憑等課程，難得她全

重道篇

情投入，各同事都盡全力支持她。其後教育學院擴充，政府公開招聘，先後加入團隊的有周陸韻琪、盧梁碧聯、夏劉婉蓉、韋林小翠、林冠新、黎文禮、梁歡蕙、蔡謝鏡珍、杜蕭淑芬、廖玉光、郭忠貞、關子強和曾卓權等，一時稱盛。他們在葛師任教時間有長有短，多因升級而調任，都成為體育教學界的中流砥柱。

1982年10月簡榮基先生到我組履新，他高瞻遠矚，知人善任，讓同事們發揮所長。他對體育發展路向見解精闢，常鼓勵學生赴外國深造，學成後分別進入香港各大學體育部門。

六年後榮基先生調任羅師，而李銓炘先生自羅師平調過來。他為人親和，文武兼備；善於處理檔案，重視體能訓練。他要求同學們每週兩天回校晨跑，由曾卓權帶領由葛師大門落斜路，轉往衛理道、窩打老道，經京士柏而從葛師後門回院。銓炘先生更親自主持循環練習，每週抽一天放學後進行，學生體質遂得提升。

1989年9月曾李佩蘭女士自柏師調來。她精武術、擅舞藝；致力推廣土風舞和現代舞。適逢葛師四十週年校慶，她組織了一場隆重的土風舞和現代舞串演，開幕時由學生作醒獅表演，她親自打鼓助興。曾太愛護後進，很受學生尊重。1994年9月香港教育學院宣佈成立，葛師全體同事借調一年，學院改名葛量洪分校。到了翌年9月，銓炘先生退休，玉光留院任教，我則回轉教育局，號稱三友的我們，便隨葛師結束而分道揚鑣了。

2. 訓練體育專業人才

回頭說葛師的體育課程。自八十年代開始變得繁複。日間課程有二年制、三年制和高級師資訓練課程，部份時間制則有小學師訓班、小學教師進修班、小學校長進修班和幼師訓練班等。首席講師

會按同事的經驗而分配課務。為了加強訓練學生的運動技巧，便借用銀禧體育中心接受足球、壁球和體操等訓練，負責的講師當然會參與活動，趁機學習。

日間課程的體育選科學生，要派往學校實習，將教育理論及運動技巧結合起來，付諸實踐。另一椿他們最難忘的自然是三日兩夜的戶外訓練營。我們以西貢郊野公園為基地，分級作專項訓練：戶外紮營、獨木舟、風帆，由高級師資班的學員擔任導師，帶領各組。

一年級戶外紮營分兩組，第一組由我和梁歡蕙負責，我們由水浪窩、榕樹澳、到嶂上紮營，學習使用地圖和指南針，度宿一宵後，我帶領學生由畫眉山、雷打石，經鰂魚湖落保良局度假營，向陳太報到。她對學生關懷備至，安排他們用膳以補充體力。歡蕙則留守營地；由我帶領第二組學生回嶂上，休息一晚，沿路返水浪窩，完成旅程。自1989年陳太調職後，學生戶外紮營訓練，改由佩蘭女士和我接任，大家合作無間。

二三年級參與的是獨木舟和風帆訓練，我們常借用賽馬會黃石水上活動中心。二年級獨木舟由玉光和卓權負責，教授他們考取獨木舟協會的三星，獲取初級教練資格；三年級風帆則由照焜、文禮和忠貞負責，主要教授風帆舵手牌 （helmsman）內容，使能掌握其基本技巧。 由此可見葛師的體育訓練，多采多姿。每年畢業學生聚會時，話題常圍繞戶外訓練的點滴，引起大家不少開心的回憶。

3. 師訓班的行政工作

八十年代起，小學教師與學生的比例增加，中小學校增建，教師需求甚殷。教育學院相應擴充，我校體育組同事由我入職時的五

重道篇

位，增至1984年的十位。由於組內人手充裕，院方抽調我去協助在職小學師訓課程的行政工作，隨何樂文先生做過師訓班副手三年。每年學員近三百，每週回院上課兩天，下午5時至7時，地點分別在旺角中心葛師分校和加士居道正校，我負責考勤，回應查詢，及處理其他事務。副院長霍寶楠先生是位通情達理的上司；在那三年間，我掌握到很多實際的行政經驗。

4. 製作教學錄影帶

八十年代開始，電腦與網絡的發展一日千里，科技日新月異。教育局為使教師能應付未來教學的需要；遂引入外國遙距學習課程的模式，委託葛師籌辦一個新穎的小學教師進修課程。

1989年初，潘黃色銀女士首先往英國進修一個有關遙距學習的課程，回港後由她帶領成立一支13人的大團隊，包括語文、數學、術科、行政等各科負責人。第一年的工作是寫劇本及編寫每套錄影帶的學習指引，聯絡學校，物色上鏡老師和學生等；第二年開始往學校拍攝，後期則到製作公司剪輯、錄音和配樂等。

1989年9月葛師邀請英國公開大學一組專家來旺角中心葛師分校，指導我們有關同事。經密集訓練後，我們掌握到遙距學習課程的基本知識。不久，林耀成獲派往英國受訓及考察三個月，在課程理念和設計，錄影製作技術及使用等，帶回很多新的理論。

主管的潘太精明能幹，領導得法，分配我們拍攝各科錄影帶。她與沙龍、Fuji和KPS公司商討選擇導演、攝製規模、每套製作時間等，要求各公司的素質達標，在協議時頗費唇舌。我們所製作的錄影帶，能切實運用於小學教師進修課程的課堂中，評價很高。

我負責拍攝五套體育教學錄影帶，包括：體育教學與課程編

排、遊戲及球類、田徑、體操、舞蹈，全部由沙龍公司承辦。在攝製過程中，除導演在場外，我須在旁監製和作顧問，指導老師或糾正學生的動作。其他工序如剪接、配音、配樂等工作也要提供意見；這種經驗，至為難得。

我們總共製作了63套錄影帶，再請公司翻錄，每套約200盒。參加五星期小學進修課程的教師或校長，可借用回家觀看，自行研習。學院每年舉辦六期進修課程，教師都踴躍報名，反應甚佳。1992年耀成先生調回教育技科組，他獲得機構贊助，將小學體育科課程及教學法製成光碟2000張，發與學校教師，達致遙距課程的最大效能。

5. 大學課程的在職進修

1981年香港中大教育學院院長杜祖貽教授，推出一個兩年制的「教師教育」課程，為四間教育學院非學位講師而設，內容有介紹外國的師範教育情況及提供本港師範教育的改善辦法。除了「教師教育」和「教育思想」由課程主任鄭肇楨博士講授外，還須選修其他科目，我們便與教育文憑學員一同上課。

1982-84學年葛師有五位同事連我就讀該項課程。鄭博士認為我們已有相當教育經驗，故特准我們選修碩士班的課。班中學員要寫一篇以本港教育為題的畢業論文，我選的題目是〈香港中學的體育課外活動調查研究〉。兩年學習其間，我們通過小組研習及個人作業，擴闊視野，收穫甚豐。

1994年香港教育學院成立，教育局鼓勵非學位講師進修。我和黃嘉鑾一起申請中大兼讀學士學位課程，僥倖成功，每週兩天放學後到中大上課；取得小學教育學士學位。當年中大教育學院院長是

重道篇

盧乃桂教授，小學教育兼讀課程主任是黃顯華博士，擔課的都是教育界知名學者。在課程中，我吸收很多教育理論，思維得以拓展。

1995年9月，所有在職的教育學院同事，要選擇繼續留在教育學院、回流教育局或申請提早退休，我和嘉鑾一同選擇回流而轉職督學，於是在下班後仍須趕入中大校園上課呢！

6. 總結

葛師這個大家庭，培育了不少優秀的專業教師，很多校友在教育界有卓越的表現。我在其中認識不少好同事和好學生，大家感情深厚，富有團隊精神。在葛師服務十五年，我能為師資培訓工作略盡綿力外，又有機會進修增值，真是我個人的榮幸。此外，我覺得最珍貴的還是這裏濃厚的人情味！

1980年體育科高級師資訓練課程：後左二陳坤霖導師，左五筆者。

重道篇

1985-88,三年制體育選科學生與導師。前排左起:蔡謝鏡珍、郭忠貞、梁歡蕙、簡榮基、陳陳婉玲、筆者、廖玉光。

1993年陸運會,體育組同事:左起曾卓權、曾李佩蘭、李銓炘、郭忠貞、筆者、廖玉光。

小學體育科課程及教學錄影帶,製成光碟2000張,分送全港學校使用。

重道篇

1993年6月21日院內體操比賽在葛師體育館舉行，學生楊寶儀代表2Y2參加比賽。

1989年，小學教師進修課程組（新模式）合照。前排左起：麥劉玉珍、霍瑞次、潘黃色銀、張王素嫣、陳玉清；站立左起：馬桂順、文書助理、古學俊、羅萬成、林耀成、劉國威、黃鍾靈、謝國強、筆者、高以康、文書助理。

2014年7月13日告別葛師加士居道校舍大會，校友組成籃球隊作友誼活動。

1997年，學生郭有為在葛師體育館示範彈網動作。

重道篇

難忘的兩段師生緣

陳啟樵老師

(在讀年份：1957-58，1981-82；任教年期：1982-88)

喜好文學，旁及國史。曾畢業於官立文商專科學校文學系，先後隨名師研習文學、史學於珠海書院文史系、經緯書院國學系及珠海歷史研究所。其前在葛師畢業，即任教官小十六年，調任皇仁書院六年。後再返葛師參加高級師資訓練課程，即留校在中文、中史系任教，直至退休。

　　在我多年的教學生涯中，教過不少貧苦的小學生。他們爭取讀書的機會，勤奮向學。通過小學會考，進入較佳的資助中學；畢業後投身教育，做了薪火相傳的一員。我和他們偶然重遇，彼此珍重昔日師生之情；在共聚暢談時，每多感觸。

早年曾在義學教書，竟與舊學生同年接受師訓

　　1957年9月，我獲取錄進入葛師受訓。開學不久，一位穿着整齊新校服的女同學在課室門外碰到我，竟然走來向我深深地作一鞠躬：「陳老師早晨！」在旁同學們正納罕時，她回答說：「我叫黎錦霞，陳老師是我六年級時的班主任呀。」

重道篇

原來她是六年前我在義學時的學生，她用心學習，成績優良。可惜義學辦了不到一年，便因何文田木屋區大火，學生星散而停辦。她後來通過小學會考，升上官立何東女子職業學校，直到中學畢業。所以在1957年和我做了同屆同學。她是我班三百多位同學中成績突出的一位，畢業後獲得第一批派往官校教席，不期竟回到她自己的母校何東任教，而我只屬第二批，還要等九個月的時間，待官立堡壘山小學建成，才入職為小學教師。

因為友人鼓勵，決意投身教育成為我的志願

且回頭說1951年，我這個讀書狂，日間在珠海書院文史系，夜間在官立文商專科學校（漢文夜學院）的文學系就讀。當時我認識一位新亞書院經濟系同學列航飛，他正打算辦一所義學，幫助近年大批逃來香港的失學兒童。他的倡議使我深受感動，便合力在窩打老道一所教會學校的下午時段，辦起「特別下午班」來。

由於我們都是大專生，並無資歷，必須到教署申請暫准教師資格。我還記得會面時要通過考試，指定即場作文一篇，題為「為何要禁止兒童閱讀神怪的連環圖畫」。我在旁寫好交卷，即時獲得批准，就這樣在義學擔任起六年級班主任來。列兄原是個文化人，在友聯出版社兼職，他慫恿我寫文投稿，我便以這個主旨為題，竟獲《中國學生周報》第二期登載出來，他把文章副題加長成為「為第二代着想，出版兒童讀物，填補文化真空」，其後友聯出版社因此創辦了《兒童樂園》。想起來，我決心投身教育事業，傳授後輩，就是在那時立下心願的。

重道篇

三十年後，與舊生親弟竟在葛師成了師友

我在官小服務十六年，其後調任皇仁中學教席。1981年皇仁校長推薦我入讀在葛師開設的高級師資訓練課程，專修中國歷史。為了趕上現代新的教學形式，我組同學要修習電腦運用一科，由年輕講師黎耀光先生授課，使我獲益良多。一年課程完結，我意外地要留校任教，擔任助理講師，得與耀光先生共事；在教學上和工作上，成了亦師亦友。

因骨刺手術患病住院，好友都來親切問候

一個星期天，我為循道教會週日崇拜作接待。門前只見一男一女迎面而來；我認得那位男的是黎耀光，女的樣貌相熟，卻記不起姓名。那女的趨前一步，叫我一聲陳老師，親切的聲音使我記得她就是黎錦霞，一時相顧愕然。原來她倆竟是親姊弟，且都是循道會的教友。散堂後自然暢談一番，快慰無比。

2017年，我因脊椎長了骨刺，痛苦難熬，要到沙田仁安醫院做手術。留院其間，教會成年團契的團長范凌燕萍曾來探候，她的好友某君權充司機也出現我牀前。內子一見立即道出對方是黎耀光，他微笑地更正姓名是耀光之弟世光。原來黎氏弟兄二人長得一模一樣，范太還告訴我她是錦霞在何東讀書時的同班同學，與黎家各人稔熟。世光順便告訴我他姊姊早前已移民加國，使我深深地感到人世友情，交錯離奇；何地相聚，何時重逢，往往都是上帝巧作安排。

*　　*　　*　　*　　*　　*　　*

另一個勤苦的小學生，是我退休代課時才重逢的，時間已相距

重道篇

二十多年了。當初相認，自然由學生引發；為師者記不起那麼多學生，實不足為怪。舊事雖簡短，但說來則頗長。

教小學會考班，老師要加倍付出

前段提及我正式出道時，曾在官小任教。第一間是規模小的新校，初辦時每級兩班；我大概因為稍有經驗，被編配做6A的班主任。那年代設有漢文小學會考，官小六年級須參加考試，才能取得一個資助中學的學位。而班主任的主要任務是幫學生通過考試而順利升中；所考四科包括中、英、算、常，而常識科最難處理，因為它並無範圍。我只好爭取空閒時段如小息及短週上午，為學生補課；把一些語文、國學和生活常識、以至天文地理為同學講授，盡力而為；幸好同學們成績不差。第二年續教另一班的6A學生。那年適逢港九私立中文學校協進會舉辦學術比賽，設題範圍包括中國史地知識。我覺得這比賽可增加同學們的考試經驗和學習興趣，便向校長提議自由參加。取得校長及家長同意而進行訓練，結果22位參加者取得佳績，全校師生都十分高興，更蒙會方特別致函祝賀。函中臚列比賽優勝者的姓名、得分和名次，其中的梁祖彬、盧敏玲，今天已分別成為大學教授、銀紫荊勳章獲獎者。回想是年會考成績美滿，學生中一人考取獎學金，只有一人意外落第，其餘均入讀第一志願的學校。這個佳績使教署高層來電向校長祝賀；而校長也誠意與我分享。

學生有信心和肯努力學習，是取得好成績的主因

那年秋天，我被調到第二間官小，做會考班主任。因為學校根

據學生成績分班，他們或因基礎不佳、信心不足而考績平常。而學習動力、學習氛圍和信心正是個中關鍵。1968年，我又被調往第三間去，教的是6Ｃ班，成績參差。1970年冬，剛好有幾位堡壘山的舊生要來探我。我靈機一觸，就約他們到我校來見面；那天我正利用假日在校為學生補課。我便請他們向同學們介紹當年我指導準備會考的寶貴經驗，使這班同學增加信心。不出所料，那個1971年，竟有少許成績；翌年我得教素質較佳的6B班，學生成績開始躍升起來。1972那一年，班中41位同學中，33位獲得資助中學學位。而上一年的6B班只有4位同學獲得學位。校長當時對我說，以後不必做班主任而專教中、數兩科。此後我再在該校服務三年，便調任皇仁中學教席。我檢討自己十六年的官小教學經驗，個人明白，考試成績，除了努力學習，信心是極為重要的因素。當然，直到1980年代初政府取銷升中試，整個教育情況，又有另一番問題出現了。

永不言休的精神，使我繼續發揮餘力

我本身是個喜歡教書的人。1988年中我在葛師退休，熬不過清閒，便向教署申請做代課教師。代過幾間中小學的課。1990年派往屯門官中去。當天一進校門，便有一位女士認得我，上前行禮說：「陳老師你好！」我問她是哪一位？原來她叫麥慧倫，是我1974年教官小時的學生，如今在屯官任英文科教師。大家談起往事，十分興奮。她還告訴我：哥哥叫麥偉倫，就是1972年考得資助中學學位三十多人之一。當年她家中各人都一致認為哥哥一定考不上的；結果卻出乎意料。當時的家長們對我付出的努力相當欣賞，給我取了一個外號叫「回生老師」云。現在聽起來也覺好笑；心想我不過盡了教師本分而已。她又坦率說她自己勤奮讀書，多少也受哥哥取得

重道篇

中學學位的正面影響。隨後她便約哥哥和我見面，並與十多位舊同學相聚晚飯，連內子也叨光了。飯聚的歡愉不必細說，只留得個整體印象：不少苦學生因取得學位而全家脫貧。原來當時的小學會考對社會流動的影響，竟是那麼厲害！她哥哥在房屋署任職，而她大學畢業後則在官中任教，都做了政府公務員了。

這時又有兩位葛師舊學生過來相認：一位是嚴麗嫦，上我中史課的；一位是梁鳳英，上我中文課的。如今都在屯官任教，彼此相見，都十分高興。由於她的吹噓過譽，屯官同事對我這個代課老師十分接受，相處融洽。一個住在我家附近的同事還答允駕車送我往返，減我勞頓。於是連續四年，我只答允在屯官代課，不接受其他中小學的代課職位。直到1994年柏師中史科缺人、1995年羅師中文科缺人，我這個老牌教師得舊同事極力推介，才在兩師做了一段時期的替工講師。時近回歸，人亦趨老，我便放下教鞭，二度榮休，在家頤養天年了。

綜觀我的教學生涯，竟長達四十五年；曾經教過的小學中學、師範學生，多不勝數。他們的姓名樣貌，差不多完全忘記了。猶幸還保留了少許文件和照片，可以助我找尋到一些回憶。同學們倘見到我，必須自報姓名；因為我的耳目的確有點不靈了。

筆者與1972畢業的麥偉倫、1974畢業的慧倫兄妹於1990年重逢。

官小畢業後升中學入大學。後左伍妙貞及前左麥慧倫任英文教師；後右董麗珊任銀行要職。

重道篇

四份作業——從葛師到教院

高國威老師

(任教年期：1983-94)

土生土長土教育，曾任教中、小、幼職前及在職教師教育課程，擬任校長及在職校長課程、校董培訓。曾任「非學位教師學歷評審教育及教學法」主考、協辦「小學學位教師效能研究」及「學校發展撥款研究」。曾以羔角及健易等筆名在報刊寫教育評論。退休後，協助成立「香港殘奧之友」及急救學講師培訓。

緣起——見千帆過

1983年我在中大完成文學碩士（教育），師從陸鴻基教授，用比較教育方法探討中國1949年後生物科課程的轉變。同年申請進入師範學院工作，成為葛師教育科的一員，過了十一年的教與學生涯。1992年教統會五號報告書開啟了香港教師教育的轉向，1994年

香港教育學院成立，我與其他葛師教育科同事一同轉職至教院，又工作了十一年，其間得見以千數的教師成長，推動香港的教育。

重道篇

一、1984年3Y1的教育科Handouts

在葛師教育科，是我教學相長的年代，常將教學經歷、觀課所得與各教學理念互相驗證：比如人如何學習？教師如何能超越他成長的局限？教師教育工作者如何獲取觀課及評課能力，是否能教學便能觀課？這些是個人的思索，也是教育科同事經常交流的問題。八十年代香港的師訓也逐漸由經驗、技能取向轉到現代西方教學理論的引入，在教學上也因有了科技運用及前緣教育理論而豐富起來。

當時全日制師訓課程開始學分化（unitization），教育的單元趨於具體，欠缺的是宏觀的師資培訓架構。其優點是學系和講師的自主性很高，可自己選材教學，當然還要教一些自己未學過的課題，例如1983年我要教ACTE有關照顧個別差異的輔導教學（remedial teaching），1985年教育署頒佈公民教育指引，所有講師都要推行公民教育。

這一本3Y1的教育科講義，是第一年學期完結時自己釘裝的。當年中文的師訓參考資料不多，同事們自己翻繹，集體備課，共用筆記，手寫或用打字機製作的蠟紙，印在紙上，閱讀維艱。由於資源短缺，蠟紙要重用，所以要建立一個貯存蠟紙系統以省資源。

葛師教育科，我負責教育及核心教學（Core methodology）兩門課，選用小班教學，班內三十餘人。雖是單元制，但多由同一講師教整年的課程，使能連貫。在這個「從教中學」的過程中，同事一般在三數年內便能掌握整個科目的精髓，也可和學員建立較緊密的關係。退休後，遇到一些葛師舊生，他們或記得我是誰，我或記得他們的名字和畢業年份。至於後十一年的教院學生，大家印象依稀！

重道篇

二、1995年第一份 conference paper

1994年秋，葛師稱為教院葛師分校，科技和文職方面多了支援，但工作性質和壓力隨而增加。對未慣研究及少寫文章的講師，是頗難適應的。所以香港師訓機構便辦了一些小型的研討會，使講師有機會參與及發表一些未成熟的論文。1995年港大教育學院辦了一個有關課程的研討會，我遞交了論文，第一次用英文寫成及發表，戰戰兢兢的參與其事。

論文題目是：

Activity Approach: A reflection on the Full-time teacher education program of Grantham College of Education for the preparation of non-graduate teachers to teach in the Activity Approach in the local primary schools.

這篇短文是將葛師活動教學的發展過程扼要地記錄下來。活動教學始於七十年代，葛師一直是推動和培育活動教學教師的基地，雖略為形式化，但也是政府回應社會和教育政策的一個配套。香港自1971年開始推行普及小學教育，一是要回應特殊教育的需求，另一是要照顧學生的個別差異和學習興趣。1972年香港在四間小學推行活動教學先導計劃，1980年我在中大念教育文憑時，有機會到牛頭角的基顯小學參觀，一新耳目，具成效的範例給我對學校教育觀念有所衝擊。十年後，我要在葛師統籌活動教學的師資培訓。但到了九十年代，政府推行目標為本課程，活動教學便無疾而終！

那些年在葛師修讀全日制的學生和較年輕的同事，一定不會忘記學年終的活動教學實習。我們借了四間小學的上、下午一至三年級，特請學校提早完成期考，給葛師3Y2同學作實驗式的教學實習，為期兩週。事前要做好準備，並由教育科同事負責統籌。每個學校團隊都有中、英、數、常及各科的導師，在沒有空調的課室和

重道篇

學員們共同備課，訂立主題、做概念圖、設計工作紙、小組教學、學習中心、閱讀角、做教具等等。同學們付出了不少心血才得完成。這篇論文，載着我對葛師推動活動教學的緬懷！

三、一份教育的人類文化學研究Assignment：
「文化改變還是文化革命：一所新的教育學院的成立」

沒有博士學位根本不能在現今的專上機構生存，1996年，我申請入讀中大教育學院的哲學博士課程，主修教育經濟。但同期要為學院做好過渡的準備，成立新學系、搬校舍、寫課程、開無數的會、寫研究計劃，申請各類資助及增加與教育界的聯繫等等。辛苦還是挨過了，在中大念了數個單元，準時專心上課，考試和作業也依期完成。

做博士課程作業，可借題發揮，也真的有感而發。其中一篇質性研究作業，便以葛師如何過渡至教院，大題小做，寫了三十多頁，把當年過渡至教院的一些現象和問題，作了記錄和分析。這份作業便是要探討五間師訓機構的合併和轉變，包括：

甲、在整個機構的合併和轉化中，教育學院及教師教育出現了甚麼質的轉變？

乙、在合併和轉化中出現了甚麼困難和爭論？哪些因素直接或間接影響這個香港模式的師資培訓的轉變與過渡？

丙、在教院成立初期，學院內的講師，包括轉職的、本地資深教育工作者、海外學者、其他師訓專家等對教師教育的期望。

新的管理層和更多樣化的教職員，使教院在新舊文化中產生了不少衝擊。以下是該作業的一個比較表，或可說明這兩類機構的文化差異：

重道篇

傳統師範文化	新教院文化
1 應變文化 配合社會需求，教師培訓要滿足教育政策和學校需求	1 伸展文化 開辦新課程，擴張、開展、升格
2 行業/專業取向 訓練教師為主，助中小學校教育發展	2 學術取向 發展成為專上學院，爭取學術地位
3 教學為主 講師主要執行師範課程、教學、輔導學員、支援教育署	3 研究主導 強調學術自主，各自為政
4 科層化 服從上級，有清晰問責、考核制度	4 矩陣式科層化 多元取向，但未有訂定完整的規章制度
5 依程序辦事 不能犯錯，避免犯錯	5 趕速度及講效率 不拘小節，接受現實，見步行步
6 本地化 除英語講師外，有本土教學經驗	6 國際視野，融合不同文化的教師教育
7 重視課程具體內容	7 關注課程類別，發展高學歷課程

　　教院初期，曾嘗試辦PGDE，開班收了學生。但由於未經評審，以失敗告終，還要處理一些後遺症。在這過渡期，經歷幾次證書到學位課程的外在評審，內在的結構及學系重整，教院有很濃的不穩定氣氛和不明朗前景。

　　四、從教師教育到研究教師行業──完成香港中學英語教師供求Thesis

　　2000年完成了授課部份和通過考試成為博士候選人，但始終未能找到具體研究題目。1998年開始，我除在教育管理與專業支援系教學外，也參與教院的策略性工作，包括分析香港教師的供求和流失，作出人力規劃及預測各師訓課程的收生數量，以便向大學撥款委員會申請學額。原來教育署設有統計組，每年都向學校收集教師的入職及離職的數據，相當細緻。我因而對教師行業的工作性質及

重道篇

供求問題感興趣，從社會學及勞工經濟學加以探討；發覺香港的教師來源和培訓是極為動態的，跟隨社會的情況而轉變。

我便嘗試以香港最短缺的中學英語教師作為研究對象。2002年9月做了一個基於五百多份問卷的量化研究，了解香港英語教師的職業感受和期望，2003年3月底呈交論文，在戴着口罩的情況下完成口試，經修改後終於完成整個歷程。

論文題目：

The effects of compensation structure and working conditions on the retention tendency of English subject teachers in Hong Kong. （2003）

1998年因經濟回調及政府收縮大學撥款，各大專院校爭相辦各類師訓課程，各類型的教師教育課程也變成一般的綜合學位課程，而非專為學校培訓教師。此時教師行業也開始出現供過於求，成為非政府規劃的自由市場。與整個世界趨勢一樣，教師培訓也逐漸為高等教育所主導。教師教育也變得百舟競渡，不同機構各自創造條件，開辦中、小、幼教師教育的各級課程。

路漫漫──盼萬木春

大學畢業後，我在私、夜、津中教了六年，後入葛師及教院，渡過了人生的黃金二十年！我在香港成長，經歷了社會的發展，教育的膨脹，經歷由教師單打獨鬥的「前專業時期」，享受了有權無責的「自主專業時期」，到邁向「協作專業時期」，曾期盼教師行業能更上一層樓，成為一個後現代專業。

香港政府的多數政策都是在未有足夠準備之前便會推行，教院的成立或許如是。過去半個世紀的教師教育，從教育署年代的師

資訓練，做廉價快捷的可控教師供應，到跟隨世界的師訓專上教育化，由大學負其責。教院的成立是政府將教師培訓的控制權逐漸轉移到大學；教院正式成為綜合大學，各系課程也演化為綜合學位。不得不變！

八十年代葛師同事們很欣賞蔡禦寇老師的墨寶「豈能盡如人意，但求無愧我心」。它正好反映當年葛師人的心態——雖不如意，仍盡心去做。從葛師到教院的日子是艱苦的，擴展了我的視野、增進了數據處理能力、啟動了我由教師教育進入對教師行業的研究。

我曾樂觀地期待教師行業能逐步專業化，希望教師成為一個現代社會的認可專業，吸引有心有力的人成為教師。教師教育機構能促進並保護這個專業——教師成為一個盡責而受尊敬的行業，有他的專業自律與自主。

都成往事，從此擱筆，不再談教師教育事！

當年教育系同事，後左起：吳麗明、伍顧佩妮、張徐慧玲、陳江祝齡、麥陳尹玲、翁浩岸；
前左起：黃仲基、楊汝則、洪枋棋、高國威、袁仲池、林勤德。

重道篇

1983年到葛師任職的新同事，筆者（前中）是其中一員。

八十年代筆者指導葛師學生參與廉署德育教材設計展覽

參與四師水運會的導師邀請賽，由潘宏強院長（前左二）頒獎。

重道篇

香港小學數學教育的轉變

古學俊老師
(任教年期：1984-95)

出身羅師，任教數年後，隨即在英國埃克斯特、布里斯托、杜倫大學獲教育哲學學士、教育碩士、文學碩士。曾在葛師任教數學科，升至高級講師，再調入教育局質素保證視學組工作。後獲羅富國校友會學校聘為小學校長，2008年轉任香港浸會大學一級講師，兩年後轉職到香港教育大學，任客席講師至今。著有數學教學書籍兩冊，發表多篇論文。現任羅富國教育學院校友會會長。

香港小學數學教育的轉變，從上世紀1980年代開始，可以分成四個階段：

第一階段	1983-1990	《小學數學科課程綱要》
第二階段	1990-2000	《目標為本課程》
第三階段	2000-2016	《學會學習》2001
第四階段	2017-現在	《數學教育學習領域課程指引》（小一至中六）2017

第一階段： 1983 -1990 香港小學數學科課程綱要

在上一個世紀1950年代到1970年代，小學數學是非常難學的一

重道篇

科，當時是精英教育年代，教師以照顧能力高的學生為主，讓他們繼續升學，基礎較差的學生，沒有得到適當的照顧。下例關於工程問題，可見數學科課程的艱深：

甲可以在五天內完成一件工程，乙可以在十天內完成同一工程，如果他們一起工作的話，要多少天才能完成這個工程呢？

答案是 $1 \div (\frac{1}{5} + \frac{1}{10}) = 3\frac{1}{3}$ 天。

當時大約只有兩至三成的精英學生懂得怎樣計算。可想而知，大部份學生都會覺得數學的學習是非常困難的，令他們有很大的挫折感，從而失去學習數學的興趣。

另外一個數學學習的失敗原因，便是老師普遍未能掌握有效的教學方法。當時最普遍的方法便是「chalk and talk」，即老師在黑板示範，學生模仿去做，很多老師不懂得兒童學習的心理學，和設計合適的教學活動去幫助小朋友學習數學概念。

自從1976年廢除了升中試之後，精英教育便被普及教育取代，香港踏入一個新的學習年代，1983年的數學科課程大大改善了數學教育，教學的重點不僅是老師怎樣去教，而更重視學生怎樣去學，教師引導兒童去探索及幫助他們建立數學的概念。

數學欣賞亦受到重視，數及圖形的結構及規律的學習可以增強學習動機及享受數學學習的樂趣。它刪除了很多艱深的數學內容，例如工程問題和複雜的代數問題。

在數學運算方面，有了計算機和電腦的輔助，數學的學習不再牽涉繁複的數字，繁複計算的技巧訓練已經不重要，老師須懂得利用多樣化的教具去幫助學生學習。從這個年代開始，小學生對數學的學習，產生較大的興趣，因為他們容易獲得成功感。

重道篇

第二階段：目標為本課程 （1990-2000）

課程的目的是通過數學的學習，增強學生構思、探究、傳意、推理、建立與解決問題、欣賞數學及在多方面應用數學的能力。

在數學評估方面，採用進展性評估和總結性評估，但因為要評估眾多的學習重點，老師的工作量便大大提高了。目標為本課程非常着重照顧學習差異，老師要設計高、中、低三種等級的課業以照顧不同能力的學生，原意甚好，但又再加重了老師的工作量。大部份教師無法應付，因此他們非常抗拒目標為本課程，導致到它未能順利推行。

第三階段：學會學習 （2000-2017）

教育統籌委員會在2000年編訂《學會學習——課程發展路向》報告書，勾畫出有效學習、教學與評估的實行方法。

在數學教育學習領域方面，它強調發展學生的共通能力，幫助學生學會掌握知識，建構知識，並且運用所學知識解決新問題。它也延續了目標為本課程的各種思考能力，包括構思、探究、推理、傳意、建立解決問題，以及從美學和文化的角度欣賞數學的能力。

這份文件深受歡迎，被認為是一份極有份量和影響力的教育文件。

第四階段：《數學教育學習領域課程指引 （小一至中六）》（2017-2020）

它由課程發展議會數學教育委員會編訂，作為《數學教育學習

重道篇

領域課程指引（小一至中三）》（2002）的更新版。

　　數學課程的宗旨：培養學生構思、探究、推理、傳意、（左四項與上頁全同）建立和以數學方式解決問題，以及從美學和文化的角度欣賞數學的能力。

　　數學教育學習領域的發展方向，包括下列各項：

　　（a）加強 STEM 教育，以發展學生綜合和應用知識與技能的能力；

　　（b）加強電子學習促進學與教效能；

　　（c）在校本數學課程中，推廣數學閱讀，讓學生了解數學與現實生活和其他學科的聯繫；

　　（d）透過不同的數學學習活動，發展學生的共通能力、正面的價值觀和積極的態度。

　　以下略述幾個本世紀以來有關小學數學教育的副題：

1. 小班教學 （Small Class Teaching）

　　自2000年開始，香港小學教育再次經歷一次重要的突破。

　　在小班教學中，數學科更加着重促進思維教學和數學解難，老師普遍能夠運用有效的教學策略進行教學。

　　教署委任英國劍橋大學的 Professor Galton ，在香港進行為期四年的小班教學研究，評估小班教學的成效。研究指出大部份教師接受專業培訓，成功利用適當的教學方法和策略，並且善用小班環境，優化課堂教學。

　　2006年3月香港教育學院小班教學發展研究中心正式成立，以黎國燦博士為首的香港小班教學中心取得很大的成功。

　　為了提升教育質素，香港政府自 2009 年在小學推出小班教學政策，至 2013 年 9 月已有 344 所小學推行小班教學，不少學校已

重道篇

推廣至小學五年級。

2. STEM 課程的發展

STEM 是代表科學（Science）、科技（Technology）、工程（Engineering）及數學（Mathematics）各英文譯寫的首字母縮略詞。它着重培訓學生的邏輯思維解難能力、創新科技的應用、協作能力、及創意等能力。

推動 STEM 教育是配合全球的教育趨勢，以裝備學生應對21世紀社會及全球因急速的經濟、科學及科技發展所帶來的轉變和挑戰。香港的學校大約在十多年前，開始重視 STEM。

近年教育局鼓勵中小學推行STEM教育，學校普遍支持STEM教育，認為它在教育中扮演一個重要的角色。

3. 2014年的大型小學數學教育研究

筆者在2014年進行了一個大型的小學數學教育研究，包括問卷調查、訪問及會談和個案研究，參加的小學有65間，共有646位教師填寫問卷。

從問卷的分析中，老師有以下幾項回應：

（a）學生在數學科的學習效果頗佳；

（b）高年級每班學生人數由30至35，實嫌過多，應在20至25之間；

（c）現在的小學數學課程未能充份發展學生的創意；

（d）現在的小學數學課程未能充份照顧學習差異；

（e）現在的小學數學課程未夠開放，且欠缺彈性。

這份問卷正好提供了香港小學數學課程和教學需要改善的方向。

重道篇

這份研究論文在2014年8月在英國的Queen's University發表，吸引了很多外國學者的注意。

結語

筆者在這裏和大家分享了香港數學教育的轉變，現在的小學生普遍喜歡數學，而且大部份成績很好，在國際比賽亦取得驕人的成績。對於數學課程不斷更新和改善，感到欣慰。

筆者在葛師工作超過十年，非常享受葛師的充實教學生活，能夠成為葛師大家庭的一分子，感到驕傲。

1997年質素保證視學組表現指標組成員，左起：雷其昌、胡寶玲、楊志雄、古學俊、羅卓文。

重道篇

My Grantham days - as a student and a lecturer

Ms AU KIT OI, ELIZA

(Student: 1978-79; Lecturer: 1984-94)

Eliza Au received her initial teacher training at the Northcote College of Education （1967-69）, followed by a third-year specialised art and design course at the Grantham College of Education （1979）. She obtained her BEd from the University of Liverpool （1989）, MEd from the University of Hong Kong （1993） and PhD from the University of Surrey （2002）. Between 1969 and 1984, she taught at the Ho Lap School. In 1984, she joined the faculty at the Grantham College of Education, later transferring to the HKIEd in 1994, where she worked until 2007.

I spent my happiest study year at Grantham College of Education from 1978 to 1979. By that time, I had taught in a secondary school for nine years. I had always liked art but the school where I taught did not have any art classes until Mr. Kwok Chiu Leung, the principal art inspector, persuaded my principal to have art lessons for lower forms. That was how I became an art teacher. Then I got the chance to study Third Year for Art and Design at Grantham.

I was so happy to become a full-time student again. The two-year certificate teacher education course I had taken did not prepare me to teach beyond junior classes. There were lots to learn in the third year programme. We studied painting, printmaking, ceramics, design, crafts, photography. Among all the media, I liked painting most. I had liked to draw and paint when I was young and a year before I entered Grantham, I had taken a certificate painting course in the Extra-mural studies at the University of Hong Kong. It was good preparation for the course.

At Grantham, Mr. Lam Hon Chiu, our lecturer for painting, did not set any restrictions on our work. We could explore our own themes in whatever style we wanted. My paintings were usually done at home. I had a hard time finding space to set up an easel at home, but I came up with the idea of painting on the canvas which hung on the front door of the flat. Whenever I heard the turning of the doorknob, I had to warn the person coming in that I was behind the door!

In the 70s when Mr. Chan Ping Tim, our ceramics lecturer, introduced pottery in the Third Year Course, it was quite new to schools and many art teachers were not familiar with working with clay. So, the graduates of the Third Year course were the teachers who introduced ceramics in secondary art classes. That was why Mr. Chan became known as the "Father of ceramics teaching". In fact, I applied for a kiln for the school and started to teach ceramics to junior classes after my third year study. Pottery became very popular among my students and even the staff wanted to have a try with the clay.

Mr. Chan's lessons were full of fun. While doing demonstrations, he would tell us stories about his school days, his study in the UK and his teaching in secondary school. We enjoyed his humour and energy.

Printmaking was also a new area for me. Our printmaking lecturer, Mr. Chung Wing Man's approach to teaching was quite different from that of Mr. Chan. He was meticulous and focused on teaching us how to make perfect prints. We could not do printmaking at home because we needed space and equipment. He used to check on us before he went home late afternoon. He could not stand our messiness and would end up helping us to make our prints. We all admired how skillful he was in controlling the amount of ink put onto the screen. While it was easy to have ink leaking at the edge of the paper, thus ruining the piece, Mr. Chung could always keep the sheet clean. After working with us, his hands were always clean. He did not need an apron or gloves. It was just like magic.

After one year of full-time study, I felt more confident to teach my students at the School Certificate Level. For the next few years, I never actively looked for jobs but in 1984 I accidentally saw an advertisement that the Education Department was recruiting lecturers. I was one of the three assistant lecturers appointed to the Art Department in Grantham that year.

My life at GCE changed when my role changed from secondary school teacher to lecturer. First, all my former lecturers in the Third Year Course became colleagues. Fortunately, they were all friendly, helpful and easy to get along with. Second, all my students were more mature and interested in art as a subject. Third, I did not have to prepare my students for public examination. I could try out new themes and experimentation of media in the painting modules.

重道篇

Fourth, the work at GCE was not just confined to classroom teaching. We had a welcome break from the campus when going out to supervise students teaching in schools all over Hong Kong. We had teaching supervision for both preservice and in-service teachers. It was a rewarding experience to share my teaching experience and subject matter with pre-service and in-service teachers. It was particularly important in Art and Design because the curriculum was so flexible. Teachers needed advice on the school-based curriculum and teaching methodology.

The staff rooms at GCE were the most crowded among the three colleges of education. In our Art department at least six of us shared the same room. With the six big government-size desks cramped in a small room, we had only one high cabinet for our books and teaching materials. I could not remember how others managed to store their stuff; I had to put a fruit carton under my desk to store the assignments.

Our 10:30 tea-time began as a morning break. Gradually it became a ritual. I guess at the beginning it was designed to help staff from different departments mingle, talk to each other and relax with a cup of tea. It was through tea time that I got to know colleagues from other subject departments. It was a noisy half hour break but most of us would not have wanted to miss it. Colleagues would emerge from their rooms to have morning tea when the clattering began.

The years at GCE helped to change me from a secondary school teacher to a teacher educator. These were the years when teacher education programmes expanded. The Education Commission Report Number 5 in 1992 recommended upgrading the four colleges of Education and Institute of Language in Education (ILE) into an autonomous Institute of Education, gradually moving from sub-degree level to programmes at degree level.

In 1994, the Hong Kong Institute of Education (HKIEd) was formally established by the merger of the four colleges of Education and the Institute of Language Education (ILE). I stayed on and was transferred to HKIEd. The Grantham campus remained in use with additional annexes in Mongkok and Cheung Sha Wan.

In October 1997, the Institute moved to its new campus to Tai Po. The teacher education programmes turned a new page. The Tai Po campus was modern and purposely designed for specialized subjects such as visual arts, music, and PE. One big change was that all academic staff members had their own rooms. It was more difficult to get to know colleagues from other departments and sense of community was replaced by the pursuit of research and academic upgrading.

In 1998, the HKIEd launched its first degree and postgraduate programmes. These were milestones for teacher education because instead of two or three-year certificate courses, we had our first 4-year full-time B.Ed. (Hons) primary programme. We were moving towards an all graduate profession.

As the certificate course for teachers became history, those of us who had studied and worked at Grantham, will always cherish our days there.

1979 Third Year Specialized in Art and Design students with Mr. Chung Wing Man, Mr. Wong Kar Luen and Mrs. Leung Leung Hang Foon

1992 Grantham 40 Year Anniversary, from left to right Ms. Leung Mui Hing, Ms. Au Kit Oi , Ms. Hui Lein Wah, Mr. Chung Wing Man, Mr. Wong Kar Luen and Mr Tse Kong Wah.

1993 Art and Design Department, Teaching staff, studio assistants and students

1984 GCE Colleagues in A&D Department

體育教學在概念上的改變

廖玉光老師

(在讀年份：1972-74，1980-81；任教年期：1984-94)

畢業於葛量洪教育學院體育系。1981年完成高級師資訓練課程後，繼而往英國進修教育學士課程；1984年返母校任教，再往英國完成運動科學碩士及博士課程。1995年任教於香港教育學院體育及運動科學系至2007年退休。喜研究體育球類教學；近十餘年間，將「領會教學法」引進香港、中國國內、台灣及澳門。

　　本文旨在闡述我在葛師十年工作的體會，和帶給我的滿足感，特別是與同事間建立深厚的友誼和體育教學的新嘗試兩個方面。

體育部導師陣容鼎盛而合作無間

　　我在1984年加入葛師師資培訓團隊，成為體育部導師之一。當時院長是潘宏強先生，副院長（全日制）是黃李志欣女士，而體育部首席講師是簡榮基先生，其他同事有陳陳婉玲、覃照焜、劉錦新、衛林小翠、黎文禮、蔡謝鏡珍、梁歡蕙、郭忠貞和我，人才濟濟。這十年間，學院人事變動不少，包括趙蘇麗珍女士接任院長，李銓炘先生接替簡先生任體育首席。

重道篇

葛師體育部人手比其他兩院為多，因為我院設有室內體育館，辦有「體育高級師資課程」（前稱「第三年體育專科課程」），收生對象是在職體育科男女教師，每年約收35位學員。這編制自1989年起，才改由葛師負責訓練男的，而女的則在柏師。

首席講師的領導和同事的互助

體育部同事的培訓工作，由首席講師帶領策劃和編排，以各人的專長及經驗來考慮，並採用班主任制。那時我們體育部的辦公室設在新翼N102室，部內同事都在裏面辦公；大家常見面、易溝通，合作無間。此外，我們部內向有尊師重道及長幼有序的文化，對年資較長的陳太十分尊重，前後兩位首席講師更是體育界極受愛戴的前輩。同事間多有師兄師姐的情誼，氣氛融洽，大家都很享受在葛師工作的日子。當然還包括看到受訓學生，蛻變成能當大任的體育教師那一份成就感。

最令我難忘的是體驗到部內同事間的相互扶持，讓我能順利前往英國深造體育課程。那時我已任教幾年，發覺自己很多不足，而本港並無大專院校開辦更高課程，只有申請到外國去。我循序獲首席講師首肯，學院批核，同事支持，更幸得非政府的獎學金資助。結果在1989年9月獲准到英國羅浮堡大學 （Loughborough University）修讀一年運動科學碩士課程。為此我十分感謝同事們樂於分擔工作，修得情誼，難能可貴！

體育教學和運動訓練兩個不同概念

檢討香港的體育教學，從五十至八十年代，教師大都採用專制

重道篇

單向的模式（Autocratic approach）來上體育課；其主軸傾向以教師為中心，欠缺師生互動，強調不斷重複練習技能的方式。

　　早年的體育教學與今日相比已大有改變，特別在理念和施教方面。首先，「體育」（Physical Education）與「運動」（Sport）兩者互有差異，但關係又十分密切。因為「體育」的理念是強調教育元素，目的在培養學生對運動的興趣，積極參與，以達致身體健康及全人發展，是以施教時重點在提高學生學習興趣，鼓勵他們參與不同種類的運動，學習不同的技能；但「運動」的理念則是追求運動卓越的表現，拿取金牌，因此在施教上是要求運動員不斷重複練習該項運動的技能，達致萬無一失的完美表現。話雖如此，「體育」與「運動」兩者亦確是密不可分。因為體育課的學習內容是以運動項目的技能為主，而體育教師則主要在課堂教導學生學習運動技能，他們除了在學院學習不同運動項目的基本技能外，更須深入鑽研某幾項運動的知識與技能，以應付日後校隊訓練的需要，因此必須在專項體育總會接受訓練。而教授這些專項運動需由教練負責，在這種情況下，體育教學的理念就混雜了教練的訓練理念。因此以教師為中心，採用專制單向的教學模式，很易變成強調重複練習該項運動技能，要求動作臻美，而忽略了學生的能力及興趣。此外，還包括資源不足，例如學校體育設施不敷，運動場地細小等問題。是以香港體育教師有兩個不同的角色，第一是在體育課上擔當體育教師，第二是下課後充當專項教練，訓練校隊，帶領參加校際及區際比賽，為校爭光。

　　1984年我在葛師任教時，體育部開辦的課程有體育科高級師資課程、全日二年及三年制和部份時間制二年及三年制等五班課程；為了方便照顧學生的學習需要，便採用班主任制，而班主任是負責教授體育教學法的各個單元。當年，同事們都依據教署體育課程綱

重道篇

要作藍本而施教。內容有田徑、游泳、體操、舞蹈、各種球類、水上活動、戶外活動及安全措施等，而教學方面則只有一些簡單的執行指引。當時，在首席講師及同事們指導及建議下，我再運用自己已有的知識及技能進行施教，每次完成單元，都作出檢討及修改。幾年後累積了一些經驗，心想自己在體育教學方面已有透徹的認識；但沒有就這種體育教學模式能否使學生產生學習興趣、能否協助學生有效學習而反思。它能否達致身體健康及全人發展、又能否配合世界體育教育發展的趨勢？直至我再度赴英進修，才得開竅。

球類教學的領會教學法

1989年，我在英國進修碩士課程其間，有機會接觸並體驗到教授球類的一種新教學方法——球類教學的遊戲形式（Teaching Games for Understanding）；回港後，我翻譯它為「領會教學法」。這種教學方法實始於七十年代中期，由該大學體育部兩位講師提倡，主要理念是以學生學習為中心，教授球類的戰術（Tactics）及空間（Space）運用為主，而技術和技能（Skills and Techniques）為副，並以遊戲比賽（Games）形式進行施教。在學生練習過程中，教師會不斷以提問形式讓學生多作思考及解難，決定如何進攻、防守及取分，而教師的角色只是個學習的引導者和促進者。

留英其間，得悉新法，使我眼界大開；反思自己作為香港培育體育教師的一員，竟對體育教學知識那麼淺薄，跟不上國際體育教學的發展趨勢！同時也想到香港體育教學的改善良方，遂約見兩位講師，深入了解這種新教學方法的理念、背景，如何有效施行、如何克服困難、有何文獻可作參考，聽取他們有關推廣的方法及經

重道篇

驗。最後，自己決意將此新教授球類方法帶回香港，加入葛師體育教學法中作為單元教材，也讓香港現職體育教師認識、掌握及應用於教授球類課，改變他們對體育教學的觀念，培養學生有更濃興趣及更佳效能。回港復職後，我立刻向同事們介紹這種新的球類教學法，分享我對這新法的體會及在學校推廣的計劃。他們十分支持，同時也提供很多寶貴的意見。

在1992年，為了要證明「領會教學法」在香港實際教學環境下可行；每班學生人數雖多，場地雖小，教師只要有信心則成。我分別編寫兩節籃球課及排球課教案，邀約兩位體育學生在她們中學實習時試教，當然其前我們須先作詳盡討論及準備。上述構思幸獲首席講師支持，又得副院長批核及實習中學同意才開始進行。試驗結果十分正面，試教學生大加讚賞，她們並指出困難之處，讓我改善。往後幾年間，我多次組織研討會、工作坊、示範課等活動，讓學校體育教師充份理解。到1995年我轉職到香港教育學院，繼續推廣「領會教學法」，包括編寫中文教材，並在以此法為主題的國際學術會議上宣揚。實踐所學，推廣所識，使我獲得極大的滿足。

總結

回顧自己在葛師教學十年，肩負培育香港體育教師的工作，可謂任重道遠。其間自己秉承前輩的教誨，亦得到同事們的支持及協助，讓自己能不斷進修，繼續成長。至於本文所提新的球類教學法，期望香港體育教師能將此理念用於教授其他運動項目上，使學生樂於學習，得以發揚。

重道篇

由上起：郭忠貞、曾
李佩蘭、蔡謝鏡珍、
筆者、劉錦新、曾卓
權、李銓炘。

左前排：蔡謝鏡珍、
李銓炘曾李佩蘭，
後排：筆者、劉錦
新、曾卓權。

領會教學法的示範教材光碟

重道篇

幼師培育
——從葛師文憑到教大學位

藍美容老師

(在讀年份：1978-79；任教年期：1986-94)

曾在柏師及葛師修讀教師教育課程。1980年代赴英修讀榮譽教育學士，回港後於葛師幼稚園組當講師。後獲港大碩士銜，千禧後完成南澳博士學位。1994年轉任香港教育學院，歷任幼教課程主任、副系主任、幼教發展及研究中心副主任及副教授。曾為免費幼教小組成員，現為香港惠苗協會會長，於年前發展KOCIP幼教培訓模式，協助中國學前教育發展。現為明愛專上學院教授暨幼教課程主任。

　　回想當年我在葛師的日子，那段加士居道的斜路，總是叫人難忘。「長命斜」既斜且陡，每次到達坡頂，會有一種「終於完成」的感覺，很是鼓舞！嚴格地說，我在葛師受訓一年，工作十二年，留下一連串的回憶；有如我在人生路上，一坡又一坡的前進印記。

第三年體育專科課程

　　先是1975-77兩年，我在柏師就讀，其中一專科是體育，有機會與葛師的同科同學交流。由於葛師位處市區，又設有完善的室內運動場，所以很多院制的體育比賽或活動都在葛師舉行。在1973年創辦的「第三年體育專科課程」，當年是全港體育科最高專業資

重道篇

格，不少人夢寐以求，申請者超額十多倍。我有幸在中學任教一年後，獲選在職入讀，成了1978-79班中一員。

第三年體育的課程既實用而專業，不單有實踐，也有理論，動靜互相證驗。當年覃照焜老師教授解剖學時的詳盡教學，到現在我還記得指骨學名Phalanges呢……；陳陳婉玲老師全情投入地教授現代舞的實踐課……；陳坤霖老師的體育心理學……他們實在用心！看到導師們努力教學，我們實在不敢躲懶，我收全薪而讀全職，實在幸福！課程不但培植了我在體育教育的態度、也充實了我的知識和技能，讓我完成了第一篇研究論文，為我日後的學術研究作了鋪墊。

其實，在葛師的學生生活何止上課和操練呢！還有飯堂閒談，間中與三兩同學下斜路去喝茶……暇時我總愛到小花園呆坐一會，看看美術組同學們寫生和創作。而每天留校作體育活動和技能練習的同學也不少，加上友校同學到訪和一起活動，擴闊了交友範圍。離開葛師後，我們不但維持來往，還會在每年除夕以倒數來迎接新年的來臨。現今四十年已過，舊友相逢，還有永說不完的趣事！

葛院的幼師培訓任務

當了幾年中學老師後，我便去英國繼續升學，圓了學位進修的夢；完成學士學位那天，我的第一個意念竟然是回到教院任教，將教育專業知識應用於教師培訓工作之上！適逢葛師新設的幼稚園教育組招聘老師，我便在1986年加入了幼兒教育行列，先後向不少主理幼師培訓的前輩學習。葛院幼兒教育主要設在旺角中心的分校，只有參與同事聯誼活動，或進行幼兒體育課時，才有再走斜坡的機會。

重道篇

　　香港在七十年代末期，幼稚園數目因雙職家長數字上升而增加。政府估計約有八成在職幼師未有受訓，遂於1981年編撰《小學教育及學前服務白皮書》，制定幼兒照顧及教育政策和目標；當年更指令葛院開辦在職合格幼稚園教師培訓QKT課程。與此同時，教育署以韓璧珍和甘謝碧珠為首的幼稚園督學組，亦為學歷較低的幼師助理開辦QAKT培訓課程。

　　當時幼師教育是新發展的一個範疇。政府為五位部門導師：吳卓文靈、簡曾幗瑛、關如英、梁酈櫻祖和常張婉儀等提供留英的在職幼兒教育培訓，以籌備和開辦香港首個二年制在職合格幼稚園教師（部份時間制日間）課程，她們五位可算是香港幼師培訓教育的先驅者。葛院為配合幼師培訓課程的發展，便增聘導師以應需求。那年我加入團隊，有幸能與幾位先驅和一班新人共事；我常跟隨吳太和關小姐學習，到過眾多幼稚園駐校觀察學習、課堂教學點評，兩位真是我入行的啟蒙師傅。這種培訓模式，不但可在短期內幫助我們了解香港幼兒教育現況，更可學習實習指導和傳授技巧。其實政府在1980年代用於幼教培訓導師的資源也不算少，除了資助赴英學習外，更在1987年暑假邀請英國學者到校，開辦密集式培訓課程。由此可證葛院在幼師培訓方面的重要角色。

　　在幼師培訓工作兩年後，我明白到「教而後知不足」的道理，便在1988年修讀幼兒教育碩士課程。當年做一個全職導師和兼職學生實在不易，幸好那時葛院還未有夜間課程，而院長趙蘇麗珍和幼師主任對我支持，安排我每週兩天下午到港大上課，完成學業。其實修讀碩士，不只擴闊了我對相關領域的探求，還奠定了我日後幼教工作發展的基礎。

重道篇

在葛院裏的教學生涯

隨着幼兒教育政策發展的方向，葛師除了開辦二年制在職QKT課程外，也逐步承接了教育署開辦的十二週QAKT課程，1990年代更將二年制在職培訓課程擴辦至晚間課程，也為具大專學歷的幼稚園校長開辦了十六週的師訓課程。記得當年除了QAKT課程和校長班外，單是二年制在職QKT課程已增至10班之多，把我們的工作量推到高峰。雖然我們的導師人數已由15位增至30位，但每週都有不少日子是日出而作，戴月而歸。雖然每天忙碌地在旺角分校，上落樓層，疲累不堪，仍不減我清早起來上課的意慾。想來有下列兩個主要原因：

（一）學員的勤勞態度——在職學員努力學習的態度感動了我，看着她們工餘拖着疲累身軀，從港九新界各區來到葛師專心的上三小時課，有些還只能在路上吃個麵包充飢，誰能不動容呢！本港的幼稚園沒有公營，幼師薪酬並無監管；而1980年代前入職的幼師大多學歷不高，因而薪酬被壓；從事幼師只能以教導幼兒為理想，忍受可恥的待遇。我們實有責任幫助她們工作專業化和薪酬合理化。

（二）同事的合力支持——在葛師，我慶幸能有機會與一班好同事一起，在前輩同輩協作下工作，雖云忙碌，但能在下午茶時段閒談交流，都是樂事！尤其是當林小翠和陳婉雲兩位同事在場的時候，她們的幽默感每每叫人開懷，而小翠那突然而來的笑話，逗得我們即時忘卻煩惱和壓力。時至今日，她活靈活現的表情，仍留在我們心間！

1992年教育統籌會提出將五所師訓學院，組成為一所獨立自主的「香港教育學院」；在1993年起政府便積極籌備合併事宜。當時同事們人心惶惶，大家都要面臨抉擇：退休、轉職或調回教署各

重道篇

組。感謝工會同事為着我們的權益，與各方斡旋，更發動了前所未有的教院講師遊行，最終與政府達成協議。結果組內同事選擇留署者不少，而我則因個人興趣所在，便把餘下的工作日子留給香港教育學院。

幼師專業培訓的大道

1994年，政府發表了幼稚園教育工作小組報告書，統一及協調幼稚園及幼兒中心的運作，提高幼稚園的師資比例，更規定每所幼稚園必須於 1996/97 學年聘請最少四成具 QKT 資歷的幼師。教院即於1995年創辦首屆在職幼稚園教育證書課程CE-KG，這是幼師十多年來所期待者，不過由於學額有限，當年入讀課程的主要是校長或主任。在1997年政府更提出：每所幼稚園於 2000 年 9 月底前必須聘請不少於六成具 QKT 資歷的幼師外，所有新聘的幼稚園校長須於 2004年9月起修畢證書課程。為配合政府政策，香港教育學院除不斷增辦在職與職前課程外，並於1998年開辦首個三年制職前幼兒教育證書課程。自此幼師培訓踏上了專業化之路。

千禧年間，香港特區政府推出全面的教育改革，幼兒教育是基礎教育的重要一環，提升幼師和幼教主管的專業水平成為改革的焦點。政府要求自2003學年開始，所有新入職幼師必須具備QKT的資格；而2005學年前，所有現職幼教園／院長須完成證書培訓課程。香港教育學院在99年9月開辦了首個在職幼兒教育榮譽學士課程。而我自己則在1998年專修博士；每天教學之餘，還參與新課程發展的各組會議，忙個不停，週末和假期才是專心研究的日子。

為優化幼兒教育，2006年政府的施政報告更提出2009開始新入職的校長必須持有幼兒教育學位學歷，而所有幼師均須具備幼稚園

重道篇

教育文憑資歷，以2011年為界線。2012-2013起，參加學券計劃的幼稚園，須按新訂師生比例要求，聘請足夠幼師。自政策頒佈後，除教院原有課程外，香港大專院校開設幼師課程有如雨後春筍。香港教育學院更進一步發展研究生課程，分別在2005年及 2009年開辦幼兒教育碩士和教育博士課程，確立了幼師專業的最高地位。政府在2016年提出由2017學年實施免費優質幼稚園教育政策，進一步為幼稚園提供資助，改善師生比例。希望幼師資歷能與中小學師資看齊，逐步邁向學位化之途。

回顧香港的幼兒教育發展，葛院在幼師培訓方面的貢獻實在功不可沒。葛院是片優質土壤使種子發芽為幼苗，而香港教育大學則如不可或缺的肥料和適當的培育環境，使幼師教育的大樹苗壯成長。在我來說，葛院是培養我成為幼教農夫的地方；使我在幼教耕地工作了三十年，看着幼樹成蔭，深感安慰，實在感謝葛量洪教院給我的培育！還記得在我正式退休的那天，環視我要離開的辦公室時，竟有走完葛師斜路的感覺：「終於完成了！」

攝於1985年利物浦大學畢業禮後

2014年獲長期服務獎，與 Professor Alan Walker 及張仁良教授合照。

重道篇

回憶話當年

楊樂常老師

(在讀年份：1970-72；任教年期：1986-90)

葛師畢業後，在小學任教一年後便轉往中學。1975年重返母校修讀三年級體育課程，1982年任柏師體育組導師。1986年調任葛師幼稚園組，1990-92年任教署輔導視學處幼稚園組督學。1992年移民加國後開始寫作，並將專欄結集成書，著《空姐手記系列》十二冊及心靈散文——《謝謝你愛過我》。

　　不經不覺葛師已踏入第七十個年頭了，回想當年我考入葛師，彷彿還是不遠之前的事，時間過得真的快！

　　我是葛師1970-1972年度兩年制的畢業生，1975-1976年重返母校修讀三年級體育課程，而在1986-1990年間擔任葛師幼稚員組導師，葛師不但是我學習、成長的地方，而院校的生活，亦為我留下難忘、美好的回憶。

　　我從小就是個熱愛運動、蹦蹦跳的女孩，所以報考葛師時，便選擇了體育科，入學試考基本體育技巧並不困難，不過由於作為體育老師，需要在空曠的球場上教學，所以安排了聲量測試。當時導

重道篇

師坐在籃球場底線，而考生就站在場的另一端，大聲説出自己名字。我的嗓門不大，看着前面的考生喊得聲嘶力竭，青筋盡現，讓我好不心焦，一位師姐看着我憂心的樣子，便悄悄説：「千萬別嗌，要大聲講，聲音才去得遠。」果然她説的不錯，最後我終於順利過關。

昔日念中學，我打羽毛球、參加田徑隊，進入葛師後，才曉得體育教學範疇廣闊，原來除球類、田徑外，還有體操、游泳、舞蹈……等，不同的課程給我帶來新鮮感，亦引起我莫大的興趣。戶外露營，四人一營，我的三分一睡袋露出營外，整夜野狗在肩旁來往亂吠；學習風帆時，我們的一組走得太遠，回程時沒風，在水中央，與岸上同學一水隔天涯，餓着肚子，眼巴巴看着他們吃糯米飯……都給我留下難忘印象。

多年前東坪洲仍是個荒蕪小島，在二年級快將結束時，同學提議大夥兒到她在當地的祖屋度週末，於是廿多人便買齊食物、用品，浩浩蕩蕩乘船前往。那是一幢兩層、臨海村屋，最初計劃是男生住地下，女生睡樓上，可是由於房子久沒人住，地下還好，二樓蟑螂滿地，大大小小的十分嚇人，結果大家便跑到沙灘，男生睡外圍，女生在中央，在星光下，度過一夜。第二天濤聲把我喚醒，晨光灑在我的臉上，我坐起身來，面向無垠大海，在海風吹拂下，感覺十分舒服，享受從未有過與大自然如此的親近。

「三年級體育課程」是我讀書生涯中最有意思的一年，大家年紀長了，思想也變得成熟，對自己有着要求，所以學習氣氛非常濃厚，而且更由於彼此各有所長，在互勉互助下，除上課外，在同學

重道篇

身上學到的也着實不少。運動容易受傷，所以無論護肘、護膝、護腕、護踭等保護裝備，我也一應俱全，不過意外就是意料之外，有時候很難避免，最驚險的一次要數三年級的一節彈床課。我很久沒有翻前空翻了，為了安全，特地請同學上床協助，倘若翻騰力度不夠時幫我一把，誰料躍起之後，我不知怎的，突然抽手向後，前翻變了後翻，面向彈床，幸好我及時把身體放鬆，以front drop落網，竟然做出一個從未做過、完美的3/4後空翻來，教大家大吃一驚。

我低下頭，呆呆的坐在床上，同學慌忙上前拍着我的肩，說：「沒事！沒事！別哭。」其實我並沒有哭，只是被自己嚇着，心想如果當時後翻力度稍差一點點，頭頂着床的話，這輩子可就完了！

在柏師體育組任教四年，雖然給我很大的得着，不過面對熟悉的環境，亦教我萌生起新的挑戰，於是求調到葛師幼稚園組去。幼稚園組的學員大多是年輕的幼稚園老師，由於我們負責視導的學員未必是自己教過的學生，所以彼此十分陌生，最難忘的一次是我到幼稚園觀課時，學員一見我，大顆眼淚便掉下來，校長見狀連忙上前摟着她安慰，我心想：「糟糕！看情形儘是沒有準備了！」想不到她教案、教具齊全，教起書來不是沒有瑕疵，但也中規中矩。課後研討，我跟她分析以後，問：「還緊張嗎？」她羞澀的搖頭，兩個多月後，我再次造訪，她迎我的是個燦爛的微笑。

移民後第二年，《明報》在加國創刊，平淡的生活教我萌生起從沒有過的念頭，投下平生的第一篇稿，從一個讀者投稿園地，進而有了以女兒的空姐生活為主調的專欄——「空姐手記」，隨着女兒離開飛行一族，如今專欄早變成了內容多樣化的「風花雪」與

重道篇

「悠然集」。十多年下來，我把專欄結集成書，出版的計有「空姐手記系列」十二冊及心靈散文——《謝謝你愛過我》。

記得我首次把書送人時，朋友都大感錯愕，有人更詫異地問：

「怎麼改變戲路，從武俠片轉拍文藝片？」讓我大笑不已。

一位前輩曾說過：「人是有很多潛能，只是我們沒有發現，不作嘗試罷了。」而我就是憑着在葛師學到的精神——勇於嘗試，敢於挑戰，結果毛遂自薦地開啟了自己的寫作路，為人生展開了新的一章。

葛師不一般的最後歲月

黎國燦老師

(任教年期：1988-94)

港大畢業，後獲加拿大碩士及澳洲博士。先
後任中學教師、教育署督學，1988年調升至葛
師任首席講師。1994年過渡至香港教育學院，
任社會系系主任及策略規劃處處長，2006年創
立小班教學與研究中心並任總監。退休後任教大
卓越教學發展中心顧問、課程與教學系及社會科
學系客席，曾發表學術論文多篇。

1988年我由教育署總部調升至葛量洪教育學院，在葛師工作不
長，卻剛好經歷了它停辦前的不一般歲月，加上我在1993-95年度
擔任了教育學院講師協會會長一職，正值五所教育學院轉制為香港
教育學院，見證了這段過渡期大大小小的風波。

調任葛師

1988年9月第一天，我如常返教署輔導視學處上班，任地理及
社會科組的學位督學。上司通知我立即前往葛師報到，就任經濟及
公共事務科的署理首席講師。事情來得突然，連收拾辦公桌和向同
事話別的時間也沒有，我以往對葛師認識不多，何況我的專長是地

重道篇

理科，對經公科較少涉獵，心裏有點忐忑。中午前抵達葛師，向潘宏強院長報到，我坦率地問他將來我可否調回地理科，他不置可否，我便開始了在葛師六年的工作，沒想到這是我離開教署的前奏。

六年葛師工作點滴

葛師正校的教員室位於二樓，長廊旁有多個按學科組別劃分的辦公室，經公學系連我在內只有三位講師，和地理系三位同事共用，環境頗為擠迫。我幸運地與劉晚成及陳葉雅薇兩位能幹的高級講師共事，上司黃李志欣副院長給我引導和支持，讓我逐步適應工作。

初到教育學院，覺得工作的自由度較高，上頭指令、處理急件不多，大家都多用時間看書，準備教學工作。此外，我在視學處的培訓工作主要面向在職中學教師，這裏多是高中畢業的年輕學生，還要負責他們的個人導修課；怎樣和他們相處，讓他們的學習生活過得充實一點，對我來說也是一項新挑戰。

不過，有時教育署總部下達指令，院長也會找各學系分擔一些任務。記憶較深的是院長找我做「總量地官」，率領各系數十名講師，浩浩蕩蕩，前往天光道官小空置校舍，量度各課室的面積，並製作平面圖交給他。原來在旺角中心租用的分校校舍快滿約，教署要評估天光道校舍是否合用。另一緊急任務是要組織經公科學生，前往啟德機場調查中學生使用大堂溫習的情況。起緣是有議員質詢教育署署長，學生為何要佔用機場空間；教署便責成院長找人去調查，以回答提問。這從側面也反映了當時教育署和教育學院的從屬關係。

葛師全體同事相聚的機會不多，印象最深刻的是1989年六四事件後翌晨，院長通知正校教員在大講堂聚會，氣氛異常肅穆，院長和多位同事講述了他們的感受，哀悼死難者。這次全校同事聚會，大家心情沉重，感情真摯，難以忘懷。

蛻變前夕的葛師

1980年代後期，葛師正值教育學院的困難時期。當時政府宣佈加速擴展高等教育，大幅增加大學本科生學額，因學院只辦非學位證書課程，難以爭取成績優異的學生入讀，而整體語文水平下降，也引起社會各界的關注。相比其他大專院校，教育學院不但學術欠缺自主，資源亦捉襟見肘，其發展相對停滯不前。

我初到葛師，覺得舊翼校舍已頗殘舊，學院的設備亦很匱乏，運作亦多與我其前任教的官校相似。例如走廊盡頭只得一台電話分機、由數十講師共用。而正校印刷設備亦只有一部油印機，不敷應用，如需趕印筆記，便要去旺角分校印製。教員室也欠電腦和打印設備，要往教育科技室碰碰運氣。令我更驚訝的，是學院圖書館藏書甚少，難以滿足教員和學生需求。此外，學院書記人員不足，教學人員要承擔學院的行政及文書零散工作。例如每年暑假後教育學院辦聯合招生時，講師們要齊集在葛師大講堂，做刨鉛筆，點算申請表的情景，至今仍浮現眼前。

即使處於資源匱乏境況，我認識的葛師同事不少都很有理想，教學工作認真，十分關懷學生。學院沒有學生事務處，他們便在課後用心輔導學生，循循善誘。大家默默耕耘，專注教育理論與教學成效，甚少公開發表意見，因而外界對教育學院講師工作的認識不多。

重道篇

在葛師停辦前兩三年，工作條件稍有改善，例如改善至每三所教員室可共用一條電話線。正校辦公室購置新影印機，教育科技室也添置了數部電腦等。但這一切已有點姍姍來遲，葛師已處於蛻變前夕。

轉制的風波

1992年教育統籌委員會發表第五號報告書，建議五所教育學院合併，成為一所獨立自主的教育專上學院。翌年政府決定成立香港教育學院，並委任了臨時校董會，負責制訂教院的架構和發展路向。1994年4月教院正式成立，轉制過渡期亦告開始。

由於轉制牽涉到數百名講師的前途，講師協會便代表員工，分別與教署及教院的新管理層在教院成立前後兩年間進行了多次談判。由於葛師的交通較方便，協會的理事會多在葛師召開會議。各校講師參與的非常會員大會也在正校大講堂召開，因而葛師成為了工運的大本營。

我在葛師兩年後才加入講師協會，當時協會還是一個以康樂、聯誼為主的組織，每年在教署諮詢會議中反映一下有關工作條件的意見，熱心參與的會員很少。協會理事會採用代表制，我最初是葛師其中一位代表，後來擔任幹事，且獲選為會長；適逢其會，捲入了轉制過渡期的風眼。

第五號報告書發表後，當時理事會代表都贊成改革教師教育，對教育學院轉制持正面態度，我參與撰寫給教統會的立場書，提議興建統一校舍，並命名為香港教育學院。可是教署在協會多次催促下，遲至1994年7月中才公佈轉制方案，要全體講師在9月份借調教院一年，最多可長達五年，日後可申請加入教院或返回教署重新安

排職位。同事們對教署的高壓處理手法十分不滿，認為專業地位不受重視，有損尊嚴。而有意加入教院的，也對僱用條件及職業前途存有不少疑慮。

在轉制談判中，我們堅持教署要尊重講師們的意願。在達成協議前，不應強迫借調教院，而對借調期滿後返回教署的講師，在安排職位時要優先考慮他們的意願，並確保晉升機會不受影響；如果員工不欲加入教院或回流教署，亦可選擇自願退休。教院管理層則要清楚交代招聘講師的程序及職級銜接的安排，並確保他們原有公務員的福利待遇不受影響等。

由於教署一直不回應訴求，協會便發起了一連串抗議行動，包括7月5日藉聯校畢業禮於灣仔伊利沙伯體育館舉行時，在門外示威、7月13日前往教育署總部請願等。暑假後，協會召開非常會員大會，議決發起工業行動。於9月教院新學年首日，各所學院絕大部份講師都不返回校舍工作，齊集遊行至灣仔胡忠大廈教署總部「上班」，大家齊集在樓下的平台高呼口號，堅持要黃星華署長下樓接收請願信才解散，再返回葛師集會。9月5日，協會代表在行政局討論轉制方案前夕，前往港督府請願，送上一把題上「秋後扇」三字的白紙扇。這一連串行動展現了員工的團結，社會人士也批評教署的處理手法。終於迫使政府修訂方案，宣佈講師在借調一年後可按各自意願，選擇不同方案，包括取消職位可獲補償等，工潮終告平息。

回想這次公務員教育職系罕有的工業行動，點滴在心頭。我多次接受傳媒採訪，其中一次在電台進行辯論，面對的教署代表竟是已升任助理署長的潘宏強前院長，有點尷尬。此外，9月1日行動的口號是「回教署上班去」，其實絕大部份講師雖是教署僱員，卻從未在教署本部工作過，反而這口號對我熟悉。工潮結束後，教院

重道篇

一位高層告訴我，他們心裏是支持講師協會的訴求的，也覺得行動很成功，言下之意是教署如早些讓步，公佈可讓員工自選去留的方案，員工便不用折騰數月，教院新學年的運作也不會受到影響。

1994年秋，各教育學院正式停辦，併入教院，葛師正校及分校也分別改名為葛量洪第一及第二分校。1995年9月，講師借調期滿，各奔前程。意想不到的是，我8月份在澳洲開始進修博士課程時，卻收到教署的晉升通知，可返回視學處升任首席督學；經考慮後，決定推卻了這個「回教署上班去」的機會，在教院工作至退休。

往港督府請願後將橫幅懸於學院正門

重道篇

Memories of Grantham

Mr Peter Roland George STOREY
(Lecturer：1988-94)

Dr Peter Storey received his BA in English and History and Postgraduate Certificate in Education from the University of Wales, and his MA in Applied Linguistics and PhD in Language Testing from the University of Reading. He served as Senior Lecturer at the former Hong Kong Grantham College of Education before joining the HKIEd's School of Languages in Education in 1994 as Associate Dean and Head of its Centre for Language in Education. He is currently Professor and Head of the Department of English Language and Literature at the Hong Kong Shue Yan University.

Memories of Grantham

I joined the staff of Grantham College of Education in February 1988 and worked in the Gascoigne Road campus for six years, until the collages and the ILE were merged to form the Institute of Education. There are some aspects of life at Grantham that remain vividly in my memory - the haunting sound of the Erhu in the empty early morning staff corridor, Bing Suk effortlessly manning the guillotine in the Ed. Tech room, the single telephone at the end of the staff corridor in the lounge where morning tea was held, the hot trek up the hill to the campus in summer, cooling off in the airconditioned library before going to my seat, the pair of spectacles on the boss' desk, signalling her presence somewhere on campus, the luxuriant garden outside the office window - the perfect spot for photos with graduating students, the fan-cooled chalkboard-and-duster classrooms, Mrs Mak's photocopying machine that could always be relied on when my printing had not been ordered in time. Life at Grantham was nearly always pleasant. We worked hard, but it was for me at least, a rather leisurely existence compared to the hectic, competitive and pressurised working environment in the Institute of Education.

My fondest memories are of the welcoming and amiable colleagues who occupied those rooms along the staff corridor, emerging every day for morning tea and a chat. I made some lasting friendships there, and not only among colleagues in my own department. I was proud to stand shoulder to shoulder with them in June 1989 to remember students who had given their lives for freedom and democracy. It was always a relief to encounter Grantham colleagues on teaching practice-a familiar face after struggling to locate a TP school hidden in the unrelenting mazes of Hong Kong's public housing estates.

Of all the programmes that we taught in those hot and chalky rooms, the most enjoyable for me, as an English teacher, was the ACTE Art and Design course. Most of the students were mature, well-balanced and full of life. I always thought it was their creativity as artists that gave them that edge. The younger daytime students were always a pleasure to teach, enthusiastic, cooperative and dedicated and in many cases talented and intelligent. The other mature students I taught, the in-service teachers taking ICTT in the evenings, were under pressure from the unending and ever-changing demands made on them as English teachers, but they were always respectful and appreciative of our efforts.

The forty-five year history of Grantham Training College and Grantham College of Education is one made by staff dedicated and committed to excellence in the teaching profession. I am proud to have been able to play a small part in that history.

葛師科學科的兩課

陳　用老師

(任教年期：1989-93)

中大理學士、文學碩士（教育），後獲澳洲昆士蘭科技大學哲學博士。1974年起在德愛中學任教，六年後入羅師、柏師及葛師科學科，調工商師範教育系，再轉香港教育學院科學系至2002年。曾任教署物理科委員會委員、會考物理科主考。退休後專研書法，作品入選藝術雙年展，並得藝術館購藏。現為香港南維書學會會長、中國書協香港分會副主席。

　　我在葛師教科學科。我的專長是物理，但個人興趣卻非常廣泛——書法、篆刻、文學、歷史、地理、天文、乃至生物學，我都喜歡，但一個人的時間與精力有限，總不能樣樣涉獵。大家都知道我長期教研書法，可未必知道我在葛師那段時間，嘗試了另外一種特殊嗜好——製作瓶裝立體蝴蝶標本。

　　事緣1989年夏天，我在泳池撿到一隻浮在水面剛死去的蜻蜓，想着如果把牠用大頭針撐起，放在一個倒轉的玻璃瓶內，瓶內放置防潮矽珠，便可作為一個立體標本給學生仔細觀察，於是就如此嘗試。這標本製作效果十分理想。

　　當時我家附近有頗多蝴蝶，心想實驗室的蝴蝶標本都是二維的——只能看到翅膀背面的圖案，看不到蝴蝶的腹部，六肢和口

重道篇

器，如果我製作一些瓶裝立體蝴蝶標本，顯然方便學生觀察蝴蝶形態，於是我就開始研究製作蝴蝶標本，同時也鑽研有關的書籍（圖一），以研究蝴蝶的分類和生態。

由於書上說有四種鳳蝶的幼蟲都是以芸香科植物（橙、柑、柚、檸檬等）的葉子為食，我就在露台種了一棵青檸樹。春天的時候，鳳蝶媽媽嗅到植物葉子的氣味，就飛來產卵，未幾幼蟲便破卵而出。這讓我有機會觀察到蝴蝶成長的整個過程——卵，幼蟲，蛹，

圖一 筆者的蝴蝶書

成蟲。看到蝶蛹漸變透明，裏面的成蟲蠢蠢欲動，知道牠離長成的日子不遠，便時刻守候。結果如願，看到蝴蝶羽化而出，先把體液貫注入摺皺的翅膀使其鼓起，然後振翅高飛，那刻真是興奮。也看到蝴蝶幼蟲保護自己的本領，本領說來有三：

1. 幼蟲前端有圖案極像一對大眼睛，使牠看來像蛇頭，可以嚇唬敵人。

2. 幼蟲前端有一支紅色開叉的觸角，平時不顯露，當受到刺激，突然伸出來好像蛇舌一樣，有點嚇人。

3. 原來幼蟲受到刺激，還會噴出一種很臭很臭的液體，可能帶刺激性吧。

其實在任職師範學院之前，我已有收集貝殼的嗜好，篋中有很多貝殼，也看過很多關於貝殼分類的書籍，如果以貝殼及蝴蝶作為動物分類的範例，相信會受到學生的歡迎。1993年秋，在小學科學科的單元裏，我主動提出教授兩節共四小時的生物分類學課題。

　　上該課題之前，我已在科學實驗室的教師桌下收好四十多瓶蝴蝶標本，待學生進入實驗室後，我先介紹自己的專長，是化學和物理，生物科只念到中六，但因本科分配工作的關係，即使我不熟悉生物科，也要任教這生物分類的課題。同學們聽罷都面無表情，心想這些翻開書本便有的課題，不聽也沒有損失。然後我介紹生物分類的層次是門、綱、目、科、屬、種，以小青鳳蝶為例，牠是屬於節肢動物門，昆蟲綱，鱗翅目，鳳蝶科，青鳳蝶屬，小青鳳蝶種。跟着從櫃下拿出小青鳳蝶（圖二）的標本放到檯面，同學們眼前一亮，都身軀移前想看個清楚。

圖二 小青鳳蝶　　圖三 印度枯葉蝶　　　　圖四 地圖蝶　　　　　　圖五 擬斑鳳蝶

　　由於我有標本在手，很輕鬆地就介紹了鳳蝶科蝴蝶和鱗翅目動物的特徵，也用提問方式為他們複習了昆蟲綱和節肢動物門的特徵。之後我如數家珍地拿出不同種的蝴蝶標本作實例，介紹屬於鱗翅目的各個科的特徵，譬如蛺蝶科、斑蝶科、粉蝶科、目蝶科等。我更展示了一些特別的蝴蝶標本以開同學的眼界——印度枯葉蝶連葉脈都具備（圖三），地圖蝶的圖案真的好像地圖（圖四），擬斑鳳蝶本身無毒，但把自己模擬成有毒的斑蝶以避雀鳥的啄食（圖五），同學們從來未見過如此栩栩如生、數量如此多的蝴蝶標本，興趣之濃，溢於言表。

重道篇

教授完節肢動物門，同學對我的生物分類學知識沒有懷疑了，我便將內容轉到了軟體動物門，重點在八爪魚、墨魚、鸚鵡螺等所屬的頭足綱，東風螺、田螺等所屬的腹足綱，生蠔、帶子所屬的雙殼綱，於是我收藏的五彩繽紛的貝殼又可派上用場。可惜當時課節實在不夠，否則我會把帶來的貝殼盡放桌上，任由學員分類，然後讓他們說出他們分類依憑的特徵，那將會是一個寓學習於娛樂的活動。

　　市面可以買到的蝴蝶標本（圖六），缺點除了是只能看到蝴蝶翅膀的一面外，由於蝶身都注射了防腐劑，而防腐劑又會侵害蝶身使變脆，數年後便散落，標本並不持久。但我保存標本的方法是先使蟲體在乾燥箱內抽乾水份，然後將它放入氣密的玻璃瓶使蝶身保持乾燥，瓶子又放在抽屜內避卻紫外光使蝴蝶翅膀顏色變淡，所以標本歷久常新。

圖六　市面買到的蝴蝶標本

　　以貝殼教授動物學分類有一定的優勢，因為貝殼久藏不變，色彩絢爛，形狀各異（圖七），其中的芋螺科生物，更是無肉不歡，以捕食其他魚類或貝殼類動物為生。我收藏過百的貝殼，美麗的芋螺也接近十種，凡此種種，在課堂進行實物分類，能一新學員的耳目，使他們對生物分類學有深刻的認識。

重道篇

圖七　筆者收藏的部份貝殼

　　學員對生物分類學有不少的錯誤概念，這會影響他們將來的教學——譬如好些學員因為沒有見過竹樹、松樹、栢樹開花，就把它們歸類為無花植物；知道鱷魚、烏龜和泥蟹既可游泳，也可在陸地爬行，就把牠們歸類為兩棲動物。不經考驗，學員真的不知自己有那些錯誤概念，我發一張測驗卷就把學員的知識短板一覽無遺。通過同儕的糾正，我從旁的協助與綜合，同學們都覺得真有所學。

　　另一個對同學有啟發的課題是天文學。這是一個學期長的單元，內含數次星空的觀察。教學方面，記得我用從澳洲買來的立體書籍，展示了宇宙大爆炸（圖八），銀河系的形成（圖九）直至恆星的死亡。當我打開書頁時，學生不約而同「嘩」的喊了出來。顯然這是一本非常有趣的書冊。

　　活動方面，當時利用天文期刊的資訊，趁一個下弦月的黃昏，帶領學生在葛師校園西邊天空找到土星。由於科學實驗室沒有高倍

圖八　宇宙大爆炸

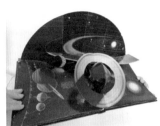
圖九　銀河系的形成

圖十　當年的教具活動星圖

重道篇

的地球自轉同步天文望遠鏡，只好用上我自備的一枝6厘米口徑折射式天文望遠鏡，但總算看到土星環，令學生感到振奮。利用《活動星圖》（圖十）找出某月某日某時天空有何星座及它們的位置，也是一個必備的活動，而一個普通的雙筒望遠鏡，亦足以令學生觀察到冬天的昴星團和木星的伽利略衛星。學期末同學假烏溪沙青年新村組織了一個天文營，讓大家浸淫在浩瀚的星空裏。

往事如煙，雖然這些已是幾近三十年前的片段，但回想我當時能有機會以自己對科學的熱誠，感動到一些準老師，讓他們在繼後的教學崗位上教得更投入，更有信心，相對於現在潛修的書法（圖十一）與篆刻（圖十二）藝術，仍覺得是人生不可磨滅的另一種快事！

圖十一　筆者的書法作品及為「語蜜工房基金會」寫的楷書字帖

圖十二　筆者篆刻與印石旁款

一生的音樂與藝術教學

何康德女士
(在讀年份：1953-54)

晚清名臣康有為之外孫女，幼承家學及母親薰陶，對音樂繪畫具夙慧。童年在滬接觸不少名家，來港就讀於協恩英中，後入葛師受訓。甫畢業即由協恩聘其返校任教，數年後才轉官小。課餘修讀文商、獲華僑書院學士。並從嶺南派大師學繪畫書法；另習聲樂，參加業餘歌唱獲獎。1970年代赴加取得藝術系學位，1979年起在世界各地作個人畫展十多回，刊行畫集並教外國人研習畫藝。

　　憶起在葛師讀書的日子，距今已六十七年了。但年輕時的學習過程，至今仍歷歷在目。當時我在協恩女中畢業，便和書友李同學一起考進葛量洪師範專科學校，準備將來為人師表。葛師是辦一年制的，入讀時共有120位同學，其中25人以鄉師末屆身份轉來，其中也有幾位是社會福利署派來一起讀書的。師範生除必修教育學、教育心理學、中文、社會、健教科外，每人要選一項術科專修。我因自小喜歡唱歌彈琴，家母又是音專畢業的，所以我選習音樂科。數月後多選一科英文，由何雅明導師教授。由於我曾通過英文中學會考，所以稍經面試，便獲錄取。於是在學期末的開放日，我要忙着擔任這兩科的示範教學課。

　　在這一年裏，學校的導師們教了我們很多為人師表的必備修

重道篇

養、待人處事的謙虛態度。張榮冕院長認識全班百多同學的姓名，藉着與同學個別傾談時，了解其學習及生活情況。他常鼓勵我們努力學習，不斷進修。鄭蘊檀老師說話溫柔，和藹可親，是我們音樂科的老師。開課不久，她介紹吳東夫人教我鋼琴，使我能繼續學習，迅速進步。其後我能考取英國皇家音樂學院第八級鋼琴演奏文憑，真要感激她的用心教導。更奇妙的，就是後來我在協恩小學教書時，竟做了她兩個女兒吳恩樂和吳禧樂的音樂老師。她們其後赴英攻讀皇家音樂學院，卓有成就，又曾在香港演藝學院教學，培育上千個鋼琴專業人才，貢獻極大。學校內還有教美術科的何漆園老師，他是嶺南派大師高奇峰的高足。我告訴他說：小時候我在滬曾認識他的同門趙少昂老師，因那時父親常與藝術名家交往。那年我雖未選美術，仍蒙他贈畫存念。另有教社會科的馮翰文老師，他講授設計教學的理論和實施。全體同學在選定題目後，大家分工合作，搜集資料、調查訪問，利用文字、圖表、照片和模型等去表現主題內容，使我們明白到「從做中學習」的意義，了解設計教學的試行和成效。葉梁寶祿老師，我們慣稱她Mrs. Yapp。她學貫中西，平日很注重我們的儀表，要求嚴謹，對事絲毫不苟，教我們對人要誠懇友善，衣着要清潔整齊。記得到學校作實習教學時，她提醒我穿的旗袍不要太花，那會使學生眼花繚亂；原來當天我穿了一件雜色間條的旗袍，學生長時間看着我時真的會有點目眩。這事使我推衍到作為老師的為人修養和身教傳道的重要性。

　　一年師範學制相當緊迫，學生除在大堂聽講、分組討論外，還有兩次派到各校去作四個星期的教學實習，第一次在聖誕時段，第二次在翌年4月間，這些教學經驗令我畢生難忘。我當時被派到德貞小學，原以為德貞全是女生，但這所小學其實是男女同校的，一班有45人。那些男生相當頑皮，時常欺侮女生。當我在黑板寫字的

時候，坐在最後排的一個男學生忽然用剪刀剪掉前座女生的頭髮。那女生登時大哭，把我嚇了一跳，不知所以。我曾向那班主任請教對付之法，原來平日上課時她會手執長鞭，遇到不留心的學生就打下去。我明白到這樣做法是不妥的，須用說理方式向他勸服，我寬容地與他傾談一兩回，才改正過來。兒童心理與言教之功，都要從實踐中學來的。

學校各科的導師們教我們上課要準備一份詳盡的教案，再利用教具輔助。上課時先要講一些有關的趣事，吸引學生的興趣，這樣學生自然會用心學習。下課前應準備一些題目，讓學生課後自學，尋找答案，這樣才會提升學習效果。教師平時要多鼓勵和讚揚學生，使他們有成功感。至於課室內的秩序也是十分重要的，學生不集中精神時，老師要暫停教學。須目光靈活，關顧到每一個學生；須留意他們的疑難表情，課後作出個別指導，以滿足其求知慾。經過兩次教學實習，我掌握到相當技巧，也明白到更多教學的難處與挑戰。

1953年聖誕其間，九龍石硤尾木屋區發生一場大火，我們全體同學派到災場附近替災民登記證件。做了幾天義工，十分疲累，因我懂粵語、國語、英語和上海話，所以不少棘手的個案，都交我處理。心想，貧苦人家真可憐，內心雖然難過，但應學會感恩。我們為社會做了一些服務，是義不容辭的。

鄭蘊檀老師在藝術欣賞課中教我們很多音樂活動，其中音樂劇Sergei Prokofiev的「彼得與狼」，叫我負責講述故事和介紹各種樂器出場。整首歌曲用不同的樂器代表劇中的人與動物，故事描述彼得在原野上快樂嬉戲，以絃樂器代表主角，各種西樂如管樂組、鼓樂組等代表不同鳥類、動物、人物等。樂曲輕鬆歡快；一班好朋友和洽相處，各種樂器此起彼落，構成美妙的樂章。在這齣音樂劇

重道篇

中，啟發了我日後喜歡收聽定期在大會堂音樂廳所舉行的演唱會。那時香港大會堂還未建成，不少音樂會或會在葛師禮堂演出，每有樂團舉辦音樂會，同學們都可免費在窗外駐足欣賞。

學年快要結束，各科筆試也考完了。一天，蒙張院長和羅宗淦老師傳召，院長對我說今年有八個人得獎，我是其中之一。校方應先考慮舉薦往官立學校執教，但難得的是協恩機構有意收納我到該校教書，原來協恩校長張榮舉夫人曾向院方傳意，因我是協恩的高材生，熟悉學校傳統，容易融入學校。我感謝張夫人的好意，起初有些遲疑，因為我知道協恩學校的老師都是本港或內地的大學生，從來不給羅師或葛師的學生去實習。羅老師勸我放棄官校，而到協恩教書，於是我便接受了夫人的好意，立刻往母校報到。結果我在協恩附小教了四年，直到夫人退休，我才申請官校，轉去福榮街官小服務。

我多次帶學生參加校際音樂比賽，加強訓練，常有佳績。記得有一年參加節奏樂，每組要演奏指定樂曲Bach的Minuet in G major外還要自選一首，但我竟忘記自選之事，故演奏該曲後便下台去。我以為這一次必定落選了，怎知公佈成績，竟獲冠軍，原來我的疏忽竟得人諒解。大概因我曾將這首Minuet做了幾個variations，每次用不同樂器組合演出，所作編排得到評判的特意欣賞呢！

1960年我參加了《星島日報》和麗的呼聲合辦第一屆香港業餘歌唱比賽，分中英文歌曲兩組，有一千多人報名，經試音、初賽、複賽到決賽，每次要唱一首新歌，在最後決賽時，我選唱了Mario Lanza的Because而幸獲季軍。還記得同場冠軍詹小姐唱Patti Page的Down the Tray of aching heart，亞軍梁小姐是聖保羅中學學生唱Tisby。後來二人分別成為歌星與議員。比賽後麗的呼聲有意找我簽約做歌星，但因母親反對而作罷。

　　一個專業教師的培訓，葛師一年實在是不足夠的。我們很多同學在教學之餘，都去設於港大的官立文商夜學院修讀文科課程，每週五晚，三年畢業。我完成後，自忖學養不足，便到華僑書院進修，取得社教系學士。暇時則師事趙少昂、楊善深和馮康侯老師，學的當然是繪畫和書法，稍後又跟田鳴恩老師學聲樂。到了1970年代，再遠赴加拿大Concordia University取得藝術系學位，且在1979年起先後在香港、台灣、法國、吉隆坡、美國、加拿大各地舉行書畫展十多回，也出版了個人畫集。一個外籍朋友，還把我的畫作放到谷歌給人評賞，真是既感且愧。

　　回顧我一生的教與學，在音樂和藝術兩方面下過不少功夫；前段在香港小學教音樂，後段則在加國教外國人習中國書畫。年輕時受教得樂，年長時教人得樂；教學相長，我只覺得不斷學習是最樂。教書有退休之期，而鋼琴、聲樂、繪畫、書法，全都是無盡之境。我覺得葛師校徽的FORWARD，真能使人有充滿動力，向前邁進的意志。幾十年來，我在享受一個豐盛的教學人生。

畫題：德禽

重道篇

畫題：立地頂天為有節

重道篇

教育工作與我的性格發展

李百強先生

(在讀年份：1953-54)

葛師1954畢業，在津小、官小任教六年，調往柏師。1973年調到官中，三年後轉為考評局中文科科目主任，直至退休。其間就讀官立文商及中大，在中大取得教育文憑、學士及碩士；2014年獲教大頒榮譽院士銜。自1950年代中期擔任葛師校友會常委會委員，2013 年起任主席，現為校友會屬校黃埔小學校董會主席及校監。鑽研粵曲藝術近卅年，以天弼為筆名，著有唱腔專書三種。

　　我自小是個循規蹈矩、腳踏實地的人，高中畢業後即自澳來港，考入師範學校，全是家境與時勢使然。當教師是否適合我的性格，從未仔細想過。

　　自葛師受訓後，我在香港從事教育逾四十年（1954-96），半屬教學半屬考試，各約卅年。教學工作先後是小學、師範及官中；考試工作則在教署考試組及其後獨立的考評局。小學先是循道津小而後是薄扶林官小，六年後得老師賞識而調入柏立基師範學校當導師，其間因轉得學位教師而派往官中任教，再借調入考試組工作，並隨考評局的成立而提早離署，獲局方聘任至退休。

　　教學，無論在小學、中學或師範，都是站在前線的一名教師。在學校教書時，依據科目課程作班級教學，發揮自己的傳意技巧，

重道篇

把課文內容和知識向學生解說；多方導引，教法輕鬆。我自覺在最初教書的兩三年間，已能充份掌握。那年代小學的時間表，語文課每節都註明讀本、默書、說話，每週的作文排在相連兩節。在默書課我喜歡用課外材料讓學生聽寫，部份句子還加插學生曾學過的詞語重組而成，效果不錯；小五級開始寫週記，還用毛筆蘸墨寫作。我常鼓勵學生努力多寫，給他甲等，頗具鼓勵作用。這些手法都是我跟衛寶欽老師學來的。其後我申請在官小任教，兩年多的秋天，便調到師範學校去。

六十年代初，政府繼續擴展小學及初中教育。葛柏兩師日校辦一年制，至年代中期才改二年制，而夜間仍辦在職師訓班。由於導師需求甚殷，我在1960年被調到剛開辦的柏師。十三年間，我在學院以講授小學社會科、初中經公科和中學語文及文學為主。講堂授課着重內容有系統性、示例有啟發性，講課中累積到一些體驗、一些創意。而實習時段的觀課則須運用自身所學，給師範生及夜師學員一些中綮而適切的意見。在學院的講學，是教育理論的建構和教學手法的反省，自身增值不少。當時助理教育官升級的必要條件是中學經驗，於是樂於調往中學去，以補回教學工作的實戰，也是個難得的機會。

我在賽馬會官中教過中國語文三年，獲得很多寶貴的教學經驗。我嘗試中文短段寫作、主題鋪衍，在午間試辦廣播節目、即場演講，使學生突發靈感和出口成章。到中四五注重精講課文，教他們掌握題旨、作答技巧。在中國文學方面，平易的引導、深入的剖析、重點的拿捏、精簡的鋪寫，還把若干答案示例作些評述。學生多能心領神會，結果會考成績輝煌。西人校長特別親撰一函，語多讚許。除了教學以外，我另有一件每天早會講話的任務。每兩週選寫幾則富有道德意味的經典名言，貼在操場當眼之處，向全體學生

重道篇

解說，鼓勵一番。搜羅有關中西哲語不難，而演述生動、靈活多變，才能吸引學生站着聆聽幾分鐘；其中淺釋深意、製造高潮，說話間還示範了一些行文法度。這方面我自覺做出成績。那些年好友搞了個雜誌「新教育」，我把教學心得寫成文章，留下了一些紀錄。

自1976年起，我進入教署考試組，協理中小學會考中文科工作。那年因兒子參加小學會考而免於有關擬題事宜，只做中學會考中文科及中史科；第二年才確定集中在中國語文、中國文學兩科。及後正式轉投考試局，處理本科港大高級程度及中大高等程度入學試，使兩試統整為一。其間與兩大中文系教授、講師等在擬題、審題、閱卷工作上互有切磋，眼界拓闊。身為科目主任，是局方唯一的掌匙人；我要訂計劃、作準備，為考試題目負起全責。科內各卷，相互補足；各卷試題在初擬、琢磨、定稿其間，須細嚼題意內容及所測能力、估計題目深淺、製訂評卷準則，及其後分析信度效度等等。有關試題工作所得的體驗和檢討，則在課程研討會上發表和在科目報告書上總結了。1985年間，我隨高層往北京與對口部門交流，國內官員對我局較開放的擬題制度，感到相當驚訝。這些工作，需要絕對專心，絕對無誤，所承壓力極大。幸好我能寬然處之，竟也捱過二十年。

科目主任的保密工作，也不全是閉門的。開考後的一週內要立刻進行兩重閱卷員會議，一是試卷主席與各助理先作試卷樣本的內部討論，為高中低分的幾等試卷取得一致評卷標準；一是全部閱卷員的大會討論，目的在協調各人的評分準則。中學會考中國語文科的考生人數最多，閱卷員隊伍達百餘人，聯繫及查核工作量相對大得多。遇有欠盡責的閱卷情況則要迅速嚴查，設法作出有效補救。中文科包括幾張試卷，各卷的分項數據及相關係數，必須細心比對

重道篇

189

分析，善於理解及使用。考試的公平性和公正性，不但個人切記緊持，還希望眾多閱卷老師費心悉力——闊月之內閱卷數百。他們詳盡的報告書，甚有參考價值。當然，有關行政程序實賴局方各部門的通力合作，才能達成。而我自己在中文方面的學養，則藉各卷審題小組的專家討論而有所提高。此外，由於參與各程度的評卷工作歷十餘年，對考生作文卷的優劣確有深入理解；如今信手取一段或一篇文章，我都能迅速地欣賞其精妙或指出其錯漏之處。這又得靠個人自修的漢語語法、語意、句構、修辭、風格等書籍。

上面略述我在考評局發展組的工作，揭開一點近乎秘密的處事程序。提起保密，且順道說兩件有關業務的瑣事。原來當時考局沿用其前的製卷辦法——另由專人在密室內用鍵盤為試題打字。而語文科絕密的作文題則須由科目主任親自動手，以減低所涉人數；短短一頁，累得我費一整天時間逐字打成。另一件則是八十年代初期，為應語文界人士要求接納考生用簡體字答題一事而請科委會特別討論，結果通過從寬處理。其他突發特例就不便枚舉了。

隨着考評局的擴展，我在八十年代末曾為籌辦普通話能力測試，做了一兩年開荒工作，負責組織委員會、草擬章程、擬題、運作、檢討等。過程中又結識大專院校另一批專家，充實了我在語音測試的認知，非常珍貴。而最後幾年，曾為科內而設中英兩卷對照的試題文字做些琢磨工夫，也學得不少。我想科目考試的工作，極端嚴謹，表意用字的準確、閱卷評分的細密、及其他有關行政事務的處理，須萬分細心的人方能勝任。尚幸我的處事經驗能隨着年齒漸增而日趨穩重，得以應付裕如。不過，我的辦事方式或因謹小慎微、慢工細貨而成積習，減弱了我在文學和藝術方面的創意與活力。

教育工作，有苦有樂，有張有弛，不論教學或考試皆然。最要

恪守專業，秉持良心。我年輕時樂於教學，活潑得渾身解數；壯年時接受挑戰，勉力而為，抖擻精神，力求精進。我檢討個人性格的發展，由動而靜，由靈活到嚴肅，或許早給教學與考試兩類工作塑造了、助長了。晚年退休，我選擇粵曲作為主要的消遣。唱曲是情感的抒發，是文學形式的視聽表現；參與演出要靈活，而鑽研樂理則要嚴肅，兩者和我的性格又似是一脈相承哩！

1985年隨考試局秘書長陳永照（中）往北京交流，馮祿德（左）及筆者（右）三人留影。

八十年代考試局各行政部門及部份科目主任。前左一筆者，前右一陳永照秘書長、後右四蔡熾昌副秘書長。

重道篇

1982年在教署主辦中學中國文學課程研討會上演講

2012年主持《葛師的歲月》新書發佈會，嘉賓趙蘇麗珍院長（右）及馮翰文副院長（左）。

重道篇

為天主教教會作教育事工

盧鋼鍇先生
(在讀年份：1956-57)

畢業後即投身教育，凡四十餘年。長期在學校工作，歷任教師、校長、校監等職位，後轉任天主教教育事務主教代表。曾任特區政府教育委員會委員、優質教育基金委員、特殊教育委員、校長專業發展小組首任主席、香港學界體育協會副會長等。生平喜愛文學及寫作，鑽研周邦彥詞，又為《公教報》著「莫憑欄」及為明報教育專欄作者。退休後移居美國。

　　葛師畢業那年，適逢瑪利諾神父教會學校在九龍大坑東創校，我和約20位同屆同學一起獲聘在該校任職。學校位處大坑東徙置區，全區都是最早期簡陋的七層大廈，絕大部份學生來自區內窮苦家庭。1957年津貼學校並不多，中、小學同一校舍的更少，小學畢業後學生都希望在同一校舍繼續讀中學。老師們一心一德為學生們爭取好成績，好讓他們升入中學，再入大學，幫助他們脫貧。學生們大都勤奮、純樸，家長們也合作，對教他們兒女的老師特別尊敬、感激。教師教得用心，學生學得認真，升中試成績特別好，也為學校奠定良好聲譽。

　　我在1967年升下午校主任，1971年調派往瑪利諾神父會的另一所博智學校任校長，1973年再調派往瑪利諾神父會歷史最悠久的

重道篇

福德學校。在福德工作了十九年，直至1992年末應胡振中樞機邀請，離開校長崗位，出任教育事務主教代表助理，輔助主教代表Sr. Maria Remedios（李永援修女）。1996年李修女調往羅馬嘉諾撒總會任要職，我以首個平信徒身份出任教育事務主教代表，直至2000年。

在福德學校工作是幸福的事，校舍是瑪利諾會自建的，在東頭村一個小山崗上，某報章曾報道是全港面積最大的小學校舍。校舍美麗得像一座花園，校園內圈是鳳凰木，外圈是四、五十呎高的松樹。學校畢業禮在廣闊的校園內舉行，6月驪歌高唱時，鳳凰花紅得燦爛，與男女學生紅紅的臉龐互相輝映，象徵一個新的里程碑在等候他們邁進。學校下了斜坡，一條馬路之隔就是九龍城寨，學生約有三成來自城寨，城寨的居住環境頗差，品流也複雜，但無礙他們成為一個好孩子，好學生。我幸運有一群經驗豐富而又投入工作的同事，每年小學畢業的學生都能派入好的中學。學校是K6網，網內有很多傳統名校，學生成績在中上的，大都派入喇沙、英華、瑪利諾修院學校、何明華銀禧或聖家等學校，在同區的小學中，派位成績絕對優異。

如果看過1976年香港電台很受歡迎的一套片集《小時候》，你一定驚訝劇集中的校園如此美麗，那正是我們福德校園，香港電台借用校園拍攝長達九個月。瑪利諾神父會是美國教會，美國甘迺迪家族曾捐款興建校舍，所以愛德華甘迺迪訪問香港時特別到福德參觀。在福德學校工作時，我特別注重學生對老師的禮貌，早上第一次碰面時，一定淺淺鞠躬向老師說「早安」；同學間注重友愛互助精神。十九年任職其間，未嘗有學生因輕微的打架或口角而被罰，被老師處罰的多是偶爾欠交功課而已，這要感謝負責訓導的同事不慍不火的循循善誘。中國有一句古話，「家和萬事興」，這概念用

在教學原來也有同樣效果。

1992年我離開福德校長崗位，但仍繼續擔任學校校監。出任教育事務主教代表助理是完全不同性質的工作，全港天主教的中小幼學校共312間，天主教學校內又分教區學校和修會學校。李永援修女是葡萄牙人，待人溫文有禮，處事張弛有度，視野廣闊，跟隨她工作是值得感恩的事。李修女1996年被選為嘉諾撒仁愛女修會世界總會長，統領全世界千多間修院，能者多勞，信非虛語。1996年我獲胡振中樞機委任為教育事務主教代表，接替李永援修女。同年被特區政府委任為教育委員會委員，工作層面着眼全港教育路向，同時參加優質教育基金工作，1999年出任校長專業發展小組首任主席。在主教代表任內，有幾件事值得一提：政府推行母語教學，計劃於中一至中三以母語授課，中四起自由選擇教學語言。胡樞機是支持母語教學的，他有幾句話令我感動。我告知母語教學會招致收生困難，成績好的學生會選擇英語教學的學校，我們會收不到成績好的學生。胡樞機説：「好的學生有人教，我們就教成績差的學生。」這是何等的胸襟，何等的遠見！那時教育署長是余黎青萍女士，她三番四次在我面前盛讚樞機卓見。可惜母語教學這計劃敵不過民情，政府後來准許100間中學以全英語授課，母語教學在家長輕視下被推落邊緣。母語教學構想原本甚好，以母語學習知識肯定容易吸收，節省學習時間，將節省下來的時間加強英語訓練，藉此提高英文程度。可惜領會此兩利的決策者不多，加上家長以為母語教學必拉低英文水準，影響入大學機會，因此以失敗告終，誠憾事也。

第二件事值得一提的是「內地來港學生停車場式計劃」：有一段時間，內地來港學生因英文程度及繁體字困擾學習。一個十歲的孩子依年齡應該編入四年級，但他連ABCD都不認識，繁體字似

重道篇

懂非懂，與本地生同在一班，教師甚難兼顧；為此我提出了停車場式計劃，凡來港報讀天主教教區小學的學生，未正式入校前，聚焦教授英文及繁體字，因為密集兩科，進步必快。到程度差不多相近時才編他們入正式班級，類似停車場泊車，先完成的先走，學習較慢的遲走，解決教與學兩方面的困難。計劃獲余黎青萍教育署長支持，另一位更劍及履及的是陳日君輔理主教。我們在深水埗聖方濟各小學和牛池灣聖若瑟小學開設兩所夜校，實踐「內地來港學生停車場式計劃」，兩校共有學生近200人，由胡振中樞機及余青萍署長主持開學儀式。這計劃特別要感謝陳日君主教，他不單開始時協助安排校舍，開學後經常於晚上上課其間探訪學校，與內地學生交談及鼓勵，又於星期日帶學生旅行，或太平山頂，或沙田郊野。他的投入令我動容，他是真正的牧者。他後來獲教宗本篤十六世委任樞機，我夫婦二人特別從美國到梵蒂岡祝賀他。

我和陳樞機合作機會很多，另一項值得提及的應是法團校董會，我和他都反對將學校校董會獨立於辦學團體之外。將學校改變為獨立法人團體，政府有他的理由，一來是一些小型辦學團體如街坊會或商會屬下學校頻頻出事，或涉商業利益（如書簿費、校車），或涉人事糾紛（如任用私人、裙帶關係），社會輿論要求改革，校董會加入教師、家長代表，增加民主成份。沒有一個制度是完美無瑕的，但大辦學團體如天主教會三百多屬校，聖公會亦過百，累積過百年辦學經驗，成績斑斑可考，雖然仍擁有委任六成校董權力，但將行之有效的制度改弦易轍，終究不是好事。陳日君樞機和我之所以反對學校變法人團體，是預見學校獨立後，缺乏百多年累積的凝聚力，不能將五育功能發揮極致。2000年我退休了，而陳日君樞機繼續在這問題和政府周旋，結果事與願違。

移民美國二十年，仍心繫香港教育，畢竟那是四十多年的事工！

重道篇

瑪利諾神父教會自建的福德學校

東頭村小山崗上的花園校舍

筆者夫婦在為友人所題招牌前攝

重道篇

每年11月11日，第六屆同學必有聚會。左起前排：李宗澍、劉琼春、何玉琴、陳佩玢；
後排：李百強、韋振煊、唐玉麒、戴景灝、何萬森、華任復。

左起：曾宏傑、張先生、
金華芝、華任復、譚樹培。

左起：戴景灝、
尤初哲、莫潤釗、
呂敬寬、王淑雲。

重道篇

人生路上毋忘與教育同行

鄧福泉先生

(在讀年份：1956-57)

曾在本港津小、津中、政府夜中及私校任教。後赴加拿大進修，五年間在大學取得兩學位，主修特殊及智障教育。返港後任特殊津校校長、社福機構總幹事。在港大完成碩士後，即為港大開班講授有關智障服務課程，旋獲選為亞洲區聯會主席。其後轉投商界，在李錦記集團服務，職位升至總經理及董事局顧問；為集團在國內興學建校，培育人才。

　　我年近米壽，人生中經歷過三次退休，半與教育半與商務有關。葛師受訓已是六十多年前的事了。投身教育是我個人事業的起點，在葛師學到有關教育的理論，直接影響我的工作、事業和使命。

　　回憶過往，我的小學學習階段，印象模糊。只記得曾在聖類斯讀過書，每天如常上課；望着窗外，聽到叫賣晚報的聲音傳入課室，便知道快要放學，精神為之一振。那時是日治時代，當年三年零八個月都在恐懼中活着，每天父親上班，都擔心他是否有命歸來。我的小學畢業，應在二戰結束之後。當時家境和個人成績使我沒法進入名校，幸好父親在會督府裏當信差，才使我插入一間男女中學的屬校讀下午班。中學生活十分平淡，較有印象的便是週六的

重道篇

課後活動，稍舒一下身心。上午放學後，我便跟一些頑皮書友跑到附近的娛樂戲院，坐在路旁鐵欄看女仔，算是少年常情。升上中學，盡些努力，成績還是平平。那時英中會考開辦不久，循例參加考試，其中物理及化學科要通過實驗。考試那天我緊張過度，手忙腳亂；其他考生做好離開而我仍未完成。那監考官也不耐煩，對我說：「你走罷，餘下的由我搞啦。」離開時我估計該科一定不及格，怎料竟拿到C級（良好），真是幸運之極。

六零年代香港祇得一所大學，學位甚少。如非班中尖子或出身富有，只能做留學生。我雖有志氣，但財力不足，所以在葛師受訓而取得教師資格後，在小學教了三年，儲備了多少銀兩，再加上親友資肋，終於可以遠赴加拿大升學去。我在加拿大苦讀五年，從未有錢買票回港，從未打過一次長電；讀過四間大學，取得兩個學位，還有一個五級教師證。

那年代到海外讀書，是件難事，我想費些篇幅一談。首先我選擇的是全加最便宜而位於加拿大最東的英皇子島，一年後轉往加國最大的多倫多大學完成第一個學位；隨即申請在加東的省立大學研究院，但不獲接納，理由是我並無任何在加國的教學經歷。幾經辛苦，才找得一家小型的在省大校園內的大學把我收留；住的是省立大學的宿舍，部份課程也在省大上課。說來也真奇妙，幸運之神竟在這關鍵時刻眷顧我，這一回是研究院的學期考試。我自問讀書之材只屬中等，但忽然一朝奮發，竟然每科成績都在九十分以上。這不但驚震了整個宿舍的同學，也驚動了省大的教育學院。院長竟降貴約我，問及會否轉回省大完成學位。對我來說，這當然是求之不得，便答允補回實習，修畢課程。回想當年面對第十三班頑童們的教學實習，確是苦不堪言；他們肆意在課堂搗亂，翻檯倒椅，互拋雜物，就如薛尼波特一套電影，那兩個星期長得度日如年。我為此

重道篇

請教過任教老師，他只說方法有二：一是戴耳塞，二是鬥聲大。幸好院長對我關照，實習其間派人接送，為我解難。回港後我再到港大研究院進修特殊教育，這對我後來在港投身智障教育有很大的幫助。

回頭要補述赴加前在港教書的片段。葛師畢業後，我們第六屆同學十多人加入了一所新辦的學校當教師，煞是熱鬧。那是一所由瑪利諾神父主理的教會學校，校址在九龍大坑東，其辦學理念是為窮苦學生提供優質教育；大坑東徙置區當時是本港最貧窮的地區之一，而抬頭上望則是富貴人家又一村。該會同時辦有中學與小學，中學分中英文班，小學分上下午制。我任教的小學部，同事中有不少來自國內的資深教師。服務了三年，我才往加國，回港後在原教會的中學部教了四年。那年剛好有一間智障服務機構登報招聘校長，我仗膽投函申請，竟獲會見而得接納。

當時我這個所謂校長，可說是全港最霉的一個。一般人都猜想校長應有個辦公室，撰寫文件和會見人客罷。但我只能借用教堂活動室上的舞台，設一張小枱就算。此外，我要和幾位老師在上午到堅尼地道上課，下午則到尖沙咀一處教堂上課，兩地奔波，而薪金只得一份。不過當時大家都不介意，覺得做開荒牛甚有意義。一年多後，機構將我調入總部做總幹事，職責在發展特殊教育，一份極具挑戰性的任務。1969年本港的智障服務，只算起步，專業人士甚少；市民對智障概念亦無認識。幸得機構的管委會成員支持，工作開展尚稱順利。我致力在以下三方面去發展：一、宣傳對智障的認識及對智障服務的需要；二、爭取政府對智障服務的支持；三、協助非牟利機構發展智障服務。為了這件事工的民眾教育，我經常在電台、電視台講話，接受報章雜誌的訪問，又到大專院校、扶輪會、醫務團體等作宣傳。此外，我還要安排時間去參加有關志願團

重道篇

體的會議，包括明愛、保良、東華、心光等，協助他們成立智障服務。我也經常代表香港到亞洲區及其他地區開會，把外國的學術觀點和發展途徑回報政府及有關單位。事實上，智障服務所急需解決的問題，就是專業人員的培訓。為此我獲推介在港大校外課程開設訓練班，一教就教了十年，學員包括在職的前線服務人員、醫生、護士、家長等等。

在智障服務機構工作十三年，為機構建立了13間特殊學校，曾透過與香港社會服務聯會、社會福利署、教育署等部門合作，完成了第一部香港傷殘服務白皮書，保障了傷殘人士在教育、工作及其他需要的權利。

我在社福界的服務及工作，幸獲業界認同，一眾推舉我代表香港，被選為亞洲區智障服務聯會主席。1982年退下來時，我覺得還可以找機會去擴闊我的人生視野、豐富我的人生體驗。經過多方考慮，我加入了一個與教育、社福無關的商業集團——李錦記有限公司。該集團主要營運兩項業務：中式調味品及中草藥康健產品，都是公司自己所生產及銷售的，前者已有百多年歷史，產品遍及百多個國家，兩項業務各有員工逾五千人。

當初加入集團時，公司規模仍小，員工不足一百，所以甚麼工作都得參與，包括在海洋公園推介調味品。我由總幹事變做小賣員，反覺得十分有趣。在集團工作三十多年，為了公司的發展而出謀獻策，晉升至經理、總經理及董事局顧問。由於我出身於教育，教過徙置區學生，照顧過特殊學童，又曾在海外進修，故集團委我以重任。我便為集團在教育事務方面逐步開展；先在珠海辦一間紀念小學，稍後在新會辦一間文化中學，其後陸續在各地成立多所希望小學。為了校政有效運作，我親自主持每月的例會，提出適切建議。為優化教學素質，我特別注重中學生的論辯思維、探求真理，

在江門地區推行校際或區際辯論比賽；還選派優勝隊伍來港交流。這些大型活動已成為地區之間的教育大事，成績卓著。九十年代，更代表集團為參加北京清華大學籌建醫學院，並為學院捐贈圖書館，我也多次陪同集團董事到校演講及訪談，使內地各界人士分享我集團「造福社會，共享成果」的衷心。

在漫長的工作生涯中，應付過很多挑戰，是以心裏常存感恩。年輕時當老師是備課、上堂、出題、改卷，操場當值、填寫報告，那是一份職業。到了有機會發展智障教育，我開始領悟到職業和事業的分別。是故我常在與老師講話時，分析職業及事業兩概念不同之處。兩者都可有目標、有夢想；但前者可能把重點多放在個人利益，而後者則應放在自身以外，以大我為目標。例如如何教好學生，使他們成為追求真理、樂於助人，有正義感的良好公民。我曾對一間新建成的學校領導層和老師們說，我對學校的基本期望是：學校須培養出奉公守法的公民，其次才是學科成績。總括而言，我認為任何人都應當做一個對社會有貢獻的人。我們不一定要做到雷鋒的移風易俗，最低限度要能以身作則，為後輩樹立一個良好榜樣。

本篇文題首四字為「人生路上」，我的確誠意地將我個人以「教育」為起點的一生侃侃而談。因從商而取得貢獻教育的機會，不忘本分，興學育人，永遠與教育「同行」。我相信很多我的師範老師和校友們，在香港教育服務的幾十年間，各人都走過不同的人生路；大家把自己的經歷拿出來一同分享，對後學應是極具意義的。

重道篇

1981年筆者獲菲律賓國家智
障服務協會在香港參加研討
會後贈感謝狀

1990年中，李錦記集團為新會中學及公司合辦運動會，筆者接受
小記者採訪。

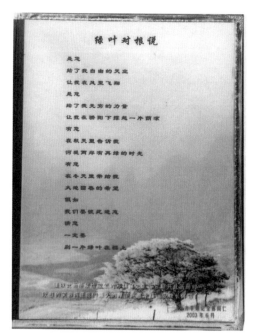

千禧年初，總公司全體員工送筆者畫冊及送別詩。

2004年因主持兩岸四地由廣東省殘疾人聯合會的
康復論壇而獲紀念狀

驛站師緣葛師始

陳炳藻先生
(在讀年份：1958-59)

葛師受訓，在中大新亞取得文學士後，赴美深造，獲寶齡郡州立大學教育行政管理碩士、威斯康辛大學文學博士和圖書館管理學碩士，中國西北大學榮譽教授。任教於美國愛荷華大學至退休，1996-99應香港教育學院之聘，回港任首席講師及中文系系主任。現居於阿里桑那州。學術著作有：The Authorship of The Dream of The Red Chamber: Based On A Computerized Statistical Study Of Its Vocabulary.《西方文論視野下的中國小說研究》；短篇小說創作結集有《就那麼一點黯紅》和《投影》。

東坡先生有詩云：「人生到處知何似，應似飛鴻踏雪泥。」

對我而言，現實的人生旅程卻像是由一個一個的驛站串連組成的，人從第一站開始，在生路歷程上，難免都會有芙蓉花開、緣聚緣散、抽刀斷水的日子；離開佛學哲理來看，人生的境界多半達不到「雪泥鴻爪」那樣的超逸和瀟灑了。

優良老師的薰陶，讓自小沉默的我願意長大後在教育界服務。在元朗中學會考畢業後，我考進了當時的葛量洪師範學院，這就是我投身教育的第一個驛站。

記憶中，那年的葛師，有三百名同學左右。我們共修的課程，跟教學法和教育理論有關的科目有：中文、社會、算術等，大家濟濟一堂，都在大講堂上課；專修的課程有英文、音樂、美術等；不

重道篇

是英文專業的學員，都要修一年的英文；還有每週一次的音樂欣賞，學生都得上。那時的學風很好，學生上課時都默默地聽老師講課和寫筆記，近乎鴉雀無聲，連偶爾傳遞紙條的舉動都會讓導師看到，尷尬得很。

想當年，我們都那麼年輕，帶着一抹少年不識愁滋味的喜悅，學着如何去當一位可作模範的老師；每天穿得整整齊齊地去上課；同學來自港九著名英文書院者甚多，也有少數是來自金文泰和元朗中學這兩所官立中文中學和其他學校的；掌管訓育的導師非常嚴格，往往上課前就站在學院大門進口處，檢視同學們的衣着打扮。雖然功課繁忙，學生們還是有很多時間自由活動的，如玩排球、打籃球、乒乓球和羽毛球等。校方也舉辦了一些不定期性的聯誼聚會，包括了聖誕舞會。

在葛師，學員除了聽課以外，實習教學之前，印象最深的，而且覺得效果最好的，我個人認為就是校方安排了上一屆教學優秀的學員，給我們做各必修科目的實況教學，隔壁循道小學的學生很規矩地過來上課。從理論轉到教學，那幾位師兄師姐們，把五段教學法揮灑自如地施展出來；課後，導師們把教學要訣逐一闡釋，印證理論。從此以後，這種教學法烙定了我日後從事教學的楷模。無論是在小學或是很多年後在大學的課堂上，我一直都沿用和活用五段教學法。當然，按照科目的性質和課題的內容，隨時可以超越五段，即使是講演式的表述，示範性的技巧，都可與電腦配合，達致理想的效果。特別在現代語言的教學上，由於此教學法建基於學習者的認知與吸收的過程，使依書照讀的古舊教學法完全失色。後來我寫的一本題為《對外漢語教學：視覺刺激反應法的實施及外語教學法簡介》，內容就是把常用的各種外語教學法和活用五段教學法雙體並論而成篇的。

重道篇

　　葛師以後，我先後在九龍城的福德小學和在樂富官小下午任職。1964年，中大成立並首次招生。在元朗光明小學教書的三弟炳星，是葛師第九屆畢業，他約我一同報考，加緊溫習。就這樣，我們獲得了錄取，分別進入新亞和崇基，同選中文系。四年其間，我們都是全職的小學老師和全時讀書的大學生，我上午讀書，下午教書；炳星得到陳可新校長的勉勵和理解，遷就地讓他先把修讀的課選好了，再編排教書的時間。那時小學老師每週約教三十八節課，我竟修讀了一百四十個學分；教、學兩忙，透不過氣。

　　中大新亞書院中文系的教授們，非常體諒學子苦學之心，系主任潘重規教授，更在編排課表時，盡量地把一些必修的課，安排在上午或者是禮拜六的下午授課。這一類的必修課中，我最得益的有潘重規教授的「文字學」與「文心雕龍」、莫可非教授的「漢書」、梅應運教授的「中國文學史」、程兆熊教授的「莊子」、何敬群教授的「詞選」，和我自小就仰慕的徐訏教授的「中國現代小說史」等等；此外我非常喜歡選自英文系的「短篇小說評讀」。潘教授真是我的恩師，有了他那份對學生的摯愛和教育的虔誠，我才能在中大四年裏全工全讀地考完了學位試，並且由於考得優異，增進了我對自己力求深造的信心；通過了「托福」考試後，我便準備行裝，遠赴美國。

　　我和葛師同屆的唐秀基都是得到了獎學金到美國念研究院的，我們在三藩市相聚，某天在華埠運河街一家雲吞麵店小喫，那帶着笑容的店主，走過來打招呼，知道了我們是來念書的，便說那頓小喫他做東。我看着他面善，一問之下，原來是香港名伶黃超武，他和明星太太周坤玲經營這家店子，後來我們也看到當年的紅星李麗華和嚴俊夫婦逛街。一個禮拜後，1968年9月初，秀基飛往加州的洛杉磯大學；我往中西部飛，抵達了俄亥俄州的寶齡郡州立大學，

重道篇

修讀教育行政管理碩士。大學祇有一萬六千名學生，從東亞來的共三十個，數學系一位李教授為我們組織了個同學聯誼會，希望能讓大家減少一些異鄉的寂寥，困難時互助互勉；現在想起他來，心裏感激。我這個專業很多課都在傍晚上，主要是因為選課的學生幾乎都是在職的中小學校長、副校長、學生輔導主任等，其中有些課是博士生和碩士生一同上的。不少的課，教授都空出一段時間，用討論方式，讓這些在職教育工作者提出他們在學校管理碰到的難題，讓大家參與謀求解決的方法，非常實用。我和來自巴西的荷露伊莎是班上唯二的外國學生，常會被問到我們本地學校的情況。大學是學季制，每學年三季。暑假沒課，我便往紐約長島表親開的中國飯館幫忙；為了參加下一學季的碩士考試，工餘就提前準備功課。這段時期，就是我重要的第二個驛站。

1970年春天，我獲得威斯康辛大學的獎學金，修讀文學博士，並且趁機也選了圖書館管理學的碩士課程，雙管齊下，忙得不亦樂乎。威大學生人數近四萬，其中來自台灣、新加坡和香港的研究生不少，我認識了好幾位從中大來的，其中包括了現在香港新聞界有名的梁天偉教授。在威大的第一個暑假，美國大學生為了反越戰示威，校方不開課，我於是再飛到紐約做暑期工。有一天休假，就到紐約市第六街的時代廣場觀光，赫然迎面來了中大的同窗好友黃維樑。偌大的異鄉，我們竟能不期而遇，興奮之情，難以形容。維樑原來已經在奧克拉荷馬州大學修完了課，正在寫他的碩士論文，之後便到俄亥俄州立大學念文學博士去。

我在威大博士考核的第二關時，得到委員會認准我的論文提綱後，就開始尋找教職，幸運地在紐約州立大學的石溪分校當上了代課講師，一面教書，一面寫論文。其時，得過諾貝爾獎的物理學家楊振寧博士也在同校任職，他讓我給當地的華人團體做了兩次我研

究《紅樓夢》的專題講話，那是我在美國首兩次公開的學術演講。後來，幾經轉職，我到了愛荷華大學，獲得終身教職。1980年在威斯康辛大學召開的第一屆國際《紅樓夢》研討會上，我被邀請發表論文，由於我的《紅樓夢》研究是依靠電腦作為計算機，以人工抽樣取八萬個辭彙，加上統計學的理論和程式，去推論作者是否多元的問題；這種科學分析法，大異於一般傳統採用的方式，是以頗受矚目，會後，大陸的文學雜誌與中、港的報章都有報道，甚且有命名為「電腦紅學」者。會上，我再見到從台灣遠來參會的恩師潘重規教授，並為潘教授在大會開幕致辭當翻譯。師生在異國重逢，我感激又感嘆。

1996年春天，我應聘回港為香港教育學院服務，任首席講師和中文系系主任，看到了教育署已能為在職的中小學老師們提供了帶薪假期去進修的機制，教育學院配合政策，為學員們開辦了多元化的課程，我深為香港的老師們慶幸。當時教院正為升格為四年制大學作籌備，大量展開新課程單元的編寫，以應校外評審會鑒定；我也從參與這個高難度的建科工程得到非常寶貴的經驗，最終使我感到這是我服務教育界以來，幹得最起勁和最有成就感的工作。服務了三年半，我辭職回美，一直遙祝教院能順利通過晉升為四年制的大學。執筆書寫此文之時，香港幾年前已經有了這所新的教育大學了。

人生的驛站延綿，與生活共存。驀然回首，在教育界沉浸多年，自問尚能遵循先父在我小學畢業那年的紀念冊寫上了「教、學、做、合一」的訓誡。心在自在，我對從學過的好老師，誠存敬謝。

重道篇

1996 年在教院 與選課的科主任學員聚餐。前排右起第一人為筆者。

與許美德校長（右）重晤（2002）

教大中文系同事與學員合照於1998年，講師前排左起：張永德、李孝聰、蘇潔玉、李玉梅、陳炳藻系主任、許美德校長、梁子勤（前語文教育學院院長）、何國祥副系主任、潘銘燊、謝家浩、姜貝玲。

重道篇

由葛師起談我的二三事

劉筱基女士

(在讀年份：1960-61)

葛師受訓後，即在聖公會基信小學任教，課餘修讀官立文商。81年晉升為聖紀文下午校校長，五年後調掌上午校。88年調派奉基小學為創校校長直至退休。其間曾任九龍城區校長聯絡委員會主席、津貼小學議會副主席、敬師運動委員會主席、香港學界體育聯會九龍東區分會主席。自幼在基督教學校讀書及教學，故退休後事奉教會。

　　1960年我入讀葛師，那年剛好是柏師創校，和我一起考師範的同學都編到柏師去，只有我因為選修音樂，因柏師尚未開辦此科而留在葛師，過着孤單的一年！幸而開課兩星期的聯誼週，我認識到一些新同學，而柏師在搬往新校址前，兩校暫時同在一地上課，所以我也有一段時間見到舊同學，不至有舉目無親的感覺！

　　在葛師給我影響最大的導師要算是葉太了！她給人一種不怒而威的感覺——從不粗聲大氣，但你總得聽她。她對女同學的要求很高，不單在學業成績方面，更着重品德的培養和處事的態度，社交禮儀也是其中重要一環。開學初期，我們都要留在學校午膳，中式的午餐，五餸一湯，男女同學六人圍坐一桌。她規定要待同桌各人放下碗筷，才可離座。這對我是一個艱苦的訓練：因為我是個做事

重道篇

慢吞吞的人，吃飯也不例外，開始兩週時，每次我還未吃完半碗飯，男同學都已吃完兩碗，其他女同學也很快停箸，大家都呆坐看我，結果使我就算未飽也不敢添飯！為了吃得飽，我逼得要迅速行動。經苦練了一段時間，不只吃飯快了，做其他事也不再慢吞吞了！這使我的舊同學都感到嘖嘖稱奇，不明白我怎會判若兩人！

葉太對我們的儀容也很着緊，平日上課也要打扮得大方得體：女同學要穿上過膝裙子和半踭皮鞋；到學校實習時更要格外留意！我們要抹上唇膏，使面色不致蒼白。第一次實習時，冬季校服是高叉（用打了風琴褶的布連着）卻不露腿的旗袍，但到第二次實習時，因當時開始流行低叉旗袍，葉太特准由那年春天開始，我們的校服改為低叉旗袍（叉開在膝蓋以下，而免了風琴褶）。

畢業後，我在一間徙置區小學任教了二十年。學生是頑皮了些，不過家長可真非常尊敬老師！那時還未禁止體罰，常聽家長說：「我們不懂得怎樣教自己的兒女，全靠你了，倘若小朋友不聽話，請你狠狠的打吧！」

我初任教時，有個一年級的女學生非常好動，不肯做功課，又不聽勸導，我真的試過打她手心，她卻毫無反應。我請了她的家長來，把情況告訴他，怎知那爸爸一手把她拉過來，翻起她的校服上衣，讓我看她的背部，一面說：「這個女兒真是頑劣不堪，你看，要打成這個樣子才會聽話的！」看着她背上那斑駁的籐條印，我不敢作聲。我明白輕打手心為甚麼不管用了；身為教師，只好提出我的意見：可試用一個較溫柔的方式去了解她、勸導她！

在任教的第卅一年，我調升到屬會的另一間小學任下午部校長。雖然在教育署的編制，上下午部兩校獨立，但在我們的辦學團體是採用了師徒制，即資歷較深的上午部校長是新入職的下午部校長的師傅，徒弟當然要聽從師傅的指導啦。

重道篇

　　面對新環境少不免有些緊張，尤其傳聞上午部校長是一個十分嚴苛、常指斥下屬的人！不過傳說未必是真，我們相處得相當融洽，師傅雖未至於和藹可親，但從未對我疾言厲色；更值得欣慰的是上下午部的主任都樂意助我一臂之力，為我解決新環境所面對的問題。同事之間亦無分彼此，合作無間，大家同為擴展下午部而努力，終於成為兩部全滿的學校。師傅退休後我接任了上午部校長，新的下午部校長英明能幹，是一位易於合拍的夥伴。

　　這時學校規例開始嚴禁體罰，就如前面說過：校長授權一位老師作體罰的做法也不可施行，但畢竟體罰對一些資深的認真老師來說，還是很難避免的。有一次，一位嚴謹的女老師為了一個屢勸不改而給家長袒護的學生，動起肝火，拿起間尺打了他一下。事後她曾向我解釋，我提醒她以後不要再犯，不過也叫她不必擔心，靜觀其變罷。果然那天下午，學生的媽媽便來見我，她一面笑容、非常體諒地說：「我明白老師打我兒子是為他好，我不會追究，不過這始終是個不當行為，只要你請老師寫封道歉信給我就算了。」我告訴她我已見過當事老師，了解詳情，已提醒她不應再犯，我正式代表老師向她道歉，但一定不會要老師寫道歉信。她很有風度地點一點頭便走了！

　　不料她走後不久，便有警員來請我去鄰近一警署問話，我到了那兒，只見女士已在。原來她早前帶兒子到醫院驗傷，但醫院報告是除了淺淺的一度紅印外，並無表面傷痕；她去報警，但警方認為證據不足，所以她才來找我要老師的道歉信，好作證據。在警署擾攘了一會，警察都勸她說：「老師打你的兒子，目的是教好你的兒子；而且他根本沒有受傷，你又何必咄咄逼人呢！」她才悻悻然離去。這是三十多年前的老差骨才會有這種尊師重道的想法。時至今日，恐怕我和那位老師都遭控告了！

重道篇

上世紀八十年代末期，全港掀起了移民潮，那年聽説教會要開辦一間新校，大家都在猜測誰會是新校的開荒牛。一天我接到校管高層人士的電話，她劈頭就問：「你會移民嗎？」我回答説從沒考慮過；跟着她問：「最近你身體如何？有嚴重的病患嗎？」我説沒有。她就很高興地説：「那就好了，你去新校吧！」這兩句率直的答語，竟滿足了上層任命的決定。

　　正式接到委任為新校校長是在4月初，開課日期是同年的9月，得到的資料是教署已把「一所新校」放在當年的小一選校表內，但不知有多少人會選上，一切要等教署的安排；但二年級以上的新生就要由新校自己招收了。我找個空檔按址去察看新校，只見一個在興建中的大型屋苑地盤，落成入伙不過三數星期，我在周圍找了好一會，才見到一座搭着棚、未平頂，類似學校的建築物！我登時冷了一截，距離開課只有五個月，但連校舍還未落成，雖然教署答應會派四班一年級給上午校，但其他班級的學生，我們如何招來呢？

　　幸而屋苑的發展商容許我們把招生單張放進住戶的信箱內，但是入學試就要借助我當時任教的學校舉行。而在人手方面，只有一個將調升做新下午部校長的一位主任，他要在自己學校放學後，才能到我校商討有關事務。多虧他和我原校的主任和老師大力襄助，這事我到現在還是感激於心的。結果二至五年級只收到七班學生，於是全校合共十一班；教師方面，連同我和唯一的主任共十四人，校工只得兩位！

　　八月中新校是落成了，但在8月30日才發出入伙紙，之前我們只獲准把課室和辦公室的傢具搬進學校，其餘工作不得在校舍進行，所以在新生家長日前的一天，校長、老師、工友一同清潔校舍：抹風扇、抹桌椅、拖地板、洗廁所……雖然忙碌了整天，但大

家都有着一起打掃新家的溫暖感覺！

學校翌年開設了下午部，校長仍是我的最佳拍檔。開校幾年，我每學期初都要拿着新生報名表去教育署申請開班，為免引致同區學校縮班，分區主任會逐表審閱；而在區內就讀小學的不在考慮之列、不在本區居住的亦只是勉強考慮，能夠開班的條件相當嚴苛。幸而當時屋苑內各期樓宇相繼落成，帶來了不少新的適齡學童。在全體同事努力之下，學校經過重重困難，不久便擴展成為上、下午部各廿四班的學校！

我初出茅廬時，和很多年輕人一樣，以為自己或有過人之長，總覺得自己做甚麼都會比別人好。到我做了校長之後，視野擴闊了，深感自己的不足，不得不虛心向人請教，其間我遇到很多好同事和老前輩，給我無限的支持和鼓勵。在上主恩手的帶領下，工作順利，直到退休。至今離開學校倏忽又十多年，看到昔日的小學畢業生都已成材，不禁老懷大慰！

第十屆同學畢業50週年與郭鄭蘊檀老師合照（2011）前排左六郭太，左一筆者。

重道篇

左起：伍美恩、陳婉真、筆者、陳麗妍、郭麗英與郭鄭蘊檀老師及張榮冕夫人合照（2007）。

賀郭鄭蘊檀老師九十大壽，左起：郭麗英、筆者、龍寶雲、郭太、陳麗妍（2011）。

重道篇

一切從葛師說起

譚錫麟先生

(在讀年份：1960-61)

葛師畢業，中文大學文學士。曾接受英國倫敦CETO電視製作課程。歷任官小、官中教師，教署視學處督學、電視教育組編導和編製、羅師中文系主任暨首席講師。兼任官立夜中學中心主任，協助教署升中試、中三評核試、中學會考、考評局中學會考中史科工作，又兼任校際朗誦節、全港青年學藝比賽評判及顧問等職。

　　我是葛師第十屆的一位學員。我能有幸從事教育工作，負起「傳道、受業、解惑」的重任，實拜葛師所賜，他替我決定了一生該走的路。

　　教學不單是一種職業，更是一份理想。我投考葛師和獲得取錄，可說是上天給我的最大禮物，我得感恩。我生長在一個兒女眾多的貧苦家庭，雖排行最小，卻從沒有享受過「蘊仔拉心肝」的幸福。戰後的香港，物資貧乏，百廢待興，兄長們都自少失學，投身社會，幹着學徒或無牌小販工作，負責養家，所以我不敢奢望有讀中學的機會，只望日後也當上學徒，有一技防身，已屬萬幸。

　　1953年，該升讀小學五年級了；這時兄長告訴我，他們快要成家立室，再沒有能力供我繼續念書，晴天霹靂；我正感徬徨之際，

重道篇

一位任職於華民政務司署文員的父執輩竟肯推薦我進入一所教會辦的工業學校讀書，包括寄宿等費用，都有善長贊助，真是喜出望外，一方面有繼續讀書的機會，也可完成我當學徒和技工的心願。

在工業學校裏，除一般的中、小學課程外，中學還得選修一項工業技能訓練，我選的是電機機械，希望畢業後到工務局當技工。可是中五那年，副校長華近禮神父（Rev Fr. D. Martin）問我可有興趣投考師範？當時我對教育工作缺乏認識，自幼更受「唔窮唔教學」俚語的影響，目睹我的啟蒙老師——一位老中醫兼任私塾（卜卜齋）教師的辛勞，生活異常清苦。就算我就讀正規小學的三年裏，我是個特別生，所謂特別生，就是做超額學生，學費略為廉宜，有教署的視學官員到校視察，超額學生要走避天台，那時營運私校的辛酸可想而知。當時香港的一般工資，月薪只有兩三百元，但華神父告訴我，讀畢師範，入職官、津、補學校起薪點是文員和技工等的兩倍多，況且在師範受訓其間也有生活津貼，在金錢的角度言，豈不是非常吸引？但問題來了，報考師範，一般需要會考合格證書，但我就讀的工業學校，當年還沒有參加中學會考，資格成疑。幸好葛師的張榮冕院長對我網開一面，准予報考，最後還取錄了我，張院長不就是我的恩師！

在葛師就讀其間的學習生活，在《葛師的歲月》第一冊裏學長們已多加闡述，這裏不贅；但經過學院導師的薰陶和兩次的教學實習，我開始愛上了教育工作，更認定是我的終生理想職業。學年完結，我有幸地得教署聘用，當起官立小學教師，從此薪金穩定，雖不會像從事工商界人士的大富大貴，但足以養妻活兒；況且見到學生們學有所成，心中的滿足是難以言喻的。半個世紀過去了，不少同學還跟我有聯繫，更獲得他們的尊敬，又豈是物質收穫豐裕與否可比？

重道篇

　　葛師對我的恩澤不單如此，我被派往的官小，同事們都非常奮發，特別是男同事，十之八九都在課餘時間繼續進修。我受了他們的感染也不例外。當年香港中文大學剛剛成立，我竟不自量力的想報名投考，但問題又來了，報考中大，條件是要修畢中六課程，我那來這資歷？這次葛師又救了我，中大的「統一入學考試」承認我接受的師範教育等同完成中六課程，讓我過關了。中大的四年教育，不單豐富了我的學養，還擴闊了我從事教育的範疇，推源究始，是拜葛師的恩賜。

　　我在教署工作三十一年，除了在中小學當教師外，其餘督學、電視編導編製、羅師系主任、官立夜中主任、各級考試和各類評判等，均屬教學專業與教育行政合併的範疇。其中以出任教育電視的機會最為難得和富有新意。

　　我被邀加入教育電視組也是一種機緣。1968年夏天，中大姚克教授推薦我出任當年由教署音樂視學組主辦的校際音樂及朗誦節評判工作，完結後獲助理教育司許瑜先生（Mr. C. Haye）和高級教育官孫秉樞先生約見，説教育電視組即將成立，正物色工作人手。我告知他們，我的最大興趣是面對學生的直接教學；但孫先生告訴我，面授教導的機會常有，但透過嶄新的科技教學機會卻千載難逢。結果我離開了官校，踏進教育工作的新旅程。

　　今年是教育電視啟播的金禧年，可惜也是教育電視製作新節目的最後一年，所以我想趁此機會作一次簡短的回憶。

　　教署的教育電視組成立於1968年，經兩年的籌備，包括員工的招募和培訓、課程的選定、製作中心的興建等等，電視節目終於1970年首播，分別有中、英、數、社四科。從小學三年級開始，按年遞升至小學六年級。節目採直接教學模式，按教署頒佈的各科課程製作，每個十五分鐘，學生在上課時透過無綫電視和亞洲電視頻

重道篇

道直接收看，配合我們編寫的教師手冊和學生手冊建議和練習，完成三十五分鐘的一個完整教節。

始創其間，每科負責製作的編導有兩位，合共八位，來自葛師的竟佔三員，幾達半數，可見葛師的培訓和教育電視節目的製作也有一定的淵源。

1976年，教育電視擴展至中學。由這一年開始，我們跟香港電台電視部合作，我們的職責也從編導轉為編製，負責編寫節目的內容和表達方式，節目製作則由港台負責。至八十年代中葉，電視錄影機普及，學生收看節目時間更為靈活，且香港實施普及教育多年，師資問題解決，教育電視節目也從直接教學轉為補充教學模式。

我在教育電視組工作了十五年，由編導到編製，當中有苦有樂，但最令我懷緬的還是當編導的六年。回想上世紀六十年代，教育尚未普及，師資培訓未足，教育電視便肩負了多項使命：

要增加學生的學習興趣：擺脫聽、講的傳統教學模式，製作多元化，我便為小學生製作動畫。《快樂王子》是我編導的一個節目，不要小覷動畫製作，當時的美術部只有員工四人，設備更沒有今日的先進，要在膠片上逐張繪畫，辛苦可知。我也曾嘗試「聽歌學語文」，透過民歌的欣賞，向中學生進行語法修辭教學，效果不錯，學生的學習動機和興趣都得以提升。

令少數的專才在短時間內廣泛地嘉惠學子，改善教學質素：為此我曾多次邀請書法名家現身說法，指導學生寫字的正確方法；又舉辦全港小學書法比賽作課後延續。我更邀得朗誦節評判，以切磋的心態跟老師研討朗誦藝術，並推動說話教學，反應良佳。

從節目播出後的成效檢討，推動課程的更新和改革。可惜這一使命成績不大顯著，20世紀末期教署的課程曾多番改革，但跟教育

重道篇

電視可有關係？我已退休並離開香港，沒機會跟進了。

綜觀我上半生從事教育工作，始於葛師，終於羅師，都和師資培訓有關，是巧合？是上天的刻意安排？我總得再向葛師，特別是向張榮冕院長說聲謝謝！

1968年教育電視組成立時的主管、編導和電視教師。

重道篇

教育電視節目在製作中

書法比賽的優勝者，
後立者為許瑜及筆者。

重道篇

我的數學教育歲月

盧樸川先生
(在讀年份：1961-62)

在葛師受訓後，即獲派塘尾道官立下午校
任教；其後調往教育署轄下的教育電視中心的
數學組，編寫劇本與教學手冊，且擔任數學科
電視老師。1973-99年間，長期服務於教署輔
導視學處為督學。退休後任出版社顧問。

初為人師的體驗

「算術科的老師，必須把課本中每一道例題都教學生，也要求
學生把課本中的練習做完，以免家長投訴！」校長凝重地吩咐算術
科的教師。1962年9月，初為人師的我，第一次參加校務會議，就
聽到以上校長的指示。

當年的算術教科書內容，其編排比今天的簡單。以「計算」的
課題為例，一課書只有五道例題，包括三道算式題和兩道文字題，
接着便是練習。練習多是六道算式題和四道文字題，這樣便組成一
課了。所以配合以上的教學內容去完成教學並不困難。

教學第二年起，我便被委派任教六年級的中文科和算術科。當

重道篇

年算術科六年級的課程包括不少非常用但計算困難的應用題，如雞兔同籠、順流速、逆流速、時針重疊、成直角等，對教與學兩者而言，都感困難。

由於六年級學生在每年5月要應考升中試，為了讓學生適應在四十五分鐘完成近一百題的試卷，每星期我都要自擬升中試試卷兩份，並油印給學生練習，以熟習試題模式。

那年代學校還沒有影印機。設計作業給學生，只靠把寫了作業的蠟紙放在油印機上刮印出來。製作這些油印用的蠟紙，是先把蠟紙放在一塊鋼板上，然後用針筆在蠟紙上書寫。寫時要力度適中，所發出刺耳的聲音，不甚好受。完成一份約一百題的算術卷，最少要用五張蠟紙，功夫和時間可不少。

教育電視的製作

香港教育電視中心於1971年成立，1973年9月小學三年級教育電視節目正式播映。在學校播放教育電視節目，教育界普遍認為最適宜的科目是地理、生物、美術和音樂。由於公開考試對社會的影響相當大，因此當年首先播放的教育電視科目是中文、英文、數學和社會四個學科。

當年，我除了協助劇本編寫、撰寫教師手冊和學生手冊外，我也擔任了30個數學科節目的電視教師，因而使我學得不少電視節目製作的知識。擔任電視教師的工作與在課室中的教學截然不同。由於拍攝的過程要多方面工作人員的配合，不容許任何差池，所以在完成了五個節目的拍攝後，我因為精神緊張，因而患上胃病。

當年電視教育中心的錄影室只有兩台攝影機、比現時標準少一台，所以拍攝時，出鏡的人與攝影師要緊密配合。再者，在拍攝過

程中，不能停機重拍或進行剪接，因此，一個十五分鐘的節目，要一氣呵成，在場的十多位工作人員不能有任何出錯。基於各種要求和限制，加上數學科是當時第一個進行拍攝的節目，要成功拍攝一個十五分鐘的節目，就足足花了十個鐘頭。

教育電視於1971年9月首播三年級四個科目，學校則按照由教育署頒佈的播放時間表安排學生收看，而教師就進行教育電視教學。以後逐年增加一個年級播放，直至六年級。由於播放節目的年級多了，每週各級播放的節目便相應減少，學校因此在編訂上課時間表時面對不少困難。有見及此，教育署為每間官、津學校在每個課室加裝了錄影機，讓學校把預先錄好的節目，在指定的時間播放給學生觀看。

教育電視節目的內容，除了課本的知識外，還添加了不少課外而又與課程有關的資訊和知識，讓教師和學生得益良多。

督學工作的點滴

我於1973年被委任為輔導視學處數學科督學，負責視學和課程發展工作。1970年代開始，香港小學數學課程進行了不少改革，除了教育電視的成立，教學模式亦因跟隨英國課程推行「活動教學」而帶來很大的改變。

為了推廣新的教學模式，在課程上作調適是需要的。1971年，教育署數學組在課程綱要內刪減了不少繁複的算術項目，以及加上了如長度、容量和重量等度量課題、簡單統計、代數符號和簡易方程式，並把科目的名稱，正式由算術改為數學。

「活動教學」推行初期，提倡「主題教學」——先定出主題，然後在一段時期內，各科把課程相關的教材配合主題而施教，例

重道篇

如：一年級上學期某兩星期的主題是「夏天的海灘」，中英兩科可以教學生認識有關的字詞、串句或作文等；社會科可教學生認識相關的知識及行為；美術和音樂可以分別進行寫生和作曲；數學可以教數數、簡單加減等。

「活動教學」實施過程中，我們發覺數學科基於科目本身的特色必須循序漸進，以致有很多本科的教學內容與「活動教學」的主題未能緊扣。終於我們建議教師把數學科抽離，進行獨立教學。

這段其間，為了設計合適的活動供教師教授不同課題，我們都忙於參考英國的教材，把他們的內容調整到合適香港學生的學習，並且不斷舉辦研討會，讓教師有機會親自動手進行教學活動設計。教育署亦設立了兩個數學教學中心為教師提供教學資源，例如教具、學具和參考書籍。當時的教育政策，是在小學推行「活動教學」，中、英、數三個主要科目因而全力推行。結果在數年間，教育署把「活動教學」在全港小學一至三年級實施。

「活動教學」經過九年的教學實踐，過程中不斷參考外國的經驗，並得到各教育學院的導師、學校的老師的協助下，教育署在1983年頒佈了嶄新的《小學數學科課程綱要（1983）》，課程綱要的目的務求在每一個教學項目中都提供合適的教學活動供老師參考，並附以教學項目的縱向和橫向的教學流程圖。這綱要出版後得到學界的認同和讚許。於是一直沿用至千禧年代，亦是以後各數學課程修訂的藍本。

課程指引的編纂

受到英國課程理念的影響，教育署於1995年推行「目標為本課程」，數學科除教授基本的數學知識外，亦着重學生的學習過程，

發展他們探究、傳意、推理、構思和解決問題的能力；並期望學生透過學習數學提高思考及與人溝通的技巧，從而獲得終身學習的能力。在學習過程中，學生需要更多時間靈活運用知識和技能來進行討論和探究。因此在千禧年間，教育署頒佈了新的課程文件——《小學數學課程指引（小一至小六）（2000）》。當時的教科書配合課程指引的建議，課本內引入「課業」，加強發展學生的傳意和溝通能力。

最新的課程指引《數學教育學習領域課程指引（小一至中六）》在2017年頒佈了。課程要求比以前嚴謹，尤其在圖形的包含關係。教學方面，着重培養學生透過自行用探究的方法找出數理和計算。各出版社編製的課本亦同時備有電子書，使教與學進入電子教學的一個新年代。

上文提及的1983課程綱要和指引的編纂工作，身為督學的我，自然參與其中；所組成的課程委員會或特別小組，我都協作其事。近年有關數學課題的教學研究非常廣闊和深化，形式多樣，角度新穎，真是各擅勝場。這十餘年間，中小學生使用電腦和手機、硬件和軟件去學習，日漸普遍；數學教科書及其所配合的作業，相輔相成。我敢相信：下一代的學校數學教育，因採納先進的方式和方法，必然更具果效。而學生個人循序自學，完成整個數學體系，是指日可待的。

回溯我在1960年代其間的小學數學科的實習和教學，真是一日千里。那時上課第一步熱身活動所用的心算卡或其他教具，恐怕全屬不合時宜了。

重道篇

教育署輔導視學處成立數
學教學中心（1975年）

筆者到校主持工作坊
（1992年）

QAI 觀課後與各科同事共
議視學報告（1998年）

重道篇

談葛師數友和我自己

范　國先生
(在讀年份：1962-63)

葛師畢業。中大中文系學士和哲學碩士，又在中大取得教育文憑和教育碩士學位。發表論文多篇，合著有《廣雅索引》、《廣雅疏證引書索引》、《香港初中學生中文詞彙研究》和《粵語拼音字表》。愛好做語文教學研究。

　　我是葛師第十二屆（1962-63）一年制課程結業的。距今久遠，許多的事都記憶模糊，或全然忘卻。唯當年同學，還留有印象。近年有機會重遇到幾位，閒時不免聊聊舊事新況。下面就以他們為主角，把跟他們的新舊交往事蹟和印象記下來，其中也記了一些葛師當年往事。最後則聊且擔綱，說說自己。

　　蔡養民。入學之初，有分組聯誼活動，蔡兄跟我同組，所以很早便相熟。他和我都住在深水埗，我常到他家串門子。家中只有他媽媽一人，蔡兄侍母至孝，教人欽敬。他是元朗公立中學（官立）畢業生，校長是羅宗熊先生。蔡兄選修手工，結業後，找不到官立和津貼小學教席。蓋因自1951年起，葛師設立一年制師範課程，到我們1962-63那屆，已培育了很多的小學教師，加上羅師多年培訓

重道篇

的，教職似乎已飽和了。我自己當時十分勤發求職信，甚至厚着面皮到一些小學叩門自薦，都落得嗒然失望，結果是教私校——文理英文書院。回說蔡兄，結業後，他也教私校，是中西英文書院。當年我們不少人就是這樣熬過來的。葛師一年結業，不算是畢業，還得滿足兩個條件。一個是教學兩年，另一個是每週回母校進修半天。第二個條件，可用合理理由申請豁免。有天我在蔡兄的家碰到同學李達江兄，我請李兄幫我寫信申請豁免進修。憑那信，我因此得在第一年少上了幾個月的進修班。第二年是選修科的進修班，我上滿了課。最終完成了兩個條件，在1966年領到畢業證書。校長署名，赫然是羅宗熊先生。原來他在1964年，由元中晉升到葛師去。

我重逢蔡兄是在2010年代。得同學石少山兄穿針引線，跟蔡兄再聯絡上。相見時，蔡兄仍是笑容滿臉，一派樂觀。幾十年前對他的印象，一時又翻上來了。

胡煥娟。我和胡同學同屬美術組。在校時，我跟她並沒多交談。及後，跟她相熟是因為大家都是文理英文書院教師。她教中文，曾自製學生補充讀物，以她娟秀的字體，用針筆寫蠟紙，一筆一畫寫了白居易字數繁多的《長恨歌》，印發給學生做教材。她教學是很用心的。胡同學對教室管理也有一手。她當時在學生測驗前，先訂下測驗規則。我依樣葫蘆，發覺很有成效。有一事更要一記。當時教中文，有時會遇到要查生僻字的粵音。提供學術性高，較有權威性的粵音，不是甚麼甚麼字典，而是黃錫凌的《粵音韻彙》。我第一次見到善用那書的，就是胡同學。我從她借來細看，覺得真是不錯，後來也買了一本。但那書查檢極為不便。要查某字字音，得先翻檢字索引，知某字載於某頁後，再要從該頁的幾百字中費力去找，才能知其讀音。1970年代中，我在何東官立女子中學任教。在1976年暑假，我得到多名學生協助，為該書正文部份的各

頁加上坐標，檢字索引部份，則列出每字的相應坐標。這樣一來，查檢字音就大大方便了。與此同時，也做了全書的勘誤，把原書的錯漏補正過來。我把成果無償地交予中華書局。他們很高興地採用。由於書改善了，查檢也大便用者，銷路激增，其後重印了許多版。1996年，蒙關子尹教授之邀，我給他提供了《粵音韻彙》的電子資料檔，由香港中文大學人文學科研究所建立了「黃錫凌《粵音韻彙》電子版」網頁。這樣，在網上或手機上，更易查考粵音了。說回來，我跟《粵音韻彙》結下這個緣，實有賴胡同學當年無意中充當了介紹人。

胡同學一直在文理英文書院任教，更跟同事宋先生結縭。他們一度移民溫哥華，現已回流香港。胡同學的花藝高超，為人讚賞。

李建平。我們結業後，一力承擔聯絡我屆同學重責的是李兄。大家現在都叫他做會長。他建立了我屆whatsapp群組，也先後舉辦了幾次同學聚餐，讓大家可以聯誼敍舊。

他最教人拜服的，是他的超強記憶力。葛師當年許多舊事，他都能如數家珍。現特轉述三則，跟大家懷舊一番。

「當時上學時，是要簽到的。若是遲到，因為簽名的名牌收了去學校訓導主任葉梁寶祿導師的辦公室，犯事者就要到她那裏去解釋。沒有合理遲到理由的，就得交罰款一元。日積月累，她會用葛師同學的名義，把款項捐去大埔聖基道兒童院。她當然隱去款項實際是怎樣得來的。兒童院會發回收據和附上謝函，她會張貼出來讓大家看。」

葉太真會化腐朽為神奇。這椿美事好像以前沒有人提過，幸有李兄記得。那很值得在此寫下來紀念她。

李兄又説：「由於葛師位於加士居道大斜路的上端，上落不方便，午膳時間不長，所有學生均須在校用膳。膳費每餐一元。每月

重道篇

的第一天，由各選修科的班長收集同一選科的組員的膳費，交予學生會，再轉給飯堂。 葉太為使學生建立友誼，制訂了座位表，把不同選科的學生編為同桌，且每星期會作新的更動。座位表張貼於飯堂佈告板上。當時學生女多男少，所以每張飯桌安排坐上四女兩男。桌子長方形，男的坐短邊上。葉太還訂了規則，用膳要六人全部都完畢後，大家才可離座。」李兄的記憶是多麼細緻。

李兄對每週三下午的活動，也能憶述：「逢星期三下午，學生在午膳後，須在大講堂看教育電影，片多黑白，內容也往往沉悶。午膳剛畢，飯氣攻心，許多人都被周公召去。有些則飯後即逃學，溜到校外去逛街，或到電影院去看電影。那時，放學是要簽名的（簽退）。逃學者，有些會在放學前回來簽退。有些則託其他同學代簽。校方後來設計了方法，才杜絕了代簽的事。」李兄在上面的記述何等鮮活，就像再播放舊電影似的。

李兄和他太太近年鍾情唱粵曲。雙劍合璧，時常演出，有充實愉快的退休生活。

石少山。自從葛師結業之後，從未見過石兄。跟他重逢時，是在幾年前的乒乓球訓練班上。在班裏，他的球技是比較超卓的。玩球的安排由二時到五時。每到三時半，他總會提早離席，搖着他的摺扇，去品嘗下午茶。有動也有靜，他很懂得享受退休的日子。有次，跟他閒談，得知他有一件跟葛師有關的珍藏。當年結業前都要考試合格，才獲發結業證件。大家的成績表在哪兒呢？原來，那時是不發成績表的，但學校則留有紀錄。石兄在1995年因移民紐西蘭，曾向教育署申請當年的成績紀錄，在1997年1月，竟然可以拿到。當年考試的科目，大家或許忘了，那包括教育、國文、健教、社會、自然、算術、英文和選修科。成績單上連實習的成績也有。所有成績不用數字表示，而用等級。那時的要求也相當高呢，等

級雖分A、B、C、D和E，要得C — 才算及格。上述這份珍貴的文件，我相當肯定除石兄外，再沒有一個同學會有的。

同學中，可記的尚有多位，但限於篇幅，只好割愛了。

文末來談談我自已。葛師第十二屆畢業的同學，大多堅守教育崗位。幾十年來，他們都已桃李滿門，老夫也忝列其中。我曾任教的單位，包括：文理書院、基心小學、香江中學、何東官立女中、柏師、港大、語文教育學院、城大、浸大、香港教育學院、中大。非直接教學的單位，則曾服務於教育電視、語文教育及研究常務委員會、中學校本課程發展及語文教學支援組。在教育界算是比較活躍的分子。教然後知不足，所以我也熱衷做教學研究，以助教學。由於本文有字數限制，所寫論文的文題不述說了，茲條舉一些我曾參與的較大型的研究於下（在這裏，合作的學者姓名也因字數原因省去了）：

匯文聯網——全港中小學中學語文教學支援系統

網上發音漢語語音字典

簡化字系統教材套

確立小學生中文基礎能力之教材的編製研究計劃

香港粵語語音演變的量化研究

提高生活的語言計劃

香港小學中國語文能力的評量及發展過程的研究

香港城市大學畢業生中文使用情況調查

第十二屆同學和我，五十多年來在教育上略有所成，都有賴在葛師學習時打下了基礎。大家閒聊時談到母校，都深懷感恩。

重道篇

封面：香港初中學生中文詞彙研究

中華書局謝函

第十二屆同學聚餐

重道篇

我曾在「牛津」當過十四年校長

李建平先生

(在讀年份：1962-63)

葛師畢業。任代課教師二年，在村校任教五年後，才得轉到牛頭角閩僑小學。七年後升為校長，至1996年移民為止。1998年出掌牛頭角司徒浩小學，隨校舍拆卸而完成教育事工。熱心社會服務，曾任教師會、教育研究會、資小校長職工會委員；童軍會九龍區、觀塘兒童合唱團委員；輔警高級督察，獲頒長期服務勳章。

　　這題目看來相當誇張，但作為引起諸君的閱讀興趣，實也無妨。我會用隨筆的形式，寫一些我在師範畢業後的生活和瑣事，當中有苦有樂。我教學生涯的起始一段，坎坷得令人唏噓，八年勞碌才嘗得一點美味，使我慢步踏上通往羅馬的大道。

代課之苦

　　1962年，我在新法書院畢業，讀的是中文部；那年在葛師修習後，極難覓得一份教師職位。1963年9月，我去了一間小船廠當文員，翌年1月，試申請入官小教書。面試主持建議我申請暫做代課，以免與所學脫節，於是我便往有關部門登記。其後我在13所官

津小學代過課，足跡遍及沙頭角、南涌、上水、大埔等四間新界津小和九間市區官小。在沙頭角公立學校時，我真的教過李村長的女兒，好乖的一個女孩子！在南涌公立學校時，怪事特多，班內學生人數常比點名簿上的多，原來有些學生帶同弟妹上堂，因為他們的爸媽要到田裏工作，乏人照顧！某天全班只有半數學生出席，原來村內有人劏豬，學生被帶往吃豬肉去！

1964至66年，我參加過三次官小教師入職面試，每次都收到同樣的書面回覆：「名字列後補，有效期一年！」那時代課教師日薪24元，後增至25元；代產假有八個星期還好，代病假只有數天，入不敷支，使人喪氣！

九巴之勞

1965至66年有一整年，我在九巴總公司當夜間文員，工作由下午5時至凌晨3時，月薪是320元及一整年後的雙糧。寫字樓的員工在下午5時放工後，所有事務都由我統辦，失物認領、投訴、交通意外調查、員工糾紛等等，工作相當繁雜。幸好我尚能應付！每天下班，公司備車送我回家，返抵家門，已是凌晨三時半了，睡兩個多小時後，便要起牀代課去！辛苦捱了一年，我向公司辭職，經理見我便說：「公司捱壞了你？」我說：「不是！」他說：「公司加你到每月400元，怎樣？」我愣了一會，老實回答他說：「我想去教書！」一語說罷便離開了。

7月和8月是暑假，不會有代課教師的需要，我弄到全無收入，真是太天真了！離開九巴，有些耿耿於懷，心想：若我再捱十年八載，說不定出頭有日。

重道篇

喜獲實職

我任代課的兩年多其間,每一次接獲教育署督學來電通知,無論何區何村,時日只是一兩天,我都會欣然接受,從未推辭!或因此而等到了機會的來臨。1966年8月初的某個上午,我收到新界視學處來電說:上水一間偏遠的村校有個空缺,可介紹我去應徵。這真是天大的喜訊!學校是上水蕉徑公立學校,我立即趕往該校見工,一拍即合,月薪是785港元,男教師的起薪點。

當時,我家住九龍大角咀,上班的交通頗為轉折,先要步行前往油麻地火車站,乘搭火車往上水,車程約一小時,到達後轉乘巴士前往蕉徑,約需十分鐘,下車後,沿着田間小路,步行十五分鐘才抵達校舍。沐雨櫛風,相當艱苦。第一年,我任教下午班,由於英語教師不足,我雖中中畢業,也安排了二年級的英語課;校內沒有正式的體育教師,我也要負責五年級和六年級的體育課!學校規模細小,只有六班,但同事們的感情卻是十分融洽的。校監是蕉徑老圍村的村長,對老師們十分尊重,他的孫兒,也是我校的學生。

補課盡責

第二年我調往上午校,做五年級的班主任和中文科老師,由於下午校有課室空着,我便主動向校長申請在下午為五年級的學生補習中文,每星期兩天。兩年後,成績出來了!當時,小學會考的科目包括中英數三科,成績由最高的1級到最低的8級。在我積極的鞭策下,一位女同學的中文科考獲1級,另一位男同學的中文科考獲2級,校長高興極了!當眾掏出500元,叫我安排全體老師在暑假吃一頓晚飯!500元嘛,在當時不算是個小數目!我麼,因學生考取

重道篇

優異成績，自然是最高興的一個！學生佳績使我在教學方面建立自信，我明白到：教師只要勤奮教學，便有收穫。

任教閩僑

在村校教學五年，也有些成功感。始終每天花四小時在交通上，有點不值。當時，政府刻意增加津貼學校，市區出現大量教師空缺；我便在1971年秋轉往牛頭角閩僑小學上午校任教，一教竟教了二十五年之久！初到校時，我被委為訓導主任，上午24班，每班學生40名，全校人數達九百多。記得第一天的早會，我手持咪高峰，對着全校師生講話，心裏不停地發抖，那天緊張的情景，至今歷歷在目！由於我是訓導主任，組織和管理風紀隊，是我的職責，幸好在同事們的通力合作下，進展順利！

有一件事情值得一提：一位6A班的風紀隊長，是個品學兼優的女學生；會考成績公佈時，獲派往拔萃女書院升讀中學。小息時，我找她來教師休息室，對她說：「恭喜你考取優良成績，我想送一份禮物給你，你想要甚麼？」她回答：「我想要一隻髮夾！」我說：「我不知道你喜歡甚麼樣子的髮夾，不如你告訴我，那髮夾值多少錢？」「20元！」我便掏出20塊錢給她，讓她自行購買她所喜愛的禮物！第二天大清早，她特意候我於休息室前，頭髮上插了一個夾子，給我看了一看，不發一言便轉身離開了。

比賽居亞

某年觀塘區一間非牟利機構，舉辦一項小學常識問答比賽；冠軍的獎品十分特別，那是：領隊老師和三位參賽同學，可乘坐香港

皇家輔助空軍的直升機，環遊香港一周！我校報了名，校長指定由我執行訓練工作。我在六年級學生中挑得三位，一男二女，每天放學後留校訓練，歷時兩週。經過初賽和複賽，幸得入圍！到了決賽那天，我校和另一間參賽學校的得分相同，主辦單位要多設一條問題，以決定冠軍誰屬？題目是：「觀塘區有哪一個工業機構的名稱是和動物有關的？」這題材原是我曾教過的。可惜，當時同學們過於緊張，竟然忘記！因此我校只取得個亞軍，我和參賽同學，都無緣乘坐直升機了。上述只屬我在閩僑的趣事之一。

掌校十年

1978年我獲升為上午校校長，1979年學校改行全日制，我退居訓導主任。直到1987年1月復任校長，但全校僅得九班的弱勢，將面臨殺校；為了救亡，逼得厲行改革。1. 安裝電話熱線，歡迎家長查詢，又在家長日與持份者加強溝通；2. 放學後，開辦功課輔導班和新移民補習班；3. 成立幼童軍，加強紀律訓練；4. 創立園藝組，在天台建花卉蔬果種植場，連續兩年獲全港小學組盆栽花卉和蔬果比賽冠軍。上述各項，獲得全體教師與家長們的積極支持。結果在1995年度，全校增至十九班。眼見學校轉危為安，心裏無限安慰！

續掌五邑

1996年9月，我離開閩僑，舉家移民南非。1998年9月回流，在牛頭角五邑工商總會司徒浩小學擔任了四年的校長。當時該校需要在2002年8月底交還校舍，以配合政府重建屋邨計劃。我接任時，全校只剩二至五年級共四班，那年忽地天降生機，大陸來港新移民

重道篇

甚多，我便向教署申請擴班收納。相信當局知道我在閩僑的成功經驗，我也定下步驟，最後一年，會安排有關學生轉介到坪石邨的屬會甄球小學就讀，教局先後增派六班高年級學生來我校。這樣，竟給我再次創造奇蹟——將一間臨危結束的學校得以續命至清拆，不負家長們的託付和教師們的努力。

回顧我個人的教學生涯，前段的代課給我熬練，後段的盡心教學和致力校務，才使我取得成果。由於兩所津貼小學皆位於東九龍的牛頭角區，是以我說：我曾在「牛津」當過十四年校長，相信沒有人會反對吧？哈！哈！哈！

1992年領取市政總署頒發全港小學盆栽花卉比賽冠軍獎品

1989年接受輔助警察總監頒發殖民地警察長期服務勳章（CSCM）

重道篇

從小學教師到非牟利幼稚園創辦人

羅美瑩女士

（在讀年份：1963-64）

　　葛師畢業，任教津小十六年。其間完成香江學院社會學系及華僑教育學系課程。1977年起與教育界人士創辦明我幼稚園，出任校監兼校長。1996年註冊為非牟利機構，2017年參加政府「幼稚園教育計劃」為免費幼稚園。曾修讀理工大學幼兒教育課程，任理大幼兒教育實務導師。2007年底獲選為「中國百名傑出女企業家」。現任明我教育機構（慈善團體）主席及校董會主席。

　　四十年代中我在韶關出生，抗戰勝利後，隨父親回廣州定居。1958年我在廣州二十二中學初中畢業即隨母親回港。專修英語一年後，考入聖心書院中文部高一就讀；憑着自身的努力，1962年畢業時以會考成績第一名獲學校嘉獎。續在政府英文夜校進修，希望把自己裝備好，為前途鋪路。

　　1963年可說是人生的一個起點，那年我獲得葛師取錄，又通過五院 （崇基、新亞、聯合、加上浸會和香江 ） 統一入學試 。因家居港島，已獲中大聯合書院史地系取錄，但考慮到父親已屆退休之年，不欲他加重經濟負擔，結果選了入讀葛師。又基於統一試的成績，獲香江「衛理氏四年全費獎學金」在該院主修社會學系。

　　這一個學年的學習生活十分忙碌。在葛師我選修音樂，跟隨恩

重道篇

師鄭蘊檀導師學習，她做事嚴謹，對學生要求甚高，其言教身教對我日後做人處事有深遠的影響，也培養了我對音樂的興趣，課餘加緊學琴以補不足。晚間及週六下午修讀香江時，除主要科目外，並選修有關教育及中國文學等課程。

葛師畢業後，即在樂善堂油塘下午校任教八年，此時兒子進小學讀上午班，為方便管教，遂於1972年起轉到葛師校友會油塘上午校，由於全校老師大部份都是葛師校友，倍感親切。

1966年的暑假，由於外子何萬森與葛師同窗袁家松等創辦出版補充教材的智慧出版社；為了助他一臂，我答應負責編寫小學數學補充練習。事隔兩年，外子又與同窗李松超等創辦成功出版社，數學科各級補充練習仍由我在課餘時編纂。這幾年工作可說極為忙碌，幸好「智慧數學」甫出版便一紙風行，深受老師們認同。我憑着自己的教學經驗和心得，出版一套業界讚好的補充教材，令學生受益，內心實覺滿足和安慰！

1977年的暑假，是我事業的另一起點。葛師校友麥雪光神父時任慈幼學校校長，該會的辦學宗旨是集中對青少年的培育，他個人忙於辦好中小學校，致力發展。他與外子何萬森同是華僑工商學院校友，常有往還。在一個偶然的機會，我夫婦倆與幾位教育界同工，包括葛師的趙汝榦校友與麥神父相聚；言談間他提及欲以慈幼會的理念試辦幼兒教育，並說倘能實現，他願意義務擔任園務指導。經詳細討論後，我們決定籌辦明我幼稚園，而我則負起全盤建校大計。在群策群力之下，結果在香港西灣河區找到一處新建成的約四千呎商業樓宇作校舍，隨即向教育署申請註冊，並洽借慈幼學校為招生辦事處。

1977年10月，明我幼稚園正式開學。由於當時我尚在葛師校友會油塘小學上午校任教，蒙馮壽松校監批准，下午時間出任明我的

重道篇

義務校監兼校長，處理幼稚園事務。那兩三年間，我只憑葛師和專上學院學到的教育理論，汲取別人的成功經驗，邊學邊做。明我幼稚園有幸邀得麥神父出任園務指導，他建議以「沐爾光明、盡其在我」作為校訓，希望以慈幼會的教育理念去為眾多家庭的小朋友服務，提供優質的幼兒教育。

明我幼稚園1977年8月開始招生，報名人數超過三百名，但因課室所限，只錄取了173名，分配於上、下午班。由於創校時教師薪酬比一般幼稚園較高，故能吸引一批經驗豐富而有抱負的老師到來任教。我自己從事教育，深明教育事業須對前線人員的生活有所保障，對他們的專業能予尊重。所以營辦之初，已訂立一套公積金制度，由學校另為教師支付5%的公積金，兩年後更為全校教師及職工購買住院醫療保險，盡僱主之責。

校舍初期是租用的，後因報考人數每年遞增，學額不足應付需求。為求學校擴充大計，遂以分期付款形式購置。猶幸相鄰兩新廈依次落成，業主亦願以較優惠價售予我們。四年後，我們因應情勢而兼辦幼兒園，增班招生，於是全校幼稚園幼兒園上、下午共36班，學生人數達一千四百餘人。

為使幼稚園學生能多元發展，學校設立多類型的課外活動和興趣小組，讓學生自由參加，比較特別的有1987年10月，在香港交通安全隊總監陳錦釗太平紳士支持下，成立全港第一隊，也是全球第一隊的幼兒交通安全隊。此項消息是當年業界大事，本港文化傳媒及北京《人民日報》均有報道，更獲天主教教宗、英女皇及港督來函致賀。1997年北京中央電視台向全國播放香港回歸節目中，亦將明我幼兒交通安全隊介紹為香港特色之一。

教職員工團隊可說是整間學校的靈魂，所以我們對幼稚園各級員工一視同仁，而特別着重於福利事務：每年辦一次與全體教師

重道篇

和職工及家屬旅行，兩年一次到外地時順道考察幼兒教育，員工參與，一律平等。

1995年是明我幼稚園創校十八年，其間算是穩步發展。為感謝社會人士及家長信任，我們實應回饋社會。適逢政府正積極鼓勵私營幼稚園轉為非牟利組織，我便與校董會討論此一建議；經深思熟慮後，得校董會通過。遂於翌年成立非牟利組織的「明我教育機構」，將幼稚園及幼兒園納入非牟利教育機構內。同時將明我校內一切設備無償送給新機構使用。

為響應政府拓展幼兒教育，稍後我決意向政府申請在新建屋邨的校舍辦學。1998年9月我辭去校長一職，只任校監，專注辦學宗旨的達成。2000年，幸運地獲政府分配得九龍奧運站內屋邨一座新建的幼稚園校舍。2002年明我創校25週年時，我辭任校監，只擔當教育機構董事會主席及校董會主席，並禮聘前香港電台教育電視部總監殷巧兒太平紳士出任校監、資深幼兒教育家陳淑安女士出任校董，令學校的發展踏上另一個新的階段。

2007年9月，明我獲北京中國女企業家協會來函，稱譽我園在幼教界成就斐然，堪為典範，又認同我作為機構創辦人及主席所付出的努力和貢獻，將我選入「中國百名傑出女企業家」行列。並於同年12月在北京人民大會堂頒發榮譽獎牌，典禮由人大副委員長顧秀蓮主持，有關新聞在該晚的中央電視台播出。

明我幼稚園自1977年創辦至今，已有四十三年的歷史，香港的幼兒教育隨着社會進步而不斷提高。在參與幼稚園及幼兒園的實務工作中，我認為鼓勵教師進修至為重要，2002年開始，明我每年撥備10萬元作「教師進修基金」。目前全體教師中，已有52位完成學士課程，13位完成或修讀碩士學位，正配合學校積極推行「教師學位化」。員工的穩定性也是學校辦理成功的主要因素，個人認為教

重道篇

師得到鼓勵和尊重至為重要，可使教師對學校有強烈的歸屬感。事實上，我從未辭退過任何一位員工，只有他們或因未能適應工作而離任，員工在校任期達二十五至四十年以上者亦有多人。

一間幼稚園辦得是否成功，家長的支持也是一個主要的動力。明我幼稚園除有家長會和雙班主任平日與家長保持緊密聯絡和溝通外，每年舉辦三次超過二千人參與的親子活動，包括一年一度在運動場舉行的親子遊戲日、親子師生大旅行和在伊利沙伯體育館的盛大畢業典禮。學校除增強教師與家長的聯繫外，也致力啟發學生的多元潛能，設立幼兒交通安全隊、幼兒樂隊、軍鼓樂隊、口風琴樂隊、環保小先鋒、幼兒合唱團、中文伴讀組、英文伴讀組等，以培養幼童的德育、紀律、音樂及語文各方面的興趣。

培育孩子的成長，須付出無盡的愛心與關懷，是件充滿喜悅的事；過去四十多年累積的經驗，我覺得是彌足珍貴的。2017年9月開始，明我幼稚園又進入一個新紀元，因加入教育局的「免費幼稚園教育」計劃，成為一間免費幼稚園。這已超越了我們辦學的初心，可以說是為幼兒教育、服務社會盡了全力。回顧這大半生走過的路，我要飲水思源，衷心感謝葛師教育之恩，導師們點點滴滴的教導，我永記心中。個人的一生行事，全放在培育兒童健康成長之上。

與幼稚園學生在
親子旅行中合照

重道篇

在明我幼稚園畢業典禮上頒發服務四十年金獎牌

2007年在北京人民大會堂接受中國百名傑出女企業家獎

為村校教育奮鬥一生

楊毓照先生

(在讀年份：1963-64)

1964年葛師畢業，1967-70年兼讀官立文商文科課程；先後出任三間小學校長。曾擔任新界地域童軍總監，獲頒銀獅勳章、金龍勳章及55年長期服務獎章，現任香港童軍總會名譽總監。港督及行政長官先後委任為元朗區區議員，獲頒榮譽獎章及勳章，1992年獲總督委任為非官守太平紳士。

一年宿生　學習緊逼

我於1964年葛師畢業，至今經歷達一甲子，當屆同學一般已屆80高齡了。提筆書寫當年事物，追憶印證俱難，意隨筆到；昔日的人事變遷，或有可觀之處。本人家在元朗，為此得與25位同學住於宿舍，他們分別來自新界各區或西貢、離島各地。宿舍在葛師主座之側，舍監是葉梁寶祿主任，作為53年最後一屆鄉師同學的居停。其後即由葛師使用。宿生晚餐仍在主座飯堂，二十多人分桌進食，舍監間中和我們一起，每次座位更換組合。老人家喜歡教大家學習禮貌和進退儀節；晚上在宿舍的大廳中各自做功課，整理筆記，寫教案、做教具，交流心得，或讀報看書，自得其樂。因為沒有電視，有時會收聽電台節目；沒有手提電話，和外界通訊只靠一台電

重道篇

話，輪候限時，大家都循規蹈矩。

　　一年制課程緊湊，開學不久的聯誼週，社會科設計和展覽，兩次實習教學，示範教學和運動會等環環相接；而實習教學其間最是忙碌。那些年沒有影印機，更無電腦；上課用的字卡要書寫，善於書法的同學，往往成為舍友的字卡代書人，墨汁、大毛筆、字卡堆放着在屋角，教具互用，分攤所費，利人利己。晚上各人七嘴八舌，互道上課見聞，煞是熱鬧。大家教學經驗膚淺，施教上每每顧此失彼，導師們都本着輔導學生的精神，讓我們貫通理論，實習鮮有不及格的。當年我的兩次實習教學都在廣東道官小下午校，初執教時的喜悅與惶恐，永遠難忘。該校至於仍然運作，每次經過門外，不期然停一下，頗有人面桃花之感。

元朗教書　返校複修

　　1964年夏天畢業，同學們四出找尋教席，其中以英文、體育和音樂選科最為吃香。部份同學獲得官小教席，而其餘200人則為謀職而困擾，際遇各殊。當年市區學校多屬二十班以下的規模，新界各新市鎮尚未發展，單說元朗和屯門區，中小型學校佔多，兩區的鄉村學校各有二、三十間，愈偏僻的規模愈小，上下午合計在十二班以下，也有複式教學的。學校設備簡陋，沒有禮堂及特別室，洗手間是旱廁，操場多是泥地，交通不便，需騎單車或步行往返。居住港九的老師多在村內租屋住宿，每週返家一次。當年的教師人事編制是每班1.1位老師，如果開設4班，可聘用4.4位老師。那一位擔任0.4的老師，每星期到甲校二天，餘下的0.6得在乙校工作三天，薪金及公積金供款分由兩校處理。教師教學辛勞，也影響進修途徑，所以多謀轉職他校。

那年小學教師因性別而薪金有異，男多女少，直至1973年才實施同工同酬；工作12年的頂薪是1,165元。當上12班的校長，可另獲職務津貼300元，副教席或18班以上可晉升至高級副教席。而12班以下學校則無主任職薪；至1973年才有一位副教席的主任。

教師薪酬 學校編制

那時資助小學開始有教師公積金之設，教師每月撥出薪金5%作供款，政府亦以5%的對等數目供款，教師任職11至15年，政府供款提高至10%，由第16年起則提至15%。這公積金制對業界人士退休，稍有保障。直到千禧前後，小學教師多屬二年制、三年制及或持有認可學位，使資歷結構變得複雜起來。

小學人事編制方面，由2000年起，全日制學校的教師與班級比例才改為1:1.4，至2010年後則實施小班教學，每班約三十人，行政職位以至文書和社工也增加了，頗多學校的校工改由外判商接辦，營運津貼的名目隨而增多，目的是提升教學質素，優化管理效能。

一年全日制師資課程，畢業生的學養有待加強，學院遂為畢業後第一二年的教師設立進修課程，以中文及英文為主，每週回院半天。兩年後，經評核及視察後才獲發畢業文憑；而任教學校偏遠的則可申請豁免進修。到1965年後葛師才辦全日二年制，使師範教育進入新紀元。

1964年9月，我獲聘在元朗一間開設15班的半日制學校任教，主要在下午班授課，其中兩年兼上午班最末一節課，每星期一晚上回校為六年級學生補課，期望他們在小學會考取得佳績。學校有600名學生，屬村校中的大校。在該校教了一個學期，校長給我機會，委任我當全校的總務主任，主要負責校舍維修、校具添置、安

重道篇

排典禮、訂購課本簿冊及處理突發事務等瑣碎工作；更擔任小狼團長，帶領幼童軍團。無職薪的主任工作既重且繁，在長假期或暑假常花半段時間回校工作，使我這個年輕教師，汲取校務經驗。但該校在1973年9月晉升一位主任，竟不設遴選，晉升了一位善於鑽營的主任，同事們替我不值。

九年辛勞　轉任行政

那年9月，我轉到屯門新市鎮的何福堂小學的上午校工作，二年後幸獲升級，但首二年為試用期。七年後轉任小規模村校的校長，那是元朗八鄉石湖公立學校，該校於1987年左右和八鄉同益學校合併，改稱八鄉中心小學。我的薪級與主任同而獲津貼100元，1980年時月薪為四千六百多。為改善學校環境，1982年我為學校申請《華僑日報》助學金六萬元，校內籌募四萬多，興建了一間面積約800平方尺的助學堂，作為集會、音樂課、圖書室、會客室的多用途建築物。我還向當年的教育司署申請為學校更換了課室電線，水喉和校舍圍欄的鐵網。1984年初我接掌屯門區14班的公立興德學校，校齡30設上下午班，致力改善校政與環境，加強與家長溝通。該校收錄了五百多學生，當年屯門新市的大型學校相繼成立，吸納村校學生，我在該校工作十四年多，幸運地得到各方面的資源，使校舍環境追上時代，如課堂和辦事處的空調系統，電腦及文儀設備，趕上資助小學的標準設施。因為村校沒有禮堂，遂向《華僑日報》助學基金委員會申請，獲撥款28萬元，加上校董家長、社會賢達、老師和校友的捐款，合共70萬元，興建了3,000平方呎的有蓋操場，作禮堂和活動場地，餘4萬元則作獎學基金。《華僑日報》的捐款相信是撥款資助村校作興建助學的最大一筆。助學堂於1992

年落成，請得曾任教葛師的何雅明校長以助學基金委員身份蒞校主禮，並由助理教育署長徐守滬先生致詞。相信當日的儀式是創校四十年來最隆重的一次。

舊校重建　籌募盡心

我最後服務的學校位於元朗鬧市，屬24班上下午編制的元朗商會學校。1999年，當局積極推行全日制，校董會鑑於學校僅有12間課室，意向是申請開辦24班全日制，希望把原校原地重建為標準校舍，我在校董會支持下向教育署申請經費，基於該校歷年收生穩定，成績良好，長期得到家長和社會各界的信賴，結果蒙教育署建校組許可，立法會財委會批准，預留8,800萬元作建築費。在我任內，完成了圖則規劃，爭取預留員工泊車及校巴停駐位置，建築工程至為繁瑣，未竟全功而卸任了。這就辛苦了接任校長、校董會和教職員，原因是學校仍然如常運作，部份工作仍須我來協作。舊舍分期拆卸，學校要忍受噪音污染，施工期四年多，校方盡力克服種種困難，家長們都予以體諒，樂觀新校建成，使營運六十多年的小學能繼續培育莘莘學子。這一項原校重建的工程，開創先河，是我整個教學歷程中最感到自豪的。本人先後服務了五所小學，三所是村校，兩所是24班上下午制學校，經歷了不少改革過程，體驗殊深。

教育事業　垂四十年

我在葛師渡過了一年全日制課程，再加上1967至70年的官立文商學院的晚間課程。記得第一年的秋天，香港發生暴動，乘搭的

重道篇

車輛在荃灣區遇上了炸彈，車輛繞道而行，有驚無險。夜學每週五晚，連續三年，往返辛勞。那時乘搭無空調巴士，元朗區尚未設圖書館，我做讀書報告所需的參考資料，須趁星期日到窩打老道圖書館費時抄寫及借書苦讀。今天追憶半個世紀前的往事，能夠完成個人學業，以所學獻身教育，為培育孩子出一分力；誨人不倦，我亦曾兼任官立夜中學文科老師數年，在我個人來說，已是深感安慰了。

回顧一生，待人處事的信念本着「忠恕」及「凡事豫則立，不豫則廢」，作為宗旨，奉行不悖，真是無憾無悔。

禮堂大樓於2009年3月落成啟用　學校正門位置

座落於天台的半個籃球場

郭文城紀念大樓

一座新校舍終於展現眼前

黃穗信明毛球場

籃球場　　校園花園　　羽毛球場　　元朗商會新建校舍

受恩難忘——師道與事業

何源照先生

(在讀年份：1964-65)

畢業後，獲推薦到保良局新辦小學任教，後晉升校長。其後任職廉署社區關係處，做肅貪倡廉工作廿年；再轉職任佛聯會總幹事，負責籌辦宗教活動與監管會屬學校、社福機構；後又轉寶安商會學務主任，督導學校事務與重建國內山區危校。任教其間修讀官立文商，續進修取得文學士、工商管理碩士。曾任大專院校英文教師，暇時在大學旁聽數十項課程。

　　中小學都在私立學校就讀，校舍相當狹窄簡陋。會考合格後獲取錄入讀葛量洪師範專科學校，校舍寬敞，設備完善，給我良好憧憬。由於家境貧困，為維持生計，放學後要去補習，晚上又要去教夜校，因而無暇參加學校的課外活動，錯失校園生活。2014年中，葛師校友會搞了個重遊校園聚會，校友參加者非常踴躍，在禮堂集會時座無虛席，這是我們最後一次向母校敬禮。

　　回想開學第一個星期是聯誼週，全校同學分成十組，我組約廿多人；由三位中文科導師梁崇禮、吳天任、黃耀樞輔導。各組安排表演項目，我們選定合唱形式，由何淑芳負責策劃，趙慕芬擔任指揮，曲名為Whispering Hope 。相信各同學至今已願望成真，從心所欲。

重道篇

當年在葛師，上午在大講堂讀必修科目，下午時段則學選修科，導師都和藹可親、敬業樂業。教授社會科的是華任復導師，他提示我們要經常閱讀報章，增廣見聞，掌握社會動態的資訊。全校學生分組做「設計教學」，我組題目是「調查有關香港精神醫療機構組織」，目標是青山精神病院。同學須事前做好計劃，蒐集有關資料，作實地採訪、觀察及訪問，撰寫報告並作展覽；梁崇禮導師教授中文科，強調教授課文之法：「先閱讀、後朗誦、先理解、後記憶」；李郁和與譚清高兩位導師教授自然科，不知如何選了我擔任該科的「示範教學」，題目是「做肥皂」。我用心寫好教案、準備教具。記得當天的教學，尚算流暢；授課完畢，同學與導師給與不少建設性的意見，使我獲益良多。

我選修英文，導師有莫秀瓊、劉鄧瑞蓮、趙越雅、梁啟昌與陳連淑輝幾位。課程分英語教學法與普通英語課，負責英語課的是莫秀瓊導師。她甚有耐性，上第一課即請每個學生取一個英文名字；當時所用的教科書是「ENGLISH FIVE by Raymond O'Malley & Denys Thompson」，我便選用Raymond。英文教學法要學習English Phonetics，大部份同學未接觸過，幸好我中學英文老師曾教授英語音標，故略有基礎；課堂練習，我大多做得對。同學們或以為我英文不錯，其實我的英語讀寫水平相當普通。

每星期有一節小組討論課，指導老師是馮翰文主任。他談到教學上的細微瑣事，常以比喻方式，用人生哲理去引導學生處事與論述為師之道。教育界一般認為葛師畢業生，多屬敦品勵學，此皆由郭鄭蘊檀主任，諄諄教誨，盡力訓輔學生所致。

葛師課程中安排兩次教學實習，我都在荷李活道官立小學下午校。同學五人，各擔不同年級和科目，在備課方面互相幫助，建立深厚的情誼。其中陳錫鈞同學非常殷實，樂於助人，處事細心，數

十年來，長期擔任葛師校友會與教協義工；我又曾與劉國樑在葛師畢業後同到浸會修讀文憑課程，其後他繼往外國深造與發展；何淑芳對學生甚有愛心，後任職於特殊學校；吳麗蘋則中途轉校，改讀其他課程。一年後同學們大多執業，各奔前程去也。

畢業後的兩年內，每星期要返回葛師修讀複修課程，完成後才頒授合格證書。第一年修習中文，我印象最深刻的是陳務登導師教中國文學，講授韓愈《師說》與韓非子《說難》，課程不單能提高語文水平，還灌輸為人處事與為師之道，第二年則深究選修科目教學法。是以葛師名目上是一年課程，實際上是三年來都受嚴謹教誨與優良校風所薰陶。

1965年官津學校人事編制有所調整，由每10班可聘12位教師（1.2比例）調低為1.1，應屆畢業生實不易找到教席。幸好保良局是年剛開始營辦小學，柴灣是第一間，商請葛師選派畢業生來校任教。葛師便推薦我屆畢業生14位：有蒙錦康、萬炳榮、鄧祝平、冼玉琼、朱榕招、董楚玉、袁淑芬、郭翹玉、歐可斌、李潔芳、潘大湄、林寶蓮、楊惠文和我，另一位同屆的梁靜儀亦自行成功入職。學校26.4位教師中竟有15位是葛師書友。我們都初出茅廬，本着葛師嚴謹的專業精神，加以勤奮負責，甚得保良局看重；其後機構在港九新界各區不斷擴辦學校，先後有五位同事包括了我和蒙錦康、萬炳榮、鄧祝平、冼玉琼晉升為校長；俟後數年，還有葛師新進畢業生黃生明、甄婉儀、麥長富、陳榮光、吳潔英、陳錦洲，擢為校長。1971年保良局在慈雲山開辦第一間中學，創校校長鄭德健亦為我師範早年師兄。我想：葛師培訓師資，還關懷畢業生就業，而保良局辦學團體則別具慧眼，樂意接納葛師優才擴展教育。

1965年起我在保良局屬校擔任教師至校長，歷十三年。為試換工作環境，我在1978年轉往廉政公署社區關係處工作，負責教育

重道篇

公眾認識貪污禍害，宣傳肅貪倡廉。離開廉署後，在浸會大學、城市大學、公開大學、職業訓練局擔任兼職英語教師。其後在1990年轉任香港佛教聯合會總幹事，除協助董事會籌劃宗教活動外，尚須統籌及監管二十多間中小學幼稚園與社會服務機構。2001年隨後十載，擔任寶安商會學務主任，除協助會方監管轄下港九中小學校外，還須籌設國內偏遠貧瘠山區重建危校。三十多年來，我的教育服務以教學與教育行政管理為主，全賴葛師為我奠下基石，使我志業得成。

工作最具滿足感的是教學。1969年在保良局丁未小學所教第一屆畢業生約四十人，這班老學生幾年前跟我聯絡上，其後每年聚會三四次，每次約有廿名學生出席。同學各有成就，在警務署、水務署、懲教署升任高位，另有經營建築、工商各業。部份已告退休，兒孫繞膝，間中來電致候，生日月份，傳來頗具心思的道賀影像，尊師重道，令人感動。此外，我也曾參加校中較低兩班學生的聚會，忽然有個從事電子業的舊生對我道謝。他說當年我教算術，使他學得活用公式，終生受益；在旁兩位同學也異口同聲附和，其中一個還是專業會計師哩。事隔近五十年，教學成果不少，深感安慰。師道之授業解惑，我輩為人師者，能不勉力而行乎！

我曾在浸會大學教授公務員外判培訓課程English Communication，該科教材實易於教科書中找到，但我刻意在網上，將一些與學員工作有關的法庭判案書下載，節錄合適段落，將句子編成各類練習，與學員詳細分析法官修辭造句與選詞用字的精妙之處，效果良佳。這類教材極受學員歡迎，在完課問卷表上評為優良者達九成以上。某次我在尖沙咀教學中心授課完畢，有學員特別出外購買附有讚賞句語的感謝卡，向我致意。真是一分耕耘一分收穫！心想教師備課雖苦，勞心勞力是不會白費的。教師在教學工作上的豐盛收

穡，絕非金錢可比。

在整個任職其間，我繼續進修不輟，完成的課程有官立文商，浸會大學英國語文文學學位與東亞大學工商管理學碩士。2014年屆70，開始參加各大學的「長者旁聽生計劃」，與全職大學生一同上課，參加的導修課堂，無作業又無考試，實屬享受。至今我已參加五間大學旁聽生課程共35科，包括中英語言文學、歷史、科學、數學、心理學、電腦甚至聖經等。幾年之前，我每週定期到香港道教學院聽講中國文化的文、史、哲課程。目的在溫故知新，吸納新知，又可延遲癡呆與退化；年長而重回教室，再做學子，真似返老還童。

葛師秉承優良傳統，提供專業師資培訓，人才輩出，為香港各級教育奠定根基。我能傳承所學，在教育服務方面做了一些事工；保良局這慈善機構，由關顧婦孺到興學育才；使一大羣有志從事教育的同行有機會各展所長，令人感恩無限。

聯誼週第四組同學合唱表演

重道篇

第十四屆同學參加校友會週年聚餐合照（1972）

一年制（1964-65）與二年制（1964-66）同學聯歡聚會（1990）

重道篇

新詩二首（記相聚與悼好友）

李初陽先生

(在讀年份：1964-65)

畢業後在小學任教四十年，至2005年退休。曾任聖類斯機構及香港清華書院校外課程講師。兼任報館、雜誌社總編輯、執行編輯、撰稿人及出版工作。又曾在香港電台電視部教育節目任主持及中文導師。雅好文學、詩詞、書法，著有詩集數本，現為香港作家聯會會員。

時光獨霸四方

時光的影蹤

像無聲的鬼魅

於是　風吹過

雲又在眼前飄過

彈指間　已經五十年的滄桑

那時青春的火把焚燒

洋紫荊每年都燦艷

有些人　有些事

永遠記住一輩子

重道篇

學校禮堂集會的鐘聲
導師的批評和讚語
同學的調侃和揶揄
獅子山　飛鵝嶺的雲霧
在球場暗角裏閒聊
彼此暗戀某箇漂亮的姑娘

然後去國　歸國
美國　英國
澳洲　加拿大
紅塵　風塵
歲月恰似一夜的曇花
風刀霜劍
暗中改變了多少的顏容
光陰就這樣圑圑圑圑的把我們吞掉

千斤重擔的茫然
我只能癡呆在窗前
對往事唏噓和感傷
因為時光　獨霸四方

註：畢業後五十五年了，師範同學從世界各地回港茶敍；一時感觸，於是寫下這詩以資
紀念。寫於2018年。

重道篇

你是一朵輕鬆的雲 （悼念好友謝寶譽醫師）

你是一朵輕鬆的雲
飄去渺渺天際
說　青山外
千里萬里　不必相送

曾學貫中西
然後三十歲懸壺
動了惻忍　把金針
灸救病患　又濟世賑貧
贈醫老弱

從沒有拘謹的眼神
樂天知命　不介懷
生死豁達　不計較　不執着
說要學華陀隱世

談詩論政坐禪
信儒釋道回耶五教歸宗
更可以會鬼通神

恍惚春夢乍醒
原來你是嘹亮的角聲
來生化成一隻蜻蜓
瀟灑在水面空中
恰似一朵輕鬆優游的雲

註：謝醫師是香港中醫學院教授，亦是著名角聲合唱團之成員。每逢週六，到社區老人中心義診，是筆者師範同學兼好友，現在他像一朵雲飄走了，真不勝惋惜和唏噓。2019年4月寫後7月修訂。

重道篇

1965年合力演出《雷雨》：李初陽（左）、胡其石（中）、陳錦珊（右）。

《雷雨》劇照

重道篇

在葛師的文青日子

郭善伙先生

(在讀年份：1964-66)

1966年葛師二年制第一屆畢業。曾任教瑪利諾工業中學，數年後再入中文大學哲學及宗教系進修，取得文學士學位，續於新亞研究所研習中國哲學。畢業後繼續從事教育工作，以迄退休。熱愛文學、哲學及旅行。

　　由於家境清貧，好不容易才僥倖捱到中學畢業；取得證書之後，自忖成績中等，入讀師範似是最快的賺錢途徑。當時教師的薪酬相對較高，人窮志短，談不上遠大的理想。我下定主意，投考葛師。既得錄取，便戰戰兢兢報到去。

　　學期開始，看到學校的課程及時間表，得悉要讀中英語文、教育學、心理學等必修科目外，還要在音樂、體育，美術，手工等術科中，選修一項。我對這幾門術科，無一擅長，心想難有導師收錄。於是先試選手工，往謁羅太；怎料她告訴我不想收男生，轉介我去選木工。面見該科的蔡導師時，答了幾個問題，看他臉色便知道很勉強地收容了我。原來班中卅多同學中，來自工業中學者不少；他們在這一門工藝上，早有基礎，而我自己則一竅不通，天份

重道篇

又差，一塊木刨來刨去都無法達到方正的標準。蔡導師不禁搖頭，心中或會嘆道：孺子真不可教也。經過老師指導、同學鼓勵，我加緊學習，終於合格過關。奇怪的是畢業後，竟被一間實用中學聘為木工教師，只好拍拍心口上任。那所中學是以英文為教學語言；我出身中中，自知學歷不足，惟有在放學後修讀英專夜校，惡補英文，以增強自己應付理論堂的教學能力。可幸的是我上實習堂時，有工房導師負責示範，無須我親自獻醜，如此竟渡過三年光景。我深深體會到選錯科有如入錯行的痛苦。

兩年師範的學習生涯中，最享受的是國文課，我們有幸受教於國學名宿吳天任先生。他國學根柢深厚，詩詞著作甚豐，上他的堂便如沐春風；他深入淺出，吐詞爾雅，一班同學各自領悟，得益匪淺。我當時也試學寫舊詩，不懂平仄而信手直書，並大膽地請吳老師修改，他一字不改即把詩稿擲回，真是晴天霹靂！從此發憤自學舊詩格律；經過一番練字琢磨，再呈審閱，始博一粲。但香港的中文教育，從小學到大學都不教這一套，殊為可惜。幾位同學把詩作投稿於學術組所編的「仁聲」之中，與學校裏老師和同學所寫有關教育論文、生活感受等短篇按期發表，還包括若干英文著述，把葛師注重學術之風建立起來。

校內同學女多男少，知好色而慕少艾，正值青春期的我們都有各自心中的女神，校中四大美人之説更不脛而走，大多數男生不敢示愛，只是暗戀，少數膽子較大的就展開攻勢，可惜大多鎩羽而歸。我也曾心儀班中一個女同學，鼓起勇氣約她，得她答允，喜出望外，但只去了一次，便無疾而終。多年後她結得美滿婚姻，還請我到她家吃飯，介紹她的夫婿給我認識。情場失意，滿腔鬱結要找個發洩的地方，於是幾個同病相憐的同學成了文藝青年。有寫散文的，有寫新詩的；還合出詩集，意氣風發！回想年輕時同窗的情

誼，至今難忘。

　　兩年的師範課程，最怕的是教學實習。導師來觀課固然要做足準備，教案要寫得合乎規矩，教具也要準備，許多時要自製使用，別出心裁。我想上課時最難做好的是課室管理。我曾被派到一間中下程度的官立小學，平時上課秩序很差，奇怪的是當有導師觀課時，那些頑皮的學生卻很合作，暫時收斂，令我過關，真是衷心感激。大抵合於「人之初，性本善」之說罷。

　　歲月匆匆，轉瞬兩年。時光給我的最大收穫是友誼，平生知己十之八九都在這時遇上。因為家在新界，離校太遠；葛師宿舍又剛改建；我便和幾個同學以生活津貼在市區合租房間，同食同住。由於青年一輩的人生觀、世界觀正在建立，從社會政治到文學哲學題材不盡，常常挑燈夜話，通宵達旦。畢業後各奔前程，有不少移民外國，但仍保持聯繫，魚雁頻通。摯友回港，藉機歡聚，不禁驀然回首一番了。

　　畢業後教了幾年書，感到自己學識有限，於是半工半讀在大學進修，讀的是我最喜歡的哲學。取得學位後，仍回到教育崗位，直至退休。教書和讀書兩者並行，我想那是相得益彰的。回首當年，初衷未改，我真的沒有錯入這一行。

　　下列拙作兩篇，舊詩懷人，新詩寄意。

懷故友

　　謝寶譽君，同屆葛師好友，曾任教官中至退休。早年醉心中醫學，精針灸，為註冊中醫師，退休後以「謝本良」名行醫，寓意本良心濟世也。人瀟灑，重友情，常為友儕提供保健常識及義務針灸。

重道篇

故人西去已經年，笑貌音容在眼前，
足智多謀才藝廣，風流倜儻氣度翩。
曾憑粉筆啟蒙昧，又藉銀針解倒懸，
離合悲歡誰可免？來生再續同窗緣。

重逢 （參加同學會聚餐之後）

五十多個春秋之後，今日喜相逢。
就讓我們舉杯，
在這昏黃的燈光下 ， 再一次緬懷
那一段繽紛的日子：
幾多〈少年維特〉的煩惱，
化為幽夢，
幾多辛棄疾的豪情，
付與雲煙。

多少追尋？多少失落？
多少歡笑 ？多少淚痕？
當歲月的蹄聲驚破青春的夢，
驀然回首已是白髮蒼蒼，
童顏已改。

憶當年師表，半已凋零，
昔日佳人 ，芳蹤何處？
曾幾何時
我們浮沉於人海之中，
闖蕩於江湖之上，

重道篇

為愛情而衣帶漸寬，
為理想而鞠躬盡瘁，
為生活而勞碌奔波，
如今都已成明日黃花了。

今夜
且暫時放下，
世俗的標籤，
尊貴與卑微，
平凡與超越，
風光與潦倒。
來吧
及時行樂，
痛飲高歌。

明天
我們將退下火線，
告別江湖的風波，
輕撫昨日的傷痕，
卸下沉重的包袱，
放鬆腳步，
遨遊五湖四海，
踏遍名山大川，
看花開花謝，
雲舒雲捲，
潮落潮生。

重道篇

二年制第一屆（1964-66）旅行

筆者在運動會頒獎禮上，右為
羅宗熊院長，左為郭靈光老師。

1965年攝影組到南生圍旅行及午膳

1965年參加一年制畢業聚餐，在香港仔太白海鮮舫舉行。

重道篇

葛師兩年的歷練

胡其石先生
(在讀年份：1964-66)

葛師首屆二年制受訓，畢業後執教於詩歌舞街官立小學。三年後赴美讀理科、經濟，獲學士及碩士。八十年代再修教育，進入加州公立學校系統，從事課室教學、教學輔導、校長等工作。退休後常來往港美之間。現居美國加州洛杉磯。

　　我在1964年念最後一年中學，一方面準備會考，一方面擔心畢業後的去向。當時我沒有打算讀預科及上大學，眼前只有兩個選擇：開始工作，或投考師範。結果我考入葛量洪師範學院。

　　其實我對葛師認識不多。只知道不用交學費，而且每月還有少許津貼，無形中解決了教育費用的問題；又知道接受訓後便可當教師，是份不錯的工作。聽說校內除了上課學習以外，很注重培養學生的生活態度及社交常識。我原是個青澀無知的少年，要準備為人師表了，期待着新經驗，開學前一天晚上整晚睡不着。

　　在此之前，我從未有過睡不着的經歷。翌晨起來，從梳洗、乘車、走上加士居道斜坡、進校報到，一直都在頭昏腦脹、精神渙散的狀態中。可是就在當天早上，卻被點名接受一場特別面試。原來

重道篇

教署決定該學年在葛師開辦二年制課程，需在入學新生中選出50名參與計劃。我因此成為這50隻白老鼠之一。

我原屬葛師第十五屆，卻在入學首日變成二年制第一屆學生，兩年畢業。其時葛師全校一、二年制學生共約280人；女生跟男生的比例約三比一。葛師時任校長是羅宗熊，教務主任是馮翰文，訓育主任是郭鄭蘊檀，他們領着三十多位各有專長的導師，訓練教育人才。回想起來，葛師兩年的歷練對我一生有着導向作用。我是18到20歲在葛師的，套一句在校學來的教育術語，那仍是人生中「可塑性」很高的階段。

在專業訓練和個人成長兩方面，葛師曾給我很大的幫助。教育專業理論、知識、技術是我新接觸的東西，從中獲得了實用的教學方法及技巧，也引證自己的成長和學習過程，有趣而切實。一些新接觸的概念，如知識和技能在學習上的不同，兒童心智發展過程，教學步驟等，使我想起學生時期的甘苦。有時我會覺得自己曾是問題兒童，有時又會對從前老師的苦心教導而興起讚嘆，因此體會到有層次、有目標的教學是多麼重要。這些啟發，後來又引證在為人處世的態度之上。

此外，其他常識科目和選科，促使我對各科知識有深一步了解；中學時期學到的知識其實很零碎，多有斷層，在師範時期卻作了系統性整合。中學為要應付會考，教材片面選擇，談不上融會貫通。在葛師，我們要讀通史，課程裏蘊涵着較為深層的文化意義；中文科要重溫正字、筆順、六書造字等看似古老，卻是語文及研究文學的打樁工底。這類補足工程給了我一些做學問的門徑，自信心也因而增強起來。

葛師有很多課外的學習活動。學生會組織完善，在相當自主的安排下運作，我算是校內活動搞手之一。由選舉產生會務各組的主

重道篇

幹人物，本着熱誠辦事，學校各種典禮、時令慶祝、遊藝節目、壁報、紀念冊、期刊、戲劇演出等等都辦得有聲有色。當時學生會的正副會長是戴劍輝和陳美顏，能幹實事。所辦每一項活動，都費盡心思；先設定目標，按部就班去完成。這種從籌劃、執行到圓滿結束的整套工作，其實就是「設計教學」模式，充份實踐了當時師範極力推行的杜威教育思想。很慶幸我有機會參與學生會的運作，任學術組組長，主編雙月刊《仁聲》。這期刊報道校方活動，提供師生發表園地，內容多元，中英俱備，為學校和學生會做了一些公關工作。

當年曾參加演出舞台劇《雷雨》，是一段難得的經驗。我藉着進入這部經典戲劇的角色，設身在民初封建社會沒落的邊緣，去體悟當代青年面對的家庭問題及內心糾結，於我而言是思想領域上的開拓。除了學懂一些關於戲劇常識，跟劇務工作和演員同學之間的互動，是歷練人際關係、提升責任感、發展新友誼的機會。還記得結伴在同學家中談劇情、課後排戲等情境，也記得一些合作的同學：同台演出的宣美玲、李初陽和幕後工作的張遠文。我向來不大喜歡背誦，忘記台詞，常被他們取笑。

良師益友最可貴。葛師的導師教學認真，對待學生如同對待成人，亦師亦友，很能體會學生需要，啟發學生特長。那兩年中，我們常約同學在假日去拜訪導師，大家相處輕鬆融洽。例如到吳天任導師的書香之家去感受他的文學和藝術修養，往梁崇禮導師的長洲灘畔小屋一起度過週末，盪漾在青山綠水之間，所謂「浴乎沂，風乎舞雩，詠而歸」，庶幾近矣。

校內也多趣事。課堂上氣氛輕鬆，時有妙問妙答，課後就成為談笑資料。特別具有幽默感的同學，如顏思林、陳若瑟等，說話舉止常給同學們帶來樂趣。有一次何伯平導師在大講堂教健康教育

重道篇

課，指名要陳若瑟上台幫忙示範視力測驗工序。何導師讓陳同學先戴上鏡框，然後耐心地給他一次又一次配上鏡片，問他20呎外的字形看得是否清楚。每次陳同學都説沒分別，導師真的急起來了，惟有請他下台，一臉無奈地喃喃説道：「你沒好的了！」整個講堂馬上嘩然大笑。

學生休息室裏，常有非正式乒乓球賽局或象棋比拼。有時因為臨近舞會，休息室變成一個練習社交舞的地方。閒來無事，會有人唱幾句「情人的眼淚」那樣的時代曲，或者是「山伯臨終」那樣的粵曲。那個年紀關心的這女孩那女孩等話題自然也有。

忙碌而愉快的兩年過得很快。我畢業後在詩歌舞街官校任教，1969年離港赴美，進大學而念理科，未足兩年即覺本性不合，改念經濟，先後拿了學士及碩士學位，在財經界工作了十二年。其間工作順利，但總是懷着一個心願，希望在40歲前能重返教育，再上前線。

這心願實現了，但重新出發總要經過一些難關。在美國，中小學教師須持有學士以上學位，再加約兩年的師資訓練，獲得州教育局發出的教師執照，才能入職。過程中還要考一個英語讀寫能力的進階試，修讀美國歷史、政府結構、憲法等科，獲滿學分。然後看所教是小學或中學，在申請執照前須通過本科或通識試。如果要教雙語或特殊教育，則要再加訓練及考試了。

我當時已持有美國的學士和碩士學位，所以歷史憲法方面的要求早已滿足；但我仍要考英語讀寫能力試，接受師訓課程，通過通識試，也考取了雙語資格。教學足五年後，又憑碩士資格修讀教育管理課程，得以進入學校管理層。

我先入職為公立學校教師，進而成為雙語專員、校長，間中兼任大學講師、教育局培訓導師、實習教學導師。重回教育這二十年

重道篇

間，正職以外總有兼職；有一段時期，更需黃昏四時至晚上十時到大學上課。因為異國文化及思想習慣不同，無論教學、處理校務、以至跟學生、家長互動各方面都須作出調整。直至2008年，才自教育崗位退下來。

現今距離初入葛師已經五十六年。退休後我常在港美兩地走動，跟葛師眾友的聯繫又頻密起來。喜見當年老成持重的戴劍輝、掏心肺為人辦事的陳錫鈞、儼然哲學家姿態的郭善伙、詩人李初陽等熱情依舊。又重會已經改行當中醫的謝寶譽，在葛師憑一手毛筆書法讓同輩驚艷的鄧愛珍，友善爽朗的吳星子。事隔半個世紀，有些導師和同學現已身故，有些已失去聯絡，好壞消息都無從證實。因為無法會面，他們在我的記憶中留着當年丰神俊朗的模樣；心想能保存着這份記憶，也未嘗不是美事。

今時常見的舊友，相聚則談笑自若，互砥互礪，同遊神州；隔洋則電郵微信，談詩文，論世事，惺惺相惜。兩三年前在校友會餐會上見到年逾百歲的馮翰文導師精神抖擻，華任復及蔡禦寇兩導師談笑風生。我書房書架上，還有吳天任導師的「荔莊詩稿」，書柏抽屜裏還有「葛師同學錄」。這一切都是我所珍惜的葛師人事風物，因為它是我一生中十分重要的一環。

1965年與宣美玲分飾
《雷雨》之周萍及四鳳

重道篇

八十年代，葛師同學李初陽時旅居三藩市灣區，特南下洛杉磯來訪。

1997年研習會上的阿罕布拉學區行政人員

重道篇

緣自葛師・追憶不盡

楊懷倬先生
(在讀年份：1966-69)

葛師二年制及美術科特別一年制畢業，曾在中學任教。獲政府公務員訓練獎學金前往英國深造三年。曾任視聽教育組及美術組督學，管理美工科。參與及負責學校美術教育視學行政三十多年。又在學校質素保證科工作，任行政長官卓越教學獎視覺藝術科的評選顧問。

歲月如流水，但記憶與思念從沒有褪色泛黃，一切從葛師開始。

1966年我中學畢業後，幸運地被葛師取錄入讀二年制課程，畢業後成功報讀首屆開辦的美術科特別一年制專科。當時我是少數續升特一的學生，大多數同學都是在職帶薪受訓的。畢業後我隨即獲派金文泰中學，做一個非學位的美術科教師PSM。

在葛師受訓三年，使我有資格和能力進入專科專教的中學任教美術；此後美術教育成為我三十多年的主要工作，直至退休。在葛師所認識的老師和同學更成為摯友，建立了深厚的友誼。內子簡侶宜就在那時相識，她也任職美術教師，給我事業上不斷的鼓勵。

我自幼家貧，在窮鄉僻壤的西貢長大，住在菠蘿輋的臨時寮屋；每天長途跋涉來回西貢和油麻地。進入葛師，使我大開眼界，

重道篇

接觸到來自不同學校和背景的同學一起學習，更遇上了許多好老師，他們的言行和教導，影響了我的一生。在一年間的美術專科，可以讓我專注學習，並與群組內的同學們互動交流。同學們大多帶薪而來，早有教學經驗，也有經濟基礎和安樂家庭，相比之下我不免自覺貧寒，心中只望能在畢業後謀得教職，改善生活。其前我在葛師的二年制課程，選科是中文、地理、美術。三年之中，地理和美術都在那座兩層高的維多利亞式建築物上課，每天從簡陋寮屋走進這優雅院舍——鬧市中的桃花源，都有美妙而強烈的視覺感受，豐富了我的美學想像。

回想在葛師，教授美術科的堪稱人才濟濟，包括郭樵亮、李國榮、李國樑、陳炳添等。他們為我開闊視野，助我找到第一份工作，也指引我日後事業上的發展。他們從事教育、全以個人對美術的興趣而出發，憑意念、搞創作，試新材料、採新形式，舉辦了一連串靈活出位而多姿多采的活動，令學生們受益不淺。我入讀的第一年，適逢郭樵亮老師從英國學成歸來，他帶了很多美術與設計的新視野和新思維，鼓勵我們創作時應注重思考和目的，不單只顧形式、技術和媒介。他的講課永遠是資料豐富，傳神動聽，每次都是一次精神和思考的盛宴，使人充滿期待，盡情享受。他廣邀校外藝術家到校交流，又帶我們探訪藝術家的工作室，向他們請教學習。他除帶領我們參觀展覽外，更在校內多次籌組各類作品的展出，廣邀畫壇名人來指教、各校師生來欣賞。那年他曾在校內禮堂作一次嶺南派畫展，作品琳瑯滿目；不知他從哪裏弄來全部原作展品，場內還播着古琴音樂，舞台前點着一炷檀香，讓參觀者完全沉醉在色聲味的觀感之中，使我明白到畫展氛圍的重要性。至於堅持在師範學院為學生提供裸體人像素描課，也屬一項創舉，充份表現出老師們的膽識和遠見。郭老師曾提及當年美術教學有意義的措施，都是

得到羅宗熊院長首肯和支持的。

　　我雖沒有向地理教學方面發展，但見歐錦年老師從美國帶回那時剛發明的平板膠片凸透鏡（Fresnel lens菲涅耳透鏡），便自製了首台高投影機教具（Over Head Prejector），並在葛師一次開放日中示範使用。當時教署視聽教育組主管余子勁先生和郭盧秀蘭女士曾來參觀，留下深刻印象。數年後我曾申請轉到視聽教育組去，得他們接納，從此我由PSM轉為學位職級。任職該組其間，我曾協助將高價購來的16mm英語教學影片翻譯成粵語，並在影片邊塗上磁帶而配旁白，供學校借用。這種翻譯影片的方法，據說是世上首創；此外亦曾協助創立教具製作服務處（MPSU - Media Production Services Unit）。

　　且說1969年起我在金文泰中學任教，美術科成績尚稱滿意；其間得到學生和校長支持，我曾籌辦了香港首個有關網印的國際展覽，參展公司有來自歐洲和日本，同學們獲益甚多。其實我的網印知識全來自葛師時郭老師的傳授。

　　1972年我幸運地考獲政府公務員訓練獎學金，帶薪前往英國供讀美術設計學位四年，因前在葛師已有相當的基礎訓練，結果只需三年便完成課程。我和其他教署派往英國受訓的前輩一樣大都以優異成績畢業；而我的成績在班中排在首位，獲得一級榮譽。1975年回港時，我帶着PSM身份而遲遲未知工作崗位，於是決定申請停薪留職重返英國，在倫敦中央美術與設計學院（Central School of Art and Design）攻讀碩士課程。該學院坐落在倫敦市中心的建築群內，古典優雅，竟和葛師旁的別墅屋一樣，何其巧合。1976年我學成回港，亦未有實缺職位；當時教署美術組負責人正是郭樵亮老師，幸得他收留我暫時附於視學處美術組工作。其後該組出現空缺，我便由視聽教育組升調為美術科督學，正式參與學校美術教育

重道篇

的視學行政工作。其後數年我被調派到學校教育質素保證科，負責在學校全面視學時協助學校自評。

七十至八十年代，香港學校美術教育的改變可說是翻天覆地。1972年教育署成立課程發展委員會，確立均衡和全面教育的重要性；稍後政府積極推動學校在高中教授實用科目：美術與設計科、工科和家政科，每年向學校提供定額課程津貼及一次性資助款項；學校可用以購置設備，改動校舍空間來教這類科目。因而大量中學都在初中和高中增設美術與設計科，亦因此給美術組帶來巨大的行政工作量。新科目的設立，在郭老師領導下，我作為組內的督學，有機會全力參與協作。

七十年代起的十多年，美國正發展以學術為本的美術教育DBAE（Discipline Based Art Education）思維和Sir Ken Robinson的藝術教育理念，全面地影響了我們的課程設計基礎。它廣泛地影響教育改革、課程改革，學習評估和公開試的考核方式，時間超越千禧。美術教育再不是可有可無的閒科，而是整體課程全人教育的重要組成部份，有助發展學生創意思維，培養學生判斷能力。它有學術基礎、堅固結構、充實內容，可作客觀評核。我亦以個人身份參與本科公開試的評核工作，觀其後效。又曾在中大教育學院文憑課程任教十數年，弘揚此旨。我們與外國美術教育同工保持聯繫、交流資訊，如國家教委的侯令、楊景芝等和已故世界著名美術教育和課程發展泰斗史丹福大學（Stanford University）的 Elliot Eisner 教授等專家，後者更促成我們組織現在的香港美術教育協會，使能有效推動美術教育。回首過去，自覺能有機會參與美術教育的發展和改革，一切都是由我自葛師受訓後走過來的。

自教署退休後，我更有機會在第一屆行政長官卓越教學獎的藝術科目擔任評選，撰寫報告。離開教育局，我一直與美術教育界保

持聯繫，包括以義工方式參與香港藝術學院的學委會工作，並任香港美術教育協會顧問，又做西貢一間學校的管委會顧問。我在職時的觀課經驗，早已感到美術室安全常為人忽視，導致意外間生；於是應課程發展處之邀，拍了一套宣傳短片，身膺主角，介紹美術室的安全措施，供教師參考。

這裏要補記我與葛師校友會所結的緣。1972年我離港赴英深造前，曾計劃在大會堂高座七樓展覽廳辦畫展，心想如果以個人名義訂場必然無法成功，於是向當年主席司徒華先生求助，他二話不說約我會面而簽妥表格，結果順利訂場，成功展出。

二十年前的葛師金禧藝展和十年前的鑽禧藝展，籌委會都囑咐我負責設計海報和特刊，我盡力而為，幸不辱命；兩項設計都能前後呼應，一脈相承帶出校友會發展和延續的感覺。好友告訴我海報和特刊他至今仍然珍藏，我心裏暗喜！

筆者（後立者）與前輩郭樵亮（左）陳炳添（右）三對夫婦合攝

1969年第一屆「第三年美術專科課程」畢業同學探訪郭樵亮老師（後立者），筆者在左一。

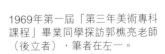

當年教育署美工中心負責中學美術與設計科，小學美勞科和中學家政科的全體員工合照。

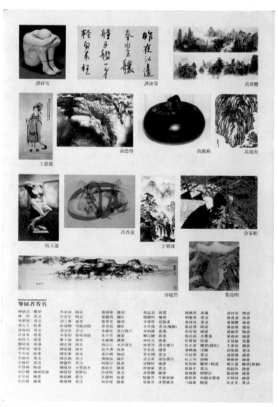

為葛師金禧、鑽禧藝展設計場刊

重道篇

葛師為我建造一個美好家庭

李瑞成先生

(在讀年份：1969-71，1974-75)

在葛師修體育共三年，自中學教師轉入理工體育部，獲中大康樂管理文憑及英大學體育管理碩士後，調升理大發展部高級經理至退休。其後協助兒子創立紅點子有限公司，任董事局主席。1996年獲授英皇榮譽獎章，任戴麟趾康樂基金委員會主席，康體發展局成員，臨時市政局、九龍城區議員。2004年獲特區政府頒榮譽勳章，現任大灣區文創科技聯盟榮譽主席等社團要職。

　　在中學並不熱衷體育的我，憑着曾參加過愛丁堡獎勵計劃，掌握一點器械體操技巧，身高五呎九，適合當體育老師，因而得到體育組陳坤霖導師的青睞而進入葛量洪師範學院的體育組。當時我選擇修讀體育的原因，完全從實際的角度考慮：聽説修體育是最容易找到教席的。

　　在這兩年專業訓練中，結識了一班很要好的同學。他們在不同的體育項目各有出色的表現，對同學又不吝指教。在這樣的薰陶下，使我能在短時間內認識多種體育項目，在技巧方面打下堅實的基礎。這班同學中有超強體能的劉石亮、游泳和籃球都非常出色的謝少熹、羽毛球打得甚勁的徐日昇，還有豐富遠足經驗而小提琴拉得不錯的林錦河……。

重道篇

而另一班葛師友好同學是在1974-75年的體育專科三年級的同學，當年他們大多是帶薪入讀的體育老師，部份來自官校和津校，也有由二年制直升的。畢業後大部份同學進入了新成立的康樂體育文化署，而我則獲進入當時的香港理工學院任教，工餘也為各區康體署籌辦夏令營等，大家仍有密切聯繫。這班同學也組成「長富會」，定期相聚。其中在康體署工作的胡偉民做得最為出色，官至助理署長；他更創辦了香港康樂管理協會，與一班志同道合的同學推廣康體設施的管理文化。當年我也積極參與，在泳池管理和體育場館管理方面分享了我的經驗。

　　在葛師的時光，除了受訓成為體育老師外，對我人生最大的收穫，就是與體育組師妹陳少珠畢業後結為夫婦。少珠是一個優秀的運動員，也是一位盡責的教師、一位賢妻良母，她讓我在事業打拼而無後顧之憂。孩子們在父母的薰陶下，熱愛體育、成了畢生嗜好，一家人經常一起打球；女兒在中四便往英國讀書，成為該校網球隊代表，兒子中學時期亦是海天泳會的泳隊成員。體育除了讓我夫婦倆有安穩的工作，還帶給我們健康的體魄，和提供一個很好的親子活動平台。

　　回頭說我自葛師畢業，即獲聘於瑪利諾職業中學當教師及輔導主任；三年後帶薪入讀葛師體育專科三年級課程。其後准我離職入香港理工大學（當時的理工學院）的體育部，在理大工作了差不多接近三十五年，在2010年初退休。

　　「體育不單是遊戲」是我在體育教育工作上一句重要的座右銘。

　　無論在香港或內地，網球運動都是一項非常有效的社交媒介。想當年，當上網球教練是一項吃香的工作，因我已考獲網球教練資格，工餘時得在華景山莊會所擔任私人網球教練，賺到不少外快，

同時亦促使我精研網球技術，憑着歷久熬練與待人熱誠，更獲選為香港網球總會教練會主席。總會的主要任務在推動香港網球運動的發展，維繫一眾網球教練及舉辦不同青少年網球訓練班。後來我代表網總成為香港網球贊助人協會成員，參與舉辦世界頂級網球手表演賽，長期為這個國際網球盛事協作達十餘年，深感榮幸。其間亦被邀請在不同電視台為世界四大滿貫網球賽事擔任評述員，最難忘的是每年多次飛赴新加坡為ESPN電視台，在世人矚目的賽事直播中作評述；通常在週五晚乘夜機前往，週一早上由新加坡返港。這增添了我在網球運動方面那獨一無二的寶貴經驗，

透過網球活動，我認識了許多不同界別的好朋友，因而獲推介及委任為多個政府體育委員會的成員（包括康體局、戴麟趾康樂基金委員會委員以至主席、輸入優才計劃委員會等），同時有機會晉身入市政局及區議會（1997-1999委為臨時市政局議員，2000-2003委為九龍城區議會議員），為有關體育服務提供意見。擔任這些公職，可以使我在體育專業認知和管理經驗得以發揮，也使我個人增值：有幸在港英年代獲頒英女皇榮譽獎章及在回歸後獲特區政府頒授榮譽勳章；又於1998年被委任為廣州市政協委員，為穗港交流出力。我曾在廣州市政協委員工作上分享我在香港教育，尤其在體育文化方面的心得，到2016年才正式退任。

我從體育而建立的人生，看來是多姿多采，其實亦非一帆風順。在理工大學的工作，2002年起了很大的變化，我被調離體育部，由大學的高級體育主任調升為大學的高級發展經理，主要負責大學籌款及發展的工作。為大學籌募經費是我前所未做過的，這是一個開荒的重責。在人生到達五十多歲時重新出發，適應新境況與新任務，的確是一個巨大的挑戰，起初心裏有些害怕。接過這熱棒子後，惟有攪盡腦汁，分別舉辦了網球和高爾夫球的籌款邀請賽。

重道篇

但出乎意料，兩賽反應甚佳。竟為大學籌得不少贊助。我奮起雄心，再邀請這一班工商界好友，成立了理工大學學生競爭力發展委員會，共同籌劃協助學生發展事宜。得到他們的大力支持，讓我迅速適應新的工作，締造佳績。

舉辦了兩項球類籌款賽後，還須挖空心思、發揮創意，先後成功出版了三本《名道》專書，由我親自擔任總編輯和項目總監，每本專書滙聚50位成功人士的奮鬥心得與成功秘笈，屬於勵志讀物。這項獨特的籌款項目，由我邀請一班外界友好成立籌備委員會，請委員們推介來自不同界別、不同背景的嘉賓，接受訪談。他們全是香港的實業家、企業家、專業人士、政界名人、文化藝術工作者、傑出運動員，各人的親身體驗充份顯現他們的努力和勇氣，正能量和憤發心。各人智慧之鑰、成功之道，都刊在三書之內。被訪嘉賓獻與理大的捐款，由港幣10萬到30萬不等。三書的另一特色，就是邀得著名插畫師亞蟲為每位嘉賓加畫插圖，附以小詩，極其雅趣雋永。這套專書得本港各大圖書館收藏，留下了珍貴紀錄。

往後為理大的籌款工作，我繼續發揮創意：曾舉辦獨一無二、玩法新穎的籌款拍賣音樂會、籌募晚宴、大樓命名（葉傑全樓）、巨額捐獻……等，為大學籌款超過八千萬元，加上政府的配對基金，總數逾億。理大為表揚我超卓的得捐籌募成績，於2008年頒與香港理工大學最佳員工獎；且獲得外界認同，授我以世界傑出華人獎。

多年參與社會公職及義務工作，對家庭成員亦起了正面的影響，妻子和任職會計師的女兒，工餘都積極投入義務工作，曾分別任女童軍香港副總監及新界地方協會副主席等，而自行創業的兒子則創立了青年夢想實踐家協會，鼓勵年青人勇於實踐夢想。由於一家都積極參與公職和社會服務，好友遂推薦我參加第二屆全港優秀家庭選舉，不期竟得優秀家庭金獎。喜獲殊榮，既感且愧。我一生

重道篇

因緣際遇，有一個美滿的家庭和一雙孝順的兒女，又有一番頗具意義的事業，真要感謝我過往的良師益友、上司同儕。我想，工作給我的歷練和體驗，全是一連串的幸運機會所賜與的。

1971年葛量洪教育學院全體師生合照

「運動不獨是遊戲」是筆者人生重要的座右銘。

重道篇

2019年葛師相識五十年活動，眾多體育組男女同學聚餐，友情不變。

作為理大籌款項目總監，於2008年獲頒最佳員工獎，圖為展示各項目的紀念冊及國際獎項。

著名漫畫家阿蟲為筆者畫像贈詩，道出運動的好處和推廣體育教育的重要。

重道篇

我與葛師人的緣

謝少熹先生

(在讀年份：1969-71，1977-78)

葛師畢業，即在津小、津中、官中任教。其後入讀葛師第三年體育專科。1985年調入教育署輔導視學處任職督學，長期負責公益少年團事務。又往廣州體育學院進修，獲教育學士學位。回署復職直至2005年退休。現任九龍地域校長聯會顧問、康怡游泳會會長；2013年起任葛師校友會委員、副主席及黃埔小學校董。

緣起

1968年9月我在元朗公立中學就讀中六年級，當時任教我們體育的老師是譚伯恒先生和方慧嫻女士，班裏的男女同學都很欣賞他們有別於傳統的授課形式和平易近人的教學態度，也很仰慕他們的運動身手，所以大家都喜歡上體育課，輕鬆愉快的在操場上拋、擲、跑、跳。後來得悉他們兩人都是在葛量洪教育學院接受過兩年的專業培訓，才能營造這般高漲的學習氛圍，這時我心中暗暗羨慕他們的職業，也嚮往作育英才的滿足感。中六畢業後我便考入了葛師的兩年制課程，選修中文、數學和體育。

在這兩年的師範訓練中，各位導師的盡心教導，不單開拓了我對教育工作的知識，也培養了我在教學上的技巧，非常感謝。其中

重道篇

陳坤霖先生和岑淑嫻女士的認真態度和敬業精神，對我日後的工作影響，至為深遠。

緣聚

葛師畢業後，我獲聘在一間新辦的小學任教——佛教李澤甫紀念下午校，全校八班，教師十人，其中竟有五位都是在葛師畢業的，他們是邱達文、陳真好、莫秀琼、李淑瑤和我，我們算得是這間學校的開荒牛了。

到了第二年，學校擴充至十四班，聘用了多位新同事，其中八位是在葛師畢業：李劍榮、黎慶波、梁蕊明、林任權、羅鳳英、李潔玲、何麗賢和陳志榮，這時我們葛師校友的人數佔了全校教職員半數以上。我們同事間相處得十分融洽，合作愉快，就像一支生力軍，精力充沛，幹勁十足。為了教好學生，大家全力以赴，因此也獲得不少家長的讚許。

為了施展自己較擅長的運動項目，我便轉到聖文德英文書院任教體育和中文。當時該校已有兩位葛師校友在任教，他們是李鑾輝和陸春雲，一年後又增聘了楊永年。李鑾輝負責球類，陸春雲負責游泳，楊永年負責田徑，而我則專注體操和彈網。我們各展所長，合作無間，而學生代表在各類校際比賽中的表現，都非常優異，獲獎無數，尤以彈網隊的成績最為突出，初次參賽即勇奪冠軍，更在多次學校活動中，客串花式表演，以增添現場氣氛。

我在該校任教兩年後，便應徵到官中去，喜獲聘任，派往龍翔官立工業中學，當時在一起的還有陳澧祥，也是在葛師體育科畢業的。我們兩人興味相投，無分彼此，在短短半年時間，便合力為學校創設了長跑學會、拯溺學會，又舉辦獨木舟訓練班和林務工作營

等等。同時，我發現校內的美術科主任——黃嘉鑾，原來也是在葛師畢業的校友呢。

翌年9月，我成功申請到葛量洪教育學院進修第三年體育專科課程，在這裏我又認識到很多比我年輕的葛師同學。

一年修學後，我被調派到荃灣官立工業中學。同教體育科的拍檔胡李淑玲師姐，也是葛師校友。我到任不久，發現該校學生的排球風氣十分興盛，聽說是由大師兄廖榮光所悉心栽培的。每天早晨都見到操場上的男女學生圍圈練習，放學後又分隊比賽，好不熱鬧。於是我便秉承傳統，順勢推廣，不出半年，學生的表現更上層樓，每年的校際排球比賽，我校在荃灣區都是名列前茅的。

到了1985年9月我成功申請到輔導視學處任職督學，隸屬於公益少年團，專責推廣團務和籌辦學生服務社區的活動。在這裏我遇到曾經在龍翔官立工業中學拍檔的陳澧祥，以及何啟熾兩位校友，在他們的指引下，我很快便適應這新的崗位。

幾年後，輔導視學處銳意擴大服務範圍，實行以公益少年團為核心，容納了愛丁堡獎勵計劃，新增了香港學校戲劇節，統稱為學校活動組。因此同事人數大增，其中我們葛師校友又佔了主要部份，先後有蘇振學、鄭學誠、方鈺貞、葉珊珊、麥曼薇、黃志德、朱福有、鄭振發、盧翠棠、黎文禮、李倩粧等。及後教育署經歷一連串的政策改革，架構重整，加上每年例行的人事調動和升遷、退休等等，於是我有幸與下列諸位葛師校友共事，他們是：仇秀鈴、何振業、黃嘉鑾、張瓊珍、梁瑞好、梁柏偉、林冠新、楊永年和王德榮……等等。

公益少年團是我個人教育服務最久的機構，渡過整整十八年的悠長歲月，過程中充滿挑戰，有苦有樂，曾經籌辦過很多學生活動，例如：義賣籌款、攤位遊戲、學術比賽、設計展覽、社區服

重道篇

務、探訪老人、領袖訓練、外地交流等，數不勝數……其中令我最難忘記的要算是1993年發動三百團員鋪砌大畫，意圖打破「世界最大海報紀錄」的活動。由於本組的同事並無美術設計的專才，於是便向視學處美術組求助，朱少芳便在此時借調過來協助我們；她負責海報的構思、製作、放大和分色的工作，而我們則負責召集義工和訓練學生，終於在10月份的一個星期六，我們在維多利亞公園的四個足球場，帶領參加者鋪砌這幅巨型海報，成功打破該項世界紀錄。

在2002年10月我被調派到課程發展處轄下的小學組任職，當時這小組的主管是黎耀強，而同事中則有陳麗華和李淑靜，也是葛師校友。我在這裏工作將近三年，便已屆退休之齡而離開教統局了。

奇緣

回顧過去教育工作的三十多年，曾經與我合作過的校友不下幾十位，其中黎文禮與我的共事經歷饒有趣味，過程轉轉折折，斷斷續續——記得當初我在葛師就讀二年級時他在讀一年級，是我的師弟。剛巧我們兩人都鍾情彈網運動，常常在課餘一同練習，交流心得，因而建立起深厚的情誼。其後我重返葛師修讀第三年專科體育，碰上他在學院當上導師，這時我們便是師徒關係了。

多年後我已在學校活動組工作，某一年他又調來與我同組共事，此時我們卻是同事關係。再過幾年他升級了，成為我的上司，於是我們又變成上司和下屬。現在大家都先後退休，偶然聚首，是朋友又是校友了。

重道篇

良緣

　　最後，當然不能不提與我攜手同行、風雨同路四十五載的小師妹——陳寶華，我們相識在1975年的一次暑期活動中；當時她還是葛師一年級的學生，現在回想起來，仍然歷歷在目，甜在心間！三年後我們組織了新家庭，從此胼手胝足，把一雙兒女培育成長。時光流逝，他們都已在社會上開展各自的事業了。

惜緣

　　回顧過去的拼搏歲月，不論是哪年哪月，不論在哪個工作單位，身邊總有不少的葛師人在陪伴我，在扶持我，實在感恩；我要好好珍惜緣份，更要落實校友會委員的工作，履行屬下小學校董的職責，以回饋葛師。

1976年聖文德英文書院榮獲全港中學彈網比賽個人及團體冠軍

重道篇

1989年帶領公益少年團傑出團員到星馬交流（攝於樟宜機場）

1993年10月在港島維多利亞公園鋪砌巨型海報（空中俯瞰圖）

健力士世界紀錄大全承認
香港公益少年團創新世界
最大海報紀錄

重道篇

體育人踏上了傳媒台階

李鑾輝先生

(在讀年份：1971-73，1975-76)

葛師畢業後，在聖文德書院當體育主任。後來轉職香港電台，歷任電台及電視部公共事務總監；期間主持《八十年代》、《城市論壇》等節目，並擔任香港回歸慶典司儀；及後出任教育電視台長，1998年離職，創立自己名字的顧問公司。現職新鴻基公共事務總監。學歷方面，持有葛量洪教育學院教育文憑、高級教育文憑(體育)、東亞大學文學士學位。公職方面，歷任平等機會委員會、婦女事務委員會、家庭議會、薪酬常務委員會等委員。

　　不知道甚麼時候開始，對教育產生濃厚興趣，中四時偶讀教育概論的書，竟起了投身教育事業的心，結果令我人生精彩百變。入讀葛師是個重要的里程，因為它給予我一些法寶，終生受用。我得懷着感恩來寫這篇文章。

　　1971年我中六畢業，進不了大學，教育學院是最佳選擇。自小是波牛，無論小學或中學，放學後總愛在球場流連，日落西山才回家；運動技能算是不錯，得過一些學界冠軍，順理成章考入葛師而讀體育，立志做個「人之患」。體育運動是我第一件法寶，讓我踏上台階，逐步取得機會轉到傳媒和公關機構工作。

　　1973年葛師畢業後，任教於聖文德書院，幸運地當上體育主任，負責體育教學和課外活動，充實而多姿。兩年後得以再次入讀

重道篇

全日制第三年體育課程。實在太興奮！這課程讓我帶職全薪，有書讀又有糧出，一年為期，何等幸福。當時港大和中大都沒有體育學位課程，葛師的體育高級文憑算是本地最專業的了。一年之中，每天都樂而忘返，除了日間上課外，放學後才是我們一班體育組同學活動的開始。各種球類比賽，打到天昏地暗；年輕時精力旺盛，晚上八時後再跑一段馬路，經加士居道、窩打老道、彌敦道，回到大長斜路，這個末段是我們最艱苦的訓練、最堅強的考驗。

年輕人是坐不穩的，雖然重回聖文德教書甚是忙碌，但總想找些發展門徑。心想既是體育人，不如當兼職體育記者，看看學校以外的體育世界。多番自薦，得任報章、雜誌、電台、電視台的體記，緊張而隨機的工作最後竟取代了當初鍾愛的教育事業。

有一年暑假，賽馬抖暑，商業電台要安排節目在週六下午，填補時段；他們想開一個15分鐘的運動節目。好友潘恆生時在商台兼職，如今是著名電影學者，推薦我出任主持，結果做了一個暑期的節目，就這樣開始讓我踏上廣播之路。體育人講運動，自是本行本色。隨後商台邀請我做晚間清談節目——《星下談》，談天說地、胡謅一番，但仍心繫體育記者的工作，便託人介紹認識港台體育節目監製何鑑江；他知道我是體育專業，一拍即合，叫我做他的兼職助手。做主持、講波、外勤轉播等，學會了不少廣播技巧，奠定了後來在廣播界發展的基礎。

1982年是我的事業轉捩期。除了在香港電台兼職外，無綫電視（TVB）體育節目監製勞翰貽，邀請我當旁述，參與《體育世界》和《進軍西班牙》兩項節目。那年是世界杯足球決賽週，主辦國是西班牙，TVB大膽安排我出任現場評述。當時港人正為世界杯賽事而風靡，作為一位體育老師，能做個評述員實是極為難得，於是在那三個多星期中，晨昏顛倒，忘我投入。

重道篇

　　早一段時間，當時香港電台中文台長朱培慶找我，希望我轉到電台做全職僱員，最重要是由體育組轉到公共事務組。當時我對公共事務節目是甚麼也不清楚，但想到公務員是鐵飯碗，趁自己年紀尚輕，何不一試？但對離開體育圈、教育界，總有點依依不捨；屈指一算，在聖文德執教九年，多少歡樂！多少懷緬！

　　進入香港電台，第一個主持的節目是早上8至10時的《八十年代》，一個接聽市民電話的直播節目。節目本來是接收外間對政府部門、公營機構的查詢和投訴，但在我任主持之後，起了重大的變化。因為1982年中英兩國開始了香港前途問題的談判，《八十年代》變成一個市民發表意見、議政論政的平台，那是香港政府一個收集廣大民意的節目。於是我取用在師範和教書時的第二件法寶——説話技巧，在節目中發揮得淋漓盡致。我主持這節目長達十一年，由1982至1993，週一至五，每天接聽二十多個聽眾電話，共議時政，精彩紛呈。其後調往電視部，出任公共事務總監，負責系列時事節目。《議事論事》、《傳媒春秋》、《頭條新聞》、《五稜鏡》、《城市論壇》等。三年後又調職往教育電視，出任香港電台教育電視台長，重回到教育的另類工作。

　　調到教育電視其間，除了負責日常學校節目之外，還有兩項特別任務：一是1996年香港電台主辦的亞洲太平洋廣播會議，一是1997年香港回歸的各項轉播。前者雖是國際性會議，由於有一定歷史，蕭規曹隨，按部就班便可應付。後者是1997回歸，中國恢復行駛香港主權。這件史無前例的大事，大家都茫無頭緒。

　　這項盛事的轉播基本在6月29日至7月1日，一連三天。大型項目共十多個，例如國家元首及嘉賓抵步，天馬艦告別，交接儀式，王儲離港，特區官員及行政立法議員宣誓，成立慶典，中間還夾雜了解放軍入境，立法會部份議員留守立法會大樓，以及一些民間活

重道篇

動。現場轉播是個大問題，我們電台設備不足，要徵召所有電視台的外勤廣播設施；除了傳送節目到香港同業，還要傳送給全世界的廣播機構，見證香港回歸。廣播中心設於會展中心新翼，最後一刻才興建完成，啟用後仍須趕緊裝修；我們安裝器材時真要步步為營，深恐電路有誤，稍一出錯，畫面空白無音，成為歷史笑話。

正準備回歸廣播其間，候任特首辦傳來消息，7月1日的回歸慶典由我出任司儀，拍檔是汪明荃。既為廣播界的一員，能親睹歷史時刻，真是莫大光榮。雖然那天早上掛了黑色暴雨警告信號，但無礙會展的回歸慶典，嘉賓滿堂，全世界政壇要人，共慶香港開始特別行政區的新時代。

在香港電台差不多十六年的公務員生涯，緊隨香港前途談判，代議政制發展，區議會選舉，立法會選舉，基本法諮詢，基本法頒佈，見證民主制度的逐步發展；隨着時代轉變，掌握社會脈搏，認識一班政治人物，洞悉香港政治運作，使自己成為新一代的政治顧問。

作為公務員，一直以為是個終身職務，特別是已經跨進首長級。中間一些獵頭公司會來說項，我都一一婉拒；但是兩位好友林乃仁、盧子健邀我創立一個公關集團，目標是發展政治公關業務，則令我動心。因為這是香港適時的嶄新行業，領域無限。人到中年，內心有一股衝動，累積經驗或可用於私人市場的商業世界，便毅然接受這個更大的挑戰。

1998年我再度轉工，本着葛師「向前邁進」的精神，以自己名字成立了顧問公司，當起政治公關，從事政治游說工作。其中最重要的是危機處理和議會事務。我曾負責培訓高級公務人員面對公眾、傳媒、議會的應對，並寫了一套「說話坐標法」的教材，一書走天涯，提升從政從商人士的溝通和處事技巧。2005年，李家祥找

重道篇

我過檔到新鴻基地產當政治顧問，職銜又是公共事務總監，何其熟悉；這集團帶給我很多新事物、新知識，其間參與很多項目，結識了很多新朋友。近幾年還得見林鄭月娥競選特首的辦公室工作，又一次大開眼界。

很多人說：「政治一日也太長」，意思是政治變幻莫測，不易捉摸。我認為：「政治日新、又新」，要不停學習，才能梳理出其所以然。

回歸慶典上主禮江澤民國家主席（中）
及董建華特首（右）

主持香港電台《八十年代》節目

擔任1997回歸慶典司儀：
特首董建華（左）
及汪明荃（右）

重道篇

為黃埔學校「美術巴」主持開幕

參觀葛小美術巴內的展覽

重道篇

香港英語教學需要有突破性的介入

胡家霖先生

(在讀年份：1974-76)

1976年葛師畢業，在中小學任英文老師和科主席二十餘年，其間曾服務教育署十六年。曾擔任教育委員會專責小組及英國語文教育委員會委員。教育署提早退休後，任教資助小學，後出任校長至退休。曾獲英胡佛漢頓大學教育學士、香港公開大學教育碩士。著有*Read to Write* 12冊；*Training Handbook on Hu's Phonics*及*Miss Panda's Phonics Books 1-3*等。

　　我的英語教學熱忱源自中學階段，而葛量洪教育學院給我當教師的名份和資歷。香港的教育制度沿自英國，政府資源只會集中培訓精英學生。當年我連26個字母也未學過，便從小學二年級開始學習英文，當時，我入讀成績最差的一班。升上小六時，全級小六學生只篩剩135人，再透過甄別試的篩選，只有兩名學生沒有資格參加1968年那一屆的小六升中試，我是其中一個。

　　我是從「英文白癡」變成一個熱衷英語教學的「英文癡」。一切皆源自中一那學年，教我班新數（Modern Maths）的老師特別抽些數學課堂時間，教我們英語拼音「韋氏音標」。雖然學的內容不多，但我能初步掌握，大大幫助我以英語學習其他科目。從小學到中三，我的英文科成績從未試過取得60分或以上的及格分數。中三

重道篇

時教我GE是李雪琪老師，同學都稱李老師為「殺人王」，但我認為她教得很好；可惜，我的英文科測考成績總是不及格。上學期完結，我的成績表是「滿江紅」，全部科目都不合格。

因感到對不起李雪琪老師，我便定意加緊努力。結果，在農曆年假其間，因着相信「溫故知新」的道理，找到唯一沒有被我扔掉的小六英文書，名為《國光英文科複習指導》，我開始溫習，當翻閱到某處看到這句子：He will went（go）to the cinema soon.，我看到will went的錯誤答案，又看到用紅筆改正後will go的正確答案；立時這個「中三的我」猛然頓悟，明白為甚麼「小六的我」會寫出錯誤的答案。因為小六時，雖然我改正了答案，但我仍是處於「不明白」的狀態呢！

這一秒間的頓悟（insight），在我腦子出現翻天覆地的改變，因為我突然間完全明白了學習英文的奧秘！那刻我的狀態是：一理通，百理明。我再翻閱多幾頁，我相信我是完全破解了學習英語的竅門！同時又明白原來英語文法與寫作是環環緊扣！ 英語上的成功突破，使我在下學期末考獲全級第一名，取得學習生涯中第一個獎學金800元正。

英語教學熱忱的孕育

中一時初步掌握英語拼音，中三時英語學習上出現一秒間的「突破」和「頓悟」，令我突破了學習英語的重重困難，使我在學習上由失敗中翻盤，踏上成功路，可以教授英文科，後來變成一個「英文癡」，我「癡到」幾十年來把有關英語教學的新聞剪報貯存起來，又能找出香港英國語文教育課程兩項缺失（missing links），因應中國人學習模式及香港缺乏英語社區環境，我自創了「胡氏拼

重道篇

音法」（Hu's Phonics）及胡氏英語（Hu's English）兩個課程。

真正的學習障礙：先天性英文恐懼症

我在英語學習的失敗經歷，讓我完全明白為甚麼很多中小學生在學習英語上失敗的共通點；就是大部份學生，無論家境貧或富，都是從小就患上「先天性英文恐懼症」。因為主流的「傳意式」英語教學在香港實施至今已五十多年，帶給很多學生挫敗感、恐懼感、失落感⋯⋯

對症下藥，靶向治療：胡氏拼音法的成效

我把自己學習英語失敗的經歷，糅合了英語教學的經驗，自創了胡氏拼音法的教學策略和教學模式，算是一種學習行為更易（behaviour modification），它的成效令學生自然地作出很大而明顯的個人改變，學生感到突然「開竅」，因為我的教學屬「不在意學習」（implicit learning）。這是第一劑標靶藥，胡氏拼音法的學習過程着重開發大腦思考，啟發學習潛能；着重思考過程，多於正確答案。這種學習行為的更易，正是每個學生、老師和家長渴求已久的期盼。胡氏拼音法開竅式的成效（insightful impact）能有以下三方面的闡述：

認知層次（cognitive level）的開竅

胡氏拼音法的核心學習來自兩個元音拼音表（phonograms）所提供的語音知識（knowledge），「長元音表」主要是讓學生容易掌握兩個英文字母音（letter sounds）的拼合（blending）。另一個

重道篇

「短元音表」特意幫助學生不用死記硬背，便能準確地把英語單詞串寫出來。透過歌訣記憶法（lyrics memorisation）的朗讀方式，加上元音表上各個組合音（letter-sound combinations）都是互相押韻，朗讀起來，琅琅上口，易於記憶、易於辨認、易於掌握、易於運用，並且學生能容易掌握當中的規律（regular patterns）。

　　胡氏拼音法的教學流程中（teaching procedures），加入圖像方式展示給學生用視覺觀察學習，這種變易學習圖像（patterns of variations），屬「不隨意學習」元素，足以引導學生自我探索（self-discover），自己思考（self-think），以致他們的長期記憶被激活，便懂得運用從「已知」（known）到「未知」（unknown）的學習遷移技巧（transfer of learning），能把任何陌生的英語單詞馬上朗讀出來，不需等待老師的教授，完全是一個自我探究的模式。

　　例一：以apple這個單詞，通過抹去apple中的ap，換上am代替ap，得出ample這個單詞，學生便能馬上可以見詞能讀。透過簡單的變易學習，前面加 s，學生馬上能把sample準確讀出！

　　例二：以dictation為例，通過抹去dicta，剩下~tion，前面加lo，變成lotion，再變motion，前面加de，變成demotion，中間抽起mo，加入ten，學生馬上讀出detention；demotion中間抽起d，學生即讀出emotion；學生見到detention中 de被取走而換上 at，便能馬上讀出attention。這些不在意學習連一年級的小孩也懂！其他如：locomotion, hippocampus, perpendicular等頗長單

詞都是透過兩個元音拼音表的運作，便能幫助學生打破
以往學習英語時的退縮（withdraw）及抗拒（resist）心
理狀態，成功地重建自信。

技能層次（psychomotor level）的開竅

學生從兩個拼音表（phonograms），即「長元音表」及「短元
音表」所提供的語音知識（knowledge）便能感知（perceive）到英語
單詞中「字形」（graphemes）和「字音」（phonemes）的緊密關聯
性。當中他們察覺到英語拼音中的起始音（onset）與結尾音（rime）
的拼合，好像漢語拼音方案中那些「聲母」和「韻母」的拼合方
式；這個英語拼音法對具漢語拼音基礎的學生，成效更為明顯。

凡此種種的英文語音知識和感知能力，便促使學生自己感覺已
擁有如何拼讀陌生英語單詞的技能（skill），他們的學習動機便進入
準備狀態（set），隨時能作出適當和即時反應（respond），而且舉
一反三。這種語言學上的鷹架作用（scaffolding），有助學生搭建知
識棚架，把已有的零碎英語知識，建構成有意義的學習體系。這種語
音拼讀技能促使學生不用等待英語老師教授，他們自己也能自我發現
地把英語單詞準確地朗讀出來，這跟傳統拼音教學完全不同。

情意層次（affective level）的開竅

胡氏拼音法的教學流程中充滿師生互動，是一項多感官的教學
法（multi-sensory approach）。學生是處於一種愉快心理狀態。教
學流程中，老師不時都是給予正面的讚許，讓學生形成一種不怕失
敗，不怕嘗試錯誤的品格（character）和態度（manner），學生在
一種被接納，被認同的學習氛圍（atmosphere）中，加上每次嘗試
拼讀的準確度都是非常高，學生的滿足感（sense of satisfaction）

重道篇

和成就感（sense of achievement）便大大加增了學習英語的動機（motive）、興趣（interest）和投入感，學習過程趣味盎然。

總結

我這項顛覆性、反傳統拼音法的教學成效帶給學生在認知、技能和情意上一個大突破，使學習英語從「繁變簡」，這些學習上新突破，大大提升了學生英語能力，我的學生回到自己學校，能夠明白及銜接校內英語老師的教導。因着他們學習能力已開竅，其他學科的成績也相應提升。自從2014年來，根據我的追蹤研究顯示，那些接受我這套拼音法教學的小學生，很多都是由Band 2, Band 3的水平，短時間內變成Band 1學生，升讀英中！我的學生是愈大愈精明！

筆者著作

向幼兒班作英語拼音示範教學

香港書展「兒童天地」介紹胡氏英文拼音法，攝於頒獎禮上。

重道篇

我與官立小學結緣

郭筱儀女士

(在讀年份：1974-76)

　　從未上過幼稚園，只在家學寫字，五歲入讀小一，是間官立小學。中學後考入葛師，分配到鶴園街分校。二年制畢業後，即投身教育界；在津貼小學執教五年後，轉教於官立小學。獲升職為主任及校長，直至退休，曾服務過六間官小。從小學到師範學院，到投身教育行列，我都在官立校舍出入，故文題嵌「結緣」二字，略記其事。

　　在六十年代，白裇衫、藍布褲的校服是官立小學學生的標記，在無華的氛圍下見到樸實。我就是穿着白裇衫、藍布褲在官小度過六個年頭的學童。通過升中，順利畢業，隨即於1974年9月入讀葛師，位於紅磡鶴園街的分校。其後在官小任教，與官小結下不解情緣。

　　1974年葛師分校有一百二十多位學生，是第一屆也是最後一屆。因校舍細小，師生感情特別好。畢業後，同學們投身到不同學校任教；他們之間和導師們仍然保持聯絡。一間毫不起眼的校舍，卻孕育出無數菁英。大家都盡心竭力為教育下一代而努力付出，教出來的學生，不少都在社會上有驕人成就！我們無負青春；更無負導師們對我們的期望！同學們各奔前程，相聚機會不多，有聚會的也只限於三

重道篇

數知己。校友偶爾在公眾場合碰面，認得出的，也只會點頭寒暄；未敢相認的，只作四目交投，沒想到怎樣打開話匣子。

2014年我們搞了個「葛師分校——相識四十年聚會」。喜出望外的是，報名者非常踴躍，皆因我們在群組裏成立了編委會，校友兵分多路，短短幾天的聯繫，我們已有信心訂了四席的廳房。定下了框架，廣招校友惠賜相片和心聲。我們盼望在聚會那天，每人手裏都有一份載着情誼和美好回憶的紀念小冊子；更望繼往開來，週年聚會能持久下去；最渴望的是我們的情誼能地久天長！其後我們續辦週年聚餐至今，但本年的活動，恐怕要受疫情影響而暫停一次了。

1982年我離開當了五年教席的津貼學校，申請入官立小學任教。據悉當時政府已很久沒招聘教師了。我先後在沙田官立小學、農圃道官立小學服務。1998年我開始校長的生涯，最先服務於渣華道官立小學，及後是紅磡官立小學。

2001至2010年，我調任將軍澳官立小學，在那兒經歷了學校改善工程、「非典」疫情、兩次校外評核、重點視學。我的校長工作尚稱順利，在與老師們邊做邊學下，在課程改革上紮根，開拓了新的景象。

自香港回歸後，學校增強了聯繫社區、踏足祖國的謀略。打從廣州市真光小學於2001年邀請學校參加他們的「穗港少年手拉手、共創美麗好家園」計劃，兩校之間，過百筆友所展開的「一人一信」魚雁相通行動未嘗間斷，學校更成立了「中國文化學會」，在認識祖國文化和建立國民身份認同上早奠基石。隨後，兩校簽署了共建協議書，正式結為姊妹學校。下列的描述，成了我們的座右銘：

「我們的學生承諾魚雁不斷，相親相愛相切磋，為未來使命奠下基石。我們的教師承諾定期互訪互助互砥礪，為教育下一代為己任。」

重道篇

　　2007年學校申請了羅氏基金第一屆姊妹學校交流計劃，獲批款項，更得家長教師會資助，再進行「魚雁相通兩地情」訪粵交流活動。9位家長、32位學生與師長一行共46人重訪廣州市真光小學，行程圓滿成功。

　　「語文數學立新猷，老師家長共籌謀，學生互助復互愛，定創佳績育英才。」此詩是我校發展的座右銘。學校據此在不同領域方面，屢創新的里程。

　　課程發展是學校進步的根本方向。校內各科小組成員共同備課，擴展至完備的課程，所走過艱辛的長路，實有賴教師團隊的努力不懈。此外，教師工作展望會議和協作教學觀課，也大大減輕了教師的心理負擔，讓他們能安心在課程發展路上邁開闊步，教學熱誠得以發揮，從而取得預期成效。

　　2010年因生源關係，我調任觀塘官立小學（秀明道）。雖然在這校服務只得短短一年，也安心退下火線。二十多年在幾間官小服務，目睹每間學校都擁有它自己卓越的團隊，教育工作者都努力幹着育才大業，十分歡慰。

　　2021年是葛師母校七十週年校慶，在此祝願母校和學院的菁英們在各持份者的支持和砥礪下，讓教育繼續發亮發光，桃李芳菲！

2003年與廣州市真光小學
結為姊妹學校

重道篇

葛師分校同學相識四十年聚會，
師生聯歡。

為真光小學上英文故事課

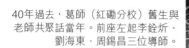

40年過去，葛師（紅磡分校）舊生與
老師共聚話當年。前座左起李銓炘、
劉海東、周錫昌三位導師。

重道篇

教育路上的教育緣

何振業先生
(在讀年份：1976-78，1982-83)

1976年入葛師受訓，1982年修高級體育專科，1986年考獲英國語言學會英文資歷，1993年獲中大兼讀體育學士。初在津中任教，後轉少警訓練學校。1988年入職教育局體育組，1994年升調學校活動組為督學，2000年升高級督學，專責學校圖書館及視聽教育組工作；後在區域教育服務處工作，並兼任學校專業發展協作計劃。2006年擔任首席督學，推動校本專業支援；2010年調回體育組，專責課程考評發展事務。2016年退休。

　　1976年秋，我考入葛師，修習英文、數學和體育。英數兩門，近於學術，而體育訓練則較輕鬆活潑，把年青而好動的我吸引着。當時體育科的同學就不停地修讀各項教練和裁判課程，課後進行各種各樣具挑戰性的操練。課程還包括一些基本體育理論，它與運動技能的結合，也是相當有趣的。葛師體育人有一個傳統的風氣，就是無論在正校或分校、就讀或畢業的，往往在課後都返回體育場館，以技能來切磋、以比賽來交誼，生活在一個大家庭裏。

　　除體育科以外，英文和數學的學習課程也不遑多讓。再加上教學實習和要通過持續的測考和評鑑，師訓生活實在極為豐盛。葛師體育部由陳坤霖導師主管，他醉心教學，處事認真，平時不苟言笑，教學則熱情投入，言教身教俱全！我入學不久，他就挑選我進

重道篇

入由他帶領的手球校隊，直接領受教益。另外，他又編排我接受風帆訓練，跟他又相處了一段快樂時光！我能以優異成績畢業，有賴他悉心指引。二年的師訓過程過得真快！

畢業後，我幸運地得到華英中學聘任，9月便要上任。但在那年夏天，我得湯文成師兄的推薦，加入康體處新成立的紀律人員體育中心，協助接收英軍啟德軍營，籌組一個專為紀律人員及家屬的活動中心！就在那短短的兩個月，湯師兄和我，合作設計了中心的運作方案，並在短時間內籌辦整個暑期的康樂體育活動！兩個月的作業，令我大開眼界，對體育中心的全盤運作和項目營運，都掌握到一些知識，還學懂了泳池管理和草地管理呢！

正式投入中學教學的第一年，校內有體育科的林標蘭老師，她是我入讀葛師第一年時的體育專科班師姐，對我照顧有加，讓我很快融入團隊，感覺上就是葛師的延續，使我教得開心又喜悅！

剛好這一年，政府重新招聘官校教師。經過連番篩選、面試，我幸得錄用，派往香港警察少年訓練學校，開展紀律部隊式的教學生涯。

少警在1973年創辦，課程集中在職業知識、體能訓練和學科學習。校內的體育部是個大組織，兩校舍共有體育老師十餘人。第二年的教學能與資深體育教師共事，獲益最多，包括張遠文老師和李求恩老師，還有出身於葛師的伍光揚老師和陳澧祥老師。他們的提攜和指導，豐富了我在體育教學的實踐，又增加了籌辦大型活動的經驗。

1982年有機會重返葛師，修讀高級師資課程的體育專科，使我明白到持續進修的道理。作為教育人，處於知識急速增長的年代，必須把不斷學習作為生活的一部份。我在修讀體育專科之餘，也報考了英國語言學會的文憑試兼讀課程，並於1986年考獲高級試的資

歷，正式成為英國語言學會的合格會員，獲得等同於英文科大學畢業的資歷。

第三年體育專科修畢，回到少警校繼續教學。到了1988年，轉入教育署的體育組為督學，協助體育科的發展，安排行政和師資課程的工作。申請體育督學還有一個小插曲。面試當天，不知是否校舍位於上水近郊的關係，我的面試信件竟然到當天早上才傳送到我手上。正在上課的我，一身體育服，滿身汗水，卻收到通知要到香港銅鑼灣的教育署總部出席面試。幸好同事們都予以支持，立即接替我那天的工作，讓我先更改面試時間，然後趕回屯門的家，換上服裝和帶同文件，再趕往港島。在此要再向緊急相助的同事們致謝！

教署體育組有卅多位體育專才，統整全港學校專科事務：主要工作包括體育教師的督導、體育科課程的發展、體育教師的持續培訓與進修，和學生體育活動的推廣。於是我的工作範疇由教學為主變成教育行政、策劃和管理。有些督學更在其專長項目擔任各類體育總會的推廣或顧問工作；我則由教師轉為教育管理人員，得到擴大知識層面的寶貴機會。

1988年至1994年是我在教育署體育組打拼的日子，工作繁重，經常要超時工作，只望做出好的成果！這段時間，可算是我的體育知識的沉澱期，將從前積累的學識，透過應用實踐，經推敲論證而鞏固，再透過與體育教師的恆常專業交流活動，相互探究研習，優化學生的體育學習、學校的體育氛圍！

1989年，香港中文大學開辦兼讀體育學士四年制課程，我和幾位同事也申請入讀。工作之餘修習大學課程，殊非易事。不過回看當年，日間工作而晚上上課，假期趕完作業，窮年累月，才得成功！

重道篇

1994年10月，因升職關係，我轉至學校活動組工作，推動學校活動的籌劃、組織和領導。新的崗位，新的體驗，在極為親和的情況下渡過。我又再一次和葛師師兄謝少熹老師和陳澧祥老師共事，得到他們的協助，難關一一闖過。1995年的公益少年團活動主題是敬師愛生，起動了全港的敬師運動。當年更得到劉振華校長創作了活動主題曲《良師頌》，歌詞深深打動教育界，傳唱至今！

　　在這段期間，我加入了教育署督學協會，跟時任主席的雷其昌恩師推動會務。雷老師是我中學時的體育老師，他的一言一行，對我在教育署或教育局都有着深遠的影響！而透過督學協會的工作，我對督學同工的發展空間多了認識，對制定教育政策的背景多了理解，對政策推行和科組協調也多了要求。這些人脈網絡的建構和對教育政策的推行要素，都對我往後在教育改革的工作，有了肯定的方向。

　　踏入千禧年，教育改革起動了，我申請調往分區教育處工作。作為教育人，教育改革確實是一個巨大的挑戰、一項龐大的工程，牽涉層面涵蓋辦學機構、學校管理層、科主任、各科的教學人員、學生、家長和校友。改革項目主旨在簡政放權，讓學校管理層更能推動學校的良性發展，造福學生。各類項目包括支援學校管理層的校董訓練課程、準校長的培訓課程、校長的持證上崗、副校長及中層管理人員的專業發展、大學教授和學校教師間的協作計劃、校本的自我評估計劃等等。這一系列的改革活動全為推動學校提升管理教學，關愛學生，和增強夥伴間的協作精神。在起動初期，教育局各部門也極需強化相互間的協作，讓支援學校的工作更能發揮，我也因緣際會，肩負起推動學校專業發展協作的重任。

　　教育局此時也特別投放了數十億元作為推動學校專業發展的工作，又從教育發展基金撥款支援大學專業人員到夥伴學校，協助教師進行共同備課和課堂研究計劃，讓教師們能借助專家的指導，增

加教師學與教的能量。

　　出身是個體育人，自然有機會參與體育人大大小小的聚會，促使我時刻關注着學校體育的發展工作。到了2010年，我再次調回到體育專科的崗位。此時的體育組已改變不少，工作層面集中於中小學的體育課程發展和相關的師資培訓。體育科也在此時進入了新的情況，從一個會考科目演變成新學制下的文憑試學科，成為中學生進入四年大學階段前的一個考試科目。社會人士對體育科和透過體育加入社會各行業的認受程度也漸漸增加！體育科自此邁進新里程！

　　2016年底，我的教育路走了四十年，要劃上句號了！我從葛師受訓、中學教師、少警導師，然後到督學、學校發展主任，再到學校專業發展主任。最後十年擔任首席督學職級，先後是校本專業支援總學校發展主任和體育科總課程發展主任，見證着教育人持續進修，擁抱挑戰，涉獵各種不同範疇和全方位學校服務的教育發展工作，處處共事融洽、事事工作順暢，這個教育緣使我畢生感恩！

體育組多屆同工的大合照

重道篇

體育科多位首席督學，
難得共聚一堂。

在教育改革下，校本支援服務
處跟教育城主管層緊密協作。

校本專業支援服務組全人合照

體育事工的新一代

重道篇

我的語文教育之路

黃仁娜女士

(在讀年份：1977-79)

就讀葛師時，主修中文、中史、美術，畢業後受聘於葛師校友會觀塘學校。1982-88年完成中大兼讀學位後；轉往中學任教。1993年得教育署聘任師資訓練工作，曾服務於語文教育學院、TOC培訓中心、柏立基，其間完成港大碩士。其後隨香港教育學院成立而轉職，致力於普通話教材、教學及測試。直至教大正名後才退休。

　　1979年受訓完畢，在8月底我找到教席！幾個同學一起來到陌生的葛師校友會觀塘學校教書。匆匆忙忙就開學了。那些年，邊觀察前輩同事怎樣應付工作，自己從中吸收模仿。

　　當年的小學行半日制，上午的教學工作雖緊湊繁重。放學後，我們會在學校吃午餐。這個時段，同事會聊天，談工作、談學生、談武俠小說、談電影、談去哪兒飲茶吃點心、……無所不談，自我放鬆。那段日子，我們是工作和生活有平衡的。補充體力後，就回到教員室批改習作。上午班的同事通常下午三點離開學校。做不完的工作，就帶回家繼續完成。

　　我第一年，大部份的課都是教五年級的。有一個學生，他默寫永遠都是零分，交出來的功課全是一塌糊塗的！我每次打開他的習

重道篇

作，都要暈倒！他會把左右結構的字倒過來寫，有時甚至把部件的左右再反轉！作文課，他很努力寫作，我把他的作文抄一次，發現雖然文句不通，滿篇錯字，但是言之有物的，也有創意的。一年下來，我不識也沒法把他改造，好像要升上六年級了，第二年我做二年級的班主任，然後每年跟着孩子升級去。直到我在小學任教的最後一年，終於有機會教小學一年級的美術，小朋友真是創意無限又純真！上面提到那個把文字「反轉」書寫的學生，當時所有同事都束手無策！因為我們並不知道他為甚麼會這樣。直到好多年之後，才知道外國專家確認那是一種病症，叫讀寫障礙。

教然後知不足。趁着年輕，很快我就開始在晚上去上各種的進修課程，有些是提升教學能力的，有些是興趣班，這樣的生活既充實又滿足。各項課程中，最長的是一個中文大學校外進修部辦的中國語文證書課程，整個課程為期一年，要考試、要交論文，到了差不多學年完結，老師說這個課程他們爭取到成績優異的學生，可以得到獎學金1,000元，名額兩個。我當時覺得這個獎勵很有吸引力，因為交了1,200元學費，如果可以拿到1,000元獎學金，多划算！我選擇了一個很冷門的題目，就是研究台山話的語音、詞彙特點。以當時的資源，我在大會堂的參考圖書館呆了幾個週末，在裏面看書，抄寫資料，因書不能借出，只能付那昂貴的複印費！原來趙元任幾十年前已帶領團隊在廣東做過方言調查，我為寫論文而找得不少寶貴的材料，開始覺得讀書、做研究是很好玩的，也很有滿足感。

1982年，中文大學開辦第一屆兼讀學士學位課程，我有幸成了名單中的一員學生。兼讀學位課程跟前述的短期課程不同，這個要讀六年！上課的地點是在中文大學的本部，距家甚遠，何況在那柴油火車的年代哩。同學大部份是老師，但也有其他行業的，我們共

同堅持了六年，畢業後，也成了終生的朋友。

1980年代中期，政府開設了語文教育學院，讓老師帶薪進修16個星期，我在1985年春天去了進修中文。在這個課程裏，我開始接觸普通話，並且在暑假繼續學習普通話的教學法。葛師小學當年走得很前，我們是小學普通話的先導實驗學校！當年做普通話教學是很自動和開心的，是幾個有興趣有能力的同事提出的。我努力學習，頗有收穫；進修後加入了校內團隊，實踐所學。

中文老師似乎都很怕作文課。在觀塘學校的九個年頭，我覺得小朋友的作文其實好玩而有趣，引導得好，他們便可發揮創意；千萬不要糾纏在錯字、語法、廣東話等毫末之事，不要用扣分來打壓他們的寫作和幻想。前兩年要退休了，在清理辦公室時我找到了三十年前一個學生的作文，題目是「海邊的黃昏」，他不是天馬行空地去寫一篇觀塘碼頭的黃昏景色，另創新意！我通過還有聯絡的學生，把作品送回主人。回想當年，我和其他兩位同工在寫作教學上有一些共同的理念，曾應某出版社的邀請，編寫過一套小學寫作練習。到了1990年代中期，我在香港大學讀教育碩士時，研究香港小學的寫作教學課程發展的題目；在蒐集到的資料裏面，竟發現有學校使用了我們編寫的示例當做他們的材料。對於這些練習得以付諸嘗試，我感到十分安慰。

1988年，我在中文大學修讀的兼讀學位課程畢業，希望到其他學校看看外面的世界，於是我轉到一所新的中學去，開始教育工作的另一章。我在觀塘小學工作時，算是年青的一代，常得前輩帶領着、照顧着。轉到這中學，同事絕大部份比我年輕！好多是剛畢業的，我憑着九年的學校經驗，按年齡長幼排序，屬於學校裏的頭五名！於是在工作的多個方面，我就變成了一個照顧者。

在中學的第五年，開學第一個星期，我接到政府的通知，聘請

重道篇

我做教育學院的講師。我答應了，在上學期的教學完結後轉職去。

1993年1月，我到上環普慶坊語文教育學院報到。半年後，我調派到已經改名為TOC（目標為本課程）的培訓中心。這一年，我又多嘗試了一項教學工作，那就是去教夜官中！那年我在長沙灣夜官立中學教兩個晚上，接觸了很多沒有機會上正規日校，但又希望能夠完成中學教育的勞工階層！還有一個希望可以幫助孩子學習的好媽媽，這些工作經驗讓我深切理解到社會不同階層的教育需要。

1994年，五間教育學院開始合併成香港教育學院，我主要在柏立基分院工作、也有些課是借到葛量洪去的。這樣，在十多年後，我又有機會回到母校。短短兩三年，我因工作調遷而認識了不同院校的同事，這也是一個難得的體驗。

我當時做師訓課程還是非常稚嫩，不過得到身邊的同事提點，他們有些是手把手帶着我成長。不久，我們開始為香港教育學院編寫基礎普通話教材，供所有課程的一年級學生使用。這套教材由最初的油印本修改到出版成書，甚費功夫；我們還邀請了系裏有廣播經驗的同事為教材錄音。香港教育學院在1997年搬進大埔新址，校裏有一個專業的錄音室，也有專業的技術人員，整個錄音就在學院裏完成。這個教材除了供我們校內學生使用外，也拿到書局公開發售。學院也接受其他機構邀請，為他們提供專用的普通話應用課程。例如曾為香港駕駛學院的駕駛導師和銷售人員編寫教材，我也參與其事。

在普通話教學的基礎訓練方面，我們還有不同的高階課程、能力提升、教學法等課程照顧不同學習者的需要；我們是師訓機構，當然也要作有關教學實習的監督。當時教育學院也要負責為教育署一些在職老師提供普通話學習課程，學員人數相當龐大，教學人員眾多，也聘用不少兼任導師。起初，我跟學系裏的資深同事學習課

程管理和統籌。若干年後，我開始獨立負責一些課程的行政工作。後來也參加了職前普通話課程的設置和管理，並且開始跟內地大學合作。

2016年，經歷了二十二年的努力，香港教育學院終於正名為香港教育大學。

隨着社會發展，我們所提供的各種課程也隨而改善。香港的基準語文教師必須通過普通話水平測試、基準試才可以執業，於是設立了普通話水平測試網上自學平台，讓學生自主學習、操練和測試，提升個人普通話能力，使他們儘快在畢業前通過所有校外考試以滿足畢業和就業的要求。

香港教育大學跟內地多家院校有長期合作的計劃，我也參加了其中一些項目。每年暑假學生到內地作沉浸學習，在全用普通話的語境下，他們進步神速，大部份都能順利通過水平測試和基準試。退休前數月，我把手上所掌理的項目交付與接任的同事，就像當初我剛到教育學院時，前輩同事對我的照顧。

我在2018年退休。一起合作過的同事大都對教育充滿熱誠，默默耕耘。這個專業，工作時不免有些孤獨，但得到團隊各人合作，一切行政及教學事務都會做好。教師所以能成長，實須前輩同事的協助，教育的發展，也須代代承傳。

在語文教育服務大道上，師資培訓是我做得最長的，職前的、在職的課程都做過，也經歷了香港小學和中學課程改革的日子。就讓這篇文章，記錄下我四十年的工作點滴，跟大家分享。

重道篇

2019年畢業四十週年，參與校友會聚
餐，獲贈紀念品。

在中學任教時，曾擔任美術科老師，
學生完成作品後，一起拍照留念。

香港教育學院十週年
晚宴，與莫禮時校
長、葛師校友會常委
及校友、葛量洪堂宿
生及舍監合照。

重道篇

蒙主福佑・教學相長四十載

梁淑儀女士

(在讀年份：1980-83)

葛師畢業後，任教於中華基督教會幾間小學，最後在油塘基法小學任校長，前後共三十餘年。其間修讀中大教育學士及碩士。近卅年間擔任區會小學校長會主席、中央校董會中小學校董。曾借調教育局質素保證組任評核工作，任學界體育聯會九龍東分會副主席、香港教育行政學會主席。又曾兩度獲頒教育獎項。

　　1980年中學畢業後，我立志成為教師，便去報考葛量洪教育學院。還記得考慮選修甚麼術科時，看見美術及設計，特別是不明白末二字，便去試考。該科考題是設計一個圖案，但我是個理科生，未嘗練習，只見鄰座的用甚麼顏料，我便照用，隨意畫出一個便交卷。卻幸運地獲得修讀，且編入主修一組，另一是科學，而副修是數學。後來我才知道，院方特意安排學生修讀一門術科，以便將來當教師時，課擔勞逸能較為均衡。現在我更明白，人的才能其實也是學科和術科兩途互濟而並進的。

　　我入讀三年制中文組，人數不多，全班幾乎都來自中文中學；科學科則在十位以內，人少自易稔熟。美術包括理論與繪畫，科學範圍廣闊，包括觀察與實驗，視性質而有不同教法，視課題而作不

重道篇

同處理，真是教亦多術。必修的教育學、心理學等當然是講堂大課。我在修讀其間付出努力，經過考試及設計教學後，竟糊裏糊塗地取得科學獎呢。在葛師的日子，我印象最深的是曾憲森導師，他是我小組的導師。為人和藹可親，在導修堂跟我們分享人生經驗，十分可貴，至今我仍然想起他的人生哲學與生活體驗。另外也有陳炳添、麥陳尹玲、施劉綺文、黃李志欣、盧倩容等導師教導我們，她們很有學者風範，認真教學，讓我們掌握知識與技能、培植態度與信心，為我們做好裝備，實在要感謝他們。當時我們除了上課外，還有興趣小組，我選了園藝學習，跟着吳恩德導師到體育館側的校園一角種植。每次小組聚會中，一眾同學除了談談笑笑外，更欣賞着植物成長的生命力，也激勵我們將來成為教育園丁的決志心呢！每逢放假，我又會與一班同學外出郊遊及野餐，談天說地，生活得十分充實多姿。

到了畢業那年，導師特別提點我們求職須有誠信，一旦簽約，便不可毀，以免有損院方聲譽，我一一謹記。起初我求職時，得到一間英文中學名校聘請我當代課老師一年，我欣然接受，並簽了合同。結果開學前兩星期，修女校長給我的課擔是二班中文、一班中史、一班西史、一班美術等，我嚇了一跳，因我沒有讀過文史的，真不知如何是好，同學們叫我趕快往他校求職。時值開學前一星期，我十分徬徨，惟有將求職信亂投出去，夜間我求告上帝帶領。結果幸得我家附近的一間小學校長接見了我，我向他坦誠說出我的情況；他答應聘用，並安慰說前約只是代課，現約是常額正職，着我好好向原校校長解釋。我立即照辦，幸而得到人家體諒，於是我才得受聘到中華基督教會屬下的基法小學。真要感恩！經歷此一教訓，我十分珍惜這個職務，加倍努力工作及享受在校教學的時間。

當時基法缺乏體育老師，我便返葛師修讀「應急情況下體育

老師課程」，後來學校缺乏英文老師，我又修讀部份時間制英語教師課程。我心只想：學校急需甚麼，我便應盡力配合，做好份內工作，才不辜負上帝給予我榮神益人的機會。最後我除了音樂科外，小學全部科目也有任教資歷，算是個全能老師了。但當時的我仍有個心願——熱切盼望可修讀一個學士學位。那年我正欲報讀理工學位時，卻發現中大開設小學教育學士學位課程，屬部份時間制而修讀四年，最為適合我的工作需要，既可服務學校，又可提升專業，也有幸獲得錄取。在進修其間，認識了很多教育界的前輩，他們大部份是校長，對教育具真知灼見，有願景又有前瞻。我在課程研習及與同學相處中，眼界大開，獲益不少。幾年後，我更修讀了二年部份時間教育碩士課程，取得學位；其間獲升為主任，不久再晉升為校長。總計我的教育事工，是曾在同一教會的四間小學任校長，最後也回到接納我初為人師的基法小學，校長任期合共二十四年。

　　我終於明白了！我被遣到基法小學任教，是得上帝保守及帶領的，現在我又回到基法小學，而學校因受家長歡迎已遷往油塘擴校，因此易名為基法小學（油塘）。當初在基法任教的十三年中，我跟隨過四任校長，每個校長的領導作風很不同。第一任的校長重視學校文化的建立，強調與家長的關係，很有教育理想；第二任校長對學校很有承擔，工作無微不至，也能知人善任；第三任校長有像爸爸般的和藹親切，與老師並肩同行，重視人際關係；第四任校長雄才偉略，眼光遠大，能賦權老師，後來我得到他們的推薦，分別取得「第八屆海華師鐸獎（2010）」及「第二屆卓越教育行政人員獎（2012）」。我從他們的領導風格中，融會貫通，做好職份。美中不足的是，我雖是行政職位中的校長，但辦學理念和基督精神仍需裝備。為了榮耀上帝，造福學子，我緊隨祂的召命，於是放棄進修博士的機會，毅然修讀門徒課程。十年其間，每天思考上帝的

重道篇

呼召，希望我能將上帝給予我的恩賜和使命，回饋教育。

　　至今我從事教育工作已有三十七年。多謝葛師給我入讀的機會，讓我成為一位專業的教師，及後成為校長。我也為常得上帝的帶領而感恩，一生從事教育工作，發揮所長，作育英才。滿以為我這種樂於進取的學習精神，已得到若干成果。但世事難料，過去一年香港經歷了社會運動及新冠肺炎的影響，經歷前所未有的長期停課，學校要立即開展新的教學模式。我和老師們要重新學習及應用Google Classroom或E-class網上教學，又要利用Zoom作視像開會，更要利用Youtube或Facebook網上直播進行講座及典禮。原來我們真的要持續終生學習，才能達致學教相長啊！

　　我常懷念葛師同學，但甚少聯絡，幸而十多年前幾位同屆同學發起每年一次的大聚餐；更隨着時代的進步，成立網上群組，藉以保持聯絡。我當然十分珍惜重聚的機會，期盼相見，細說當年，分享大家的工作近況和家庭瑣事，回味一起在葛師渡過的歲月。在此祝願大家常常懷念母校，繼續為教育作出貢獻，發光發熱。生活愜意，身體健康！

1983年畢業校友聚餐的盛況，多位導師出席。

重道篇

葛師情‧感動

楊世德先生

(在讀年份：1983-86，1988-89)

　　葛師受訓，專修體育共三年，後獲浸大學位及校長認證。一直在高主教書院任教，由體育科至課外活動主任，統籌學生學習，涉獵行政範疇，逐步升級，2020年起晉升校長。曾為教區訪問前行政長官曾蔭權、信有明天分享會。並任小學部及教區中學校董，協助管理座堂廣場。積極參與港島校長聯會、教育局公益少年團及浸大校友會事務。

　　1986年我在葛師畢業，即找到一份津貼中學教席。從此投身教育，渡過我一生的時光。回想當年，各位恩師對我啟發甚大，亦成就了我。來年我將擔任高主教書院校長，總算不愧師長的寄望。在獲悉這消息後，我即與前輩恩師分享，而其中一位是陳婉玲老師。陳老師是我就讀葛師ACTE 時的班主任，她與我們一班同學感情深厚，我們常稱她為陳媽媽。此次在她的鼓勵下，我執筆為文，與各位前輩及師弟妹分享我的葛師情以及我的教育路。

　　1983年，我開始成為體育人。當時決定選讀體育系，是受到教我羽毛球的鄰居陳玉顏女士的影響。當時的我希望未來能像她一樣，成為一位有熱情、有幹勁的體育老師。我深信透過運動訓練，能夠讓學生強身健體，同時期望能發掘有潛質的運動員，讓他們各

重道篇

展所長。這份初心驅使我投身教育界,開展了我的教育生涯。回溯過往,零星記憶仍歷歷在目,腦海裏浮現昔日的片段。

我在葛師所修讀的課程,可分為兩段時期,分別是1983-86年師資培訓以及1988-89年高級師資體育科。先是以教育為主體,主科體育及數學、副修科學,後則以體育作專科。作為葛師體育人,每天都排滿了密密麻麻的活動,包括各式各樣的運動、訓練和比賽。日間以體育理論及體能操練為學習重點,課後則為了提升自身的專業水平,報考不同的運動證書及教練資歷。當時校園生活充實、多姿多采。葛師球場、體操館及室內運動館都是我經常流連的地方;為了補充體力,飯堂「白飯任裝」的優惠使我至今仍十分懷念,舊事難忘,至今仍津津樂道。而令我印象最深的卻是學院內的導師對我們悉心的栽培及指導。我內心仍惦記着各位老師:劉錦新、林冠新、廖玉光以及陳陳婉玲等,未能盡錄。在那幾年之間,得他們盡心教導,培育我們成為充滿熱忱的體育老師,我們能成為葛師體育人,實在感到無比自豪。

畢業後,我申請到高主教書院任教,一直過了三十三個年頭。我的教育生涯始終與高主教緊密連結。古語有云:「此身安處是吾鄉。」高主教除了是我工作的地方、育人的搖籃,更是吾鄉之所在。經歷多年的熬煉,我逐步由一位體育老師,邁進教育機構的管理層。前輩對我的教導、上司對我的信任,乃至同事、學生給予我的激勵和支持,都使我更熱愛自己的教學生活。

一生服務一校,我得說些我在高主教書院體育教學與學校行政的舊事。書院位於中環羅便臣道,至今已有六十多年歷史,學校採用英語教學,屬於第一組別學校。由於校舍地理環境特殊,加上早期校園設計相連中小學校舍,空間匱乏,連一個合乎標準的籃球場也欠奉,遑論其他完善的體育設備。曾到訪觀課的前輩老師們都知

道有關情況。起初我加入這大家庭，無論校長、老師、甚至同學，都不太重視體育課，認為體育課只是為了讓同學們輕鬆打球及舒展身心。

我當時初出茅廬，縱然滿腔熱誠，但也不知如何是好。在其他人眼中，高主教書院的體育成績根本難有寸進。然而，我始終不甘心，下定決心改變現狀，改變大家對體育科的看法，那管由零開始。最記得當時學校所有運動項目於各項比賽都是屬於學屆第三組（Division III）。學校在漫長的改革下才漸露曙光，直至我在校任職十八年後卸任體育科主任一職時，我樂於見證學校取得最輝煌的成績，其中游泳、乒乓球、籃球及網球比賽屬於第一組；而田徑及越野賽亦列入第二組。2018年我校更取得「全港學屆體育進步獎」。至於競爭激烈的「玫瑰盃」的積分榜更曾名列全港前十名。我校體育設備不足，但學生亦能獲此佳績，算是我這葛師體育人的一點成就。回想過去十年的艱辛、遇到困難不少，也曾使我一度失去信心，但我始終未忘卻在葛師所學到的信念和對教育的初心，我把自己比喻為荒地裏的開墾者，秉持着高主教書院「堅毅力行」的精神，持續深耕細作，體育的種子最終也能開花結果，高主教的體育成績終於為外界所認識、為家長所稱譽。

除了體育科外，我也曾擔任電腦科和高中數學科的老師，這些兼任多科的教學日子殊不容易，致力修為，處理教材和教法，使自己成長為一個更稱職，更全面的教師，幸好學生多年來的公開試成績不俗，我總算「交到功課」，沒有愧對學生。我在學校裏也長年負責課外活動和訓輔的工作，種種經歷，除了成為我的功勳，使我變得更加成熟。家教會、校友會和中小學的聯繫也讓我拓展自己的人際網絡和視野。及後我擔任課外活動主任，助理校長，其後擔任副校長，行政工作不斷增多，壓力也隨之越來越大，惟有自己不斷

重道篇

增值，望能完成任務，為上司欣賞，得同事認同。回望當中過程甚是艱苦，每段經歷我都必須咬緊牙關，逐步向前，不求走得最快，但求行得最遠。這份毅力堅持，我想都是我們歷年葛師體育人的特質！透過運動鍛煉出一份永不放棄的鬥志。

兩年前，即我擔任副校長第二年，我校恩師盧詠琴校長鼓勵我繼續努力，希望我能更上一層樓。承蒙她的支持及指導，我努力完成校長課程及考獲認證資格，並通過教區公開招聘面試，宣佈在2020學年開始，聘為書院校長。我常常在想，長時期困在一間中學裏，少見世面，在行政方面旳應變能力恐有不逮。但從另一個角度看，正由於三十多年所教過的學生，名人輩出，包括政府高官及各界專業人士，對母校常存感恩之心；他們回校探訪時有我代表舊老師去接待，也是一件美事。為此，年來收集到的問候信和致意卡，我都珍重地保存下來；暇時翻閱，不勝懷緬。

當老師是我初中時的志願，憑藉我「生命影響生命」的信念與堅定不屈的精神，夢想竟然成真。但我從來沒有想過當校長。任教已三十多年，我享受當老師的角色。隨後我遇到現任校長，她送給我一句話：「教好學生」不如「做好學校」，將來你便不愁沒有好學生了。經過一年的認真考慮，我決心擔任校長工作。未來我會以「上善若水」的德性，「寵辱若不驚」的態度去迎接面前的挑戰，為教育事業繼續略盡綿力。

2019年與吉爾吉斯探索團
訪港中學生合攝

重道篇

陪同得獎同學出席
2020-21年度香港島傑
出學生選舉頒獎典禮

出席中銀香港紫荊盃
2017-18年度頒獎典
禮，高主教書院榮獲港
島區男女校學屆表現最
佳進步獎。

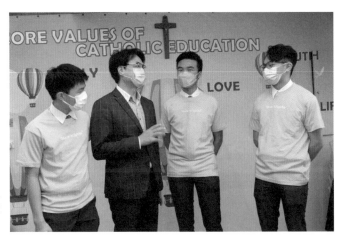

筆者對高主教學生會正
副主席及幹事分享學校
發展，加強溝通。

重道篇

2018-19年度全港學界羽毛球隊際精英比賽榮獲亞軍

2020-21年度高主教書院全體老師大合照

重道篇

葛師給我打開體育大門

雷雄德先生

(在讀年份：1983-84)

初在羅師接受師範訓練，曾任中學教師，後入葛師修讀第三年體育專科，再赴美麻省春田大學修習體育本科，獲理學士、碩士及體育博士。回港後任職中文大學體育部導師，現職為香港浸會大學體育、運動及健康學系副教授。著有《運動科學是與非》等書。曾獲行政長官社區服務獎。參與小童群益會、青年獎勵計劃、民政事務局、教育局、食物及衛生局委員。

　　1983年我入讀葛量洪教育學院的高級師資文憑課程，主修體育。當年我任職中學教師，帶着薪酬去讀書，感覺上較為輕鬆寫意，求學是為了求知，也是為了興趣。在葛師讀書的短短一年間，有幸認識了很多體育教師朋友，擴闊了社交圈子。時至今天，大家仍不會忘記每天上學行走的一段大斜坡；回頭看看，我們的身體健康都是這樣熬練得來的！

　　我在葛師有兩件難忘的事情，第一是學會織冷衫。當年所有同學都要選修體育本科以外的興趣課程，幾位男同學竟然一起去選擇織冷衫，結果織了兩件冷衫和幾頂冷帽。這些寶物當時沒有珍惜，現在無法找來緬懷一番了。

　　第二是遇到一位良師，他是體育部主任簡榮基先生，簡老師給

重道篇

同學們很多啟發和教學上的新思維，我是受惠者之一；他鼓勵我們年輕人要不斷進修，不斷學習新知識。在葛師生活的一年，使我拓闊視野，也改變了我的體育事業。1984年5月，簡老師安排我們到中文大學體育部參觀，巧遇傅浩堅博士。他介紹中大學生必修體育課程的原意和安排外，還分享了他在美國麻省春田大學留學的生活點滴，給我留下深刻的印象。春田大學是籃球發源地、體育文化十分深厚的著名學府，中國現代體育之父馬約翰教授於一百年前先後兩次到春田大學深造。於是，我便開始搜尋到美國修讀體育本科的資料。一年後，我毅然放棄了中學的教席，踏上留學之旅，遠赴美國進修，努力學習數年，最終完成體育博士學位。回想起來，真的要感謝簡老師當年的安排，機會或許真的是給予有準備的人，而我是有心作準備的一個罷！

在葛師，簡老師常勉勵我們説：「知識就好像撲克牌的鋤大D遊戲中的一張皇牌，擁有幾張皇牌在手令你增強信心，雖然你未必一定會贏，但起碼不會輸光！」簡老師為了加強學員們對各項體育的認知與嘗試，特意與香港銀禧體育中心（現今香港體育學院）合辦體育教師專項培訓課程，包括體操、壁球、足球、劍擊、田徑和健身訓練等，我們同學便成為首批接受專項教學課程的全體育訓練者。畢業後三十多年，同學們仍有聚會，有説有笑，回憶我們在葛師一起走過的日子，倍添歡樂！還記得當年我與何國泰老師拍檔，代表葛師出戰四師乒乓球賽，更取得雙打冠軍，使我增多了一小項紀錄。

目前我在大學工作的角色，除了擔任教學和研究外，還有是把知識從大學轉移到社區。2020年初至今的新冠疫情大流行，是人類史無前例的健康危機；由於社交距離及各項限制，嚴重影響個人的體能活動及社區的運動文化。除了靠步行來提升能量消耗外，肌肉

重道篇

流失的情況絕不容忽視。有關體育科學的研究指出，倘肌肉兩天沒有活動便會開始出現萎縮，胰島素敏感度下降，缺乏肌肉運動促使身體出現正能量平衡，脂肪積聚，炎症危機增加。此一疫情出現促使全球人類的體質下降，缺乏運動使身體機能變差，長者容易出現肌少症，青少年發育受障礙，還有影響精神健康及體重控制等健康行為。市民的生活模式會受到困擾，如何提高健康運動意識來迎接這個「新常態」，成為近來民眾討論的熱門話題。

筆者建議大家減少久坐不動，提高健康運動的意識。第一步就是在日常生活時，爭取較多步行或上樓梯的機會，以增加能量的消耗，促進新陳代謝。第二步是爭取戶外運動的空間，戶外環境一來使受感染的風險較低，二來接觸綠色大自然有助促進心理健康，三來更可以給眼睛暫得休息、減少長時間看電子屏幕。鍛煉肌肉力量是增強身體免疫系統的最有效方法，每星期進行兩至三次肌肉訓練，包括上肢、身軀和下肢，家居訓練則可採用啞鈴或阻力帶等器材輔助，持之以恆，必有成績。在新常態下，每天必須保持充足的睡眠，維持良好生活習慣及正常的生理時鐘，並須慣常進行多種伸展運動。

疫情期間，成年人每星期需進行中等強度的有氧運動，所用時間介乎150至300分鐘，以及每星期應進行兩次肌肉訓練。以上是我本着體育科學專業所要說的衷心話。盼望人人身體健康，齊齊抗疫成功！

重道篇

1983-84年度高級師資訓練課程（體育）前排導師左起林小翠、覃照焜、簡榮基、陳陳婉玲、
劉錦新、盧梁碧聯，後排中為筆者。

當年男女同學上網球課，由簡榮基導師（後排左一）指導。

逃兵感言

鍾志光先生

(在讀年份：1985-88)

踏出葛師後，曾任中學體育老師，其後轉職其士集團、商業電台及香港電視廣播有限公司（TVB）。從1990年開始，參與八屆世界盃及七屆奧運會任節目主持、採訪及評述工作；又參演逾一百套電視劇集。工餘在公開大學、香港大學及香港中文大學進修，先後取得中國人文學榮譽學士學位、中國語言及文學碩士、哲學碩士；論文以「從杜甫詩談朗誦與中國文學的關係」為題。

　　每次走過加士居道，都不期然舉頭上望，長長的斜路及斜路頂的葛量洪教育學院，滿載了我的記憶！

　　1985年盛夏，從斜路走上去參加面試；1988年初夏，上完最後一課，從斜路走下來，展開人生新的一頁。這三年在人生路上並不算長，但對我的影響卻非常大。我的主修科是體育及歷史，憶記的多與體育科有關，歷史科於我真的只是歷史而已。主要原因在於這三年來，大部份時間都是跟體育科的同學一起；除上課外，課後又一齊練習及參加校外的教練班、拯溺等課程，課餘活動多采多姿，相處的時間較家人還要多，彼此間建立起深厚的感情，至今每年仍有敍舊之約，老師們也會出席。

　　如今加士居道斜路依舊，葛量洪教育學院卻不復存在！當年

重道篇

經常流連的體育館、籃球場、更衣室前的長廊，一一都在記憶中。建築物如此，人也如是！在體育科的老師中，梁歡蕙老師及蔡謝鏡珍老師都已經離開了我們，年壽有時而盡，人生際遇各有不同，她倆只能活在我的記憶裏！尚幸，其餘的老師仍然跟我們最少每年一聚。他們有一個共通點，都是曾經接受過師範教育，而且大部份都畢業於葛師，皆因早期的體育科高級師資課程只在葛師開辦；因此，他們多是葛師人，是師兄師姊，對我們的學習經歷瞭如指掌。

陳陳婉玲老師是個典型例子，六十年代初畢業於葛師，教學生涯大部份時間在葛師渡過；她很愛護學生，就像眾人媽咪。猶記得在一年級的野外訓練課出發當天，各級學生在停車場集合，她在訓話之後，出發之前，給各組一個小盒子，內裏是她早一晚親自炮製的滷水小食，想起來還有一種味道在我腦海迴旋，這就是人情味！及至活動的最後一天，我組應該在一點前到達東壩，會合其他組別，然後解散；但在高年級的師兄帶領下，我們開了小差，前往白蠟享受了個多小時的陽光與海灘。當時在東壩上的陳太，急如熱鍋上的螞蟻，開車在附近山頭尋找我們。雖然比原定時間遲了個多小時才到達東壩，陳太對我們卻沒有半點責難，還送上朱古力。此情此景，恍如昨日！

廖玉光老師是七十年代葛師的畢業生，八十年代中期開始於母校服務，合併後也在香港教育學院工作至退休。他是我的班主任，接觸較多；更巧的是，他太太是一位我非常感念的小學老師，在失去聯絡多年之後，因廖老師的緣故而重逢，至今一直保持聯絡。在學時的三次實習，廖老師都是第一位到校觀課的老師，對我的幫助很大，因為好些錯誤在他提點後，得以及時改正。還記得畢業前的最後一課，他向我們說了一番語重心長的話，這番話好比武俠片中，徒弟下山前，師傅授予最後亦是最重要的一招；他告誡我們，

入職後謹記「合埋把口，擘大隻眼」，先觀察，看清楚周遭的人和事，切勿謬論高發。這番話我一直銘記於心，奉行至今，由此可見道以人傳的重要性。其餘教導過我的體育科老師還有：簡榮基老師、劉錦新老師、郭忠貞老師、黎文禮老師、關子強老師、杜蕭淑芬老師等，由於篇幅所限，未及細表。對上述各位老師的教恩，學生永矢弗諼，銘感五內！

除了體育科的老師外，也曾受教於歷史科、教育科及其他科目的老師，因為接觸不多，印象不深，未能具名言謝，誠一憾也，但無損我對他們的敬意！記憶中教育科所採用的教材都是西方教育論說，讓我們知道兒童成長、心理發展、語言能力發展等；可惜的是沒有讓我們接觸到中國傳統的教育理論，例如韓愈的《師說》、荀子的《勸學篇》、《禮記‧學記》等經典文章都付諸闕如。如果在課程編排上，抱不薄東方愛西方的態度，兼容並包，東西俱備，才是好東西，我們的得益肯定更多。

實習是學生們的最大挑戰，因為聞說曾有學生因為實習不合格而被勒令退學。實習將近，大家都如臨大敵，懶惰如我也乖乖地備好教案。同學們頓見人間有情，發揮互助本色，互借教案參考，甚至劉備借荊州也不為奇；總之各施各法，不求成績突出，但求老師體恤。結果三次實習都人人合格，皆大歡喜！我經歷了兩次小學及一次中學的實習，每次實習都覺得時間過得很快，很開心；因為上課節數少，又不用兼顧行政工作，跟一般老師的工作量不可同日而語。加上學生對實習老師非常友善，愛護有加，離開前收到很多禮物，當中有些是極具心思和意義的；在中學實習完結當日，學生們在午飯時間，趕去旺角訂製了一本精美的木製相簿送給我，裏面還貼上我和學生們的合照，這份記念品我一直保存至今。雖然我們只是因緣而聚的短短六星期，但愉快的記憶卻是一生一世。如今偶爾

重道篇

也會碰到實習時的學生，我雖然未能準確地說出他們的名字，但只要講出何年何月何學校，記憶便馬上湧現。人的聚散也是如此，因緣而聚，因緣而散，回憶總是美好的！

畢業後在屯門李琳明中學任教，八個月後，因為自己的無知而離開了教育界，可能是此生的其中一個錯誤決定。當時轉職私人機構，從事員工康樂工作；上任後發覺所做的與所想的有很大距離，便萌生退意，打算在新學年重執教鞭。然而，在失意之時，卻有機會轉職商業電台，當時心想，一試無妨，大不了暑假後再當老師，想不到的是自此便跟教育界越走越遠。回想前事，若當日未有轉職私人機構，今天的我仍然會是一位老師；若不曾於葛師修讀體育科，我實難勝任現在的工作，因為在接受師資訓練時練就的說話能力，學到的體育知識，都對我現職幫助很大。

做了逃兵，離開了教育崗位三十年有多，這個行業亦起了很大變化，跟同學見面時談到教育議題，總是話不投機；因為我無法感同身受地體會他們的困難。無論如何，教育是生命影響生命的工作，如果只是重智輕德，以成績為成功指標，把教育視為知識的買賣，如此這般，教師的工作還有意義嗎？回想八十年代受業於葛師，大部份老師都敬業樂業地教導學生，期望薪火相傳。我們都共同走過美好的時光！由於離開了教育工作，我思我想可能已經不合時宜，因着離開而仍能對教育工作保持憧憬、冀盼；得以保存一份赤子之心，也許是我離職的最大得着！

在何文田官立中學實習時，學生送贈的相簿，保留至今。

重道篇

前排左起：蔡謝鏡珍、郭忠貞、梁歡蕙、簡榮基、陳陳婉玲、劉錦新、廖玉光。
筆者站於最後一排左四。

葛師畢業三十年聚餐（2018）

重道篇

在北京為無綫電視主持
2008年奧運會

在雅典奧運現場報道女子馬拉松比賽

《舌劍上的公堂》劇照

重道篇

添一點幸福

朱啟文先生

(在讀年份：1985-86)

1980年畢業於銘賢書院，即考入羅師就讀，1985年進入葛師高級師資課程(美術與設計科)，並於理工學院學習雕塑與陶藝。1990年獲獎學金赴英艾斯特大學留學，回港後開始以混合媒介創作。曾任教弱能學校三十年，後在輕度智障兒童學校任校長。2020年退休後，專注藝事。

　　2020年初正值年卅晚，疫情來臨，政府尚未宣佈「封關」，教育大學兩位學生到訪，問我香港陶藝教育二三事。讓我細說從前，自己讀小學時，有升中試，初小的勞工音體課，圖畫堂是平面繪畫，勞作堂則涉立體創作，踏上高小主攻中英數，主科老師同是勞工音體老師，方便調動課堂作「操卷」之用。

　　1973年升讀銘賢書院，適值美術教師馬桂綿先生在「葛師」剛完成高級師資訓練課程，回校重執教鞭，並主持美術學會及攝影學會，我是當中的活躍分子。中三時學校購置電窯，美術室隔壁的工藝室變成陶藝室，同在四樓。學校當時未設升降機，電窯是由「吊雞車」吊上四樓，遇着小息，同學們在梯間欄河，圍觀奇景。工藝室築了泥缸，添了「腳踢」的拉坯機。我拿了一小袋泥回家，做了

重道篇

一隻「泥塑拖鞋」，翌年在學校十週年開放日的美術展覽展出，獲優異獎。展覽評判是教育署督學郭樵亮先生。

1982年我從羅富國教育學院畢業，9月便到香港紅十字會甘迺迪中心任教。數月後，學校添置了電窯，我便趁暑期往李惠利工業學院參加短期陶藝課程，惡補一下。暑期班導師是曾鴻儒先生，後來ACTE的同學周丕溥也是學員之一。1985年9月我參加ACTE課程，隨陳炳添老師正式習陶，1987年又參加「理工」陶藝證書課程，延續所學。在1997年前後，教育局負責視藝科及陶藝科的余樹德先生邀我加入《陶藝科》的考試委員會。當時陳老師任主席，在商討陶藝科課程及檢視考試程序時，老師知我在特殊學校服務，便請我提出學生的個別需要，看看局方如何協助。我擔任了兩屆委員，給予一些意見。其後，中學會考陶藝科於2006年不再設立，實在有點可惜。

1986年我們在葛師畢業，數年後陳老師調往羅師，繼續扶掖後輩。他於九十年代中期退休，不忘藝事，曾於沙田大會堂舉辦雕塑陶瓷個展。其後我們辦聯展，或邀他來主持開幕，甚至邀約交件參展，他都樂於應允，支持後學，十分難得。

2018年一個炎熱的夏日，藝友提醒：「今午誰去陳炳添老師的講座和開幕展？」我匆忙趕到藝穗會，展覽前的講座已開始，滿室都是熟悉的面孔，又聽到許多久違的名字，更悉香港美術教育協會 (HKSEA) 尊稱陳老師為「香港陶藝教育之父」。那麼，啟導香港陶藝教育五十年的宗師，何不來一次師生聯展，則更具意義。是故我在即時通訊軟件與同學，經過幾次對話，說辦一次聯展，當作餞別禮物，送給行將離港定居澳洲的陳炳添先生。沒多久，梁崇任兄得悉同年9月在石硤尾藝術工廈展場有三日的展期，這是兩個展覽期中間的空檔。又蒙HKSEA行政總監黃佩賢女士連繫，該會主

席及執委會眾成員很快通過議決,主辦是次聯展。我連忙替展覽定
個名稱:《再添一點》,並寫了幾句解說作申請之用:「2/6/2018
開幕的『陳炳添作品回顧展』似畫上圓滿句號,然而他既被譽為
『香港陶藝教育之父』,自是桃李滿門,就欠一幅『兒孫滿堂』的
全家福。我們忝為他的學生,應替其『添』上一點,以臻完美。
『添』是老師大號,中國人吃飯,愛添一點。添一點『兒孫福』,
對先行者是一個高度崇敬。讓我們將其教育精神、創作抱負延續下
去,不敢奢求,只『添一點』,送上一點心意,於願足矣。」

　　展覽籌委會成員當中也有畢業於羅師的梁美珊老師。我自薦任
主席一職,還邀得馬桂綿老師為展覽題字,與他同期的畢子融先生
和李慧嫻女士,同是籌委會邀約參展的前輩。是次跨代跨院校的展
出,望能呈現香港陶藝教育的脈絡,從師訓到學校課程,進而塑成
當代香港陶藝的面貌,陳炳添先生實在功不可沒。

　　《再添一點》展覽於是年9月敬師日開幕,前視學署高級督學
楊懷俸先生也來捧場。當晚陳老師話題不絕,開懷敍舊。開幕後,
參展者和來賓與陳氏伉儷一起用膳。席間,我們請任教英華女校的
梁美珊老師,邀她一位學生送上展覽海報給老師,留為紀念,更表
達我們傳承的心意。

　　稍後在陳氏夫婦移居澳洲前,曾約我和吳楚慧老師到他家中敍
面,他把一些收集的陶瓷小玩意送給我們。吳老師還帶同兩位學生
前去,認識「師公」,以示延續陶藝創作。10月老師夫婦離港,梁
志芬老師和HKSEA的代表陳家燕到機場,送別他倆,並代我們送
上祝福。這兩年間,我們陸續收到書友探訪老師師母傳來的信息和
照片,他們生活挺寫意啊!

　　老師退了,學生也退了。自己從1982年任教,至今三十八年,
「登陸」退休,歲月無聲。「葛量洪教育學院」的原址,數年前

重道篇

已移交另一辦學團體,高級師資訓練課程也早於十多年前停辦。隨着教育學院升格為教育大學,教育局倡行教師「全面學位化」,一一洗刷我們的記憶,香港教育也踏上新途。疫情下,許多地方關的關,封的封。葛師情,卻關不上,封不了。我深信一所學院非止一座建築物,體制雖改變了,大樓雖移交了,其弘揚教育之精神仍在,只因傳承在人。讓我們重拾舊日的足跡,交出火炬,與年輕人懷着躍動的心情,迎上前去,為大家添一點幸福。

《再添一點》展覽開幕禮,2018年9月。

筆者參展作品《斷、捨、離》,2018年9月。

《陳炳添作品回顧展》,師友合攝,2018年6月。

重道篇

在葛師的友情歲月

朱少芳女士

(在讀年份：1985-86)

出身於羅師，教學數年後入葛師修習美術與設計高級師資課程，又在理工進修而獲學士銜；曾教過幼園及中小學、專上學院。1988年起任教育署美術及設計科及戲劇科督學直至退休。其後修讀有關電影文憑課程，為博物館任文物修復義務工作多年而獲康文署嘉許狀、社福署頒發銅獎。暇時除寫生外，又習書法及中國水墨。

　　沿着又彎曲又陡斜的九龍加士居道往上行，會遇上擦身而過駕駛着電單車的同學彭曉暄，背着大書包的朱啟文，還有趕快上課的學長們，他們行色匆匆。我喘着氣只能報以微笑，再往上行經過循道小學，便到達葛量洪教育學院（簡稱葛師）。

　　葛師於1951年成立，當時極需要大量師資，所以只開辦一年制的短期課程。學院在師資培訓方面有兩個特色：（一）設計教學——學員要分工搜集資料，實地採訪，最後有大型的作品展覽分享；（二）小組討論——目的以補充大課堂單向教授之不足，藉此還可建立良好的師生關係。如此的學習模式，是有志成為教師夢寐以求的。教學多年後有持續進修的機會十分難得，何況是「高級師資訓練課程」是深造及進修美術專科的課程，為此，1985年我懷着

重道篇

雀躍心情入讀。

　　葛師一直重視美術教育，院校聘請多位卓越和資優的導師，他們無論在繪畫、版畫、陶藝、設計、美術史和教育理論範疇上各領風騷，對教育充滿熱誠和期盼，這當然要求學生也嚴謹。

　　1985-86年，我有12位來自不同中學和小學美術科教師的同學：彭曉喧、朱啟文、梁淑儀、伍沅莉、吳香生、周丕溥、羅登、馮祐德、李美蓮、岑德雄、張小慧、曾婉眉，他們各有所長，是我學習的對象。同學朱啟文最愛骨頭，常常用豬骨創作；伍沅莉有獨特的繪畫風格，暱稱女巫；岑德雄擅長創作藏書票，馮祐德最專長毛衣編織，周丕溥的版畫創新，作品更入選香港雙年展呢！

　　在這一年裏，無論在校園的任何角落，都會見到我們學習的蹤影。14室是我們的基地，用來儲存個人畫具和大型創作，由於大家都很忙，無人清理雜物，最後房間寸步難移，班長張小慧提議「14室宣言：清潔你留下的一切」，及後成為佳話。飯堂是我們的第二個家，它除了是三餐果腹的地方外，還是同學開生日會、聚一聚和透一口氣的地方，在這裏我們留下很多足跡！

　　課餘同學們會邀約出外參觀，還記得當年一起參觀亨利摩爾Henry Moore大型的雕塑展和大會堂的畫展。大年初二，由於每人要拍攝一張放煙火的功課交黃家鑾導師，我們下午五時前便在尖沙咀海旁等候，目的是要守護着拍攝的角度。晚上八時燦爛繽紛的煙火在大家面前出現，我們都樂透了！

　　每逢聖誕佳節，陳炳添導師都會為大家高歌一曲──《祝大家聖誕快樂》，提醒我們佳節將臨，別忘記與家人歡聚，悅耳的歌聲同學們都醉倒了！班主任鍾永文導師對同學呵護備至，吃過晚飯後總會駕車回校探望仍在工作室創作的同學，催促他們回家休息。導師與我們的年齡相若，故此常保持亦師亦友的關係，他們稍有閒餘

當年美術及設計科同學
在14室宣言前留影

同學們視飯堂為
我們的第二個家

的時間，都會主動跟同學聊天。

　　同學們每天聚在一起學習、作息，一同面對功課的壓力，然而大家互相砥礪、務求精益求精，以回饋導師們培育之恩！時光飛逝，完成個人大型的作品展覽後畢業，同年在香港藝術中心Art Centre 舉辦聯展。自此，大家各奔前程，在不同領域上為美術教育發光發熱。

重道篇

參觀亨利摩爾Henry Moore的雕塑展

梁妙卿導師（右一）在
圖書館外與同學合照

習作完成後同學
在禮堂內留影

重道篇

畢業前與范枝南導師（右三）在正門合照

與黃嘉鑾導師（右一）合照

與鍾永文導師（右一）合照

13位畢業同學合照

重道篇

與陳炳添導師（前左三）及鍾永文導師（前左二）茶敍

　　畢業後的三十四年其間，同學岑德雄、伍沅莉、張小慧移居海外。互聯網的發達，使我們通訊連在一起從沒有間斷，就是因為葛師，我們才認識成為摯友！除了每年一度的茶敍外，日常還會分享創作、偶爾會舉辦畫展，以畫會友聯繫感情。毋忘導師的培育之恩，同學們會邀請導師們茶敍。

　　回顧葛師的歷史，從1951年的創立，1967年易名為教育學院，於1994年合併稱為香港教育學院；時代不斷的演變，擴闊了課程的內容，添加了課程的趣味性，讓學生擁有更豐富的美術知識。及後經過歷屆導師們多年的努力，在2016年5月27日升格成為香港教育大學。

　　我們期望各位師弟師妹繼續推動視藝教育，為建設美好的將來悉力以赴！

電子學習

——從一部手提錄影機説起

李啟明先生

(在讀年份：1987-88)

1980年畢業於羅師，1987年入讀葛師高級師資教育（美術及設計）課程，其後繼續進修，獲得教育學位、碩士及哲學博士學歷。1990年起任柏師教育科技科講師，後轉職到香港教育學院，2006年起任助理教授，直至2018年退休，現仍為香港教育大學數學與資訊科技學系客席助理教授。

　　執筆時，正碰着新型冠狀病毒大流行，學校停課多月，但學習並無停止，很多學校都嘗試運用線上學習模式，務求做到停課不停學。一般來説，學校會在學習管理平台上發佈老師自家製作的錄影學習內容和作網上學習評核，也會利用視像會議軟件及電子教材進行網上即時的面授課（網課）。

　　回看四十年前，剛投入教育行列，VHS錄影器材才開始應用在教學上，網課可以説是天方夜譚的事。還記得在教育學院學習教育科技時，所接觸的教學媒體都是以聲畫展示學習內容為主：例如幻燈機、菲林影片播放機、高映機和錄音機等。畢業那年，有幸被導師委派替每年一度的話劇匯演進行錄影。這是我第一次接觸錄影科技（讀者倘有興趣看看我第一部操作過的手提錄影機和舊式教學媒

重道篇

體，可掃描夾附的二維碼）。隨後，「錄影製作」也加入到教育科技課程之內。那時教育科技常視為學習內容的載體，其角色只是輔助老師在課堂上的講解，目的在協助學習者認識世界事物，理解一些抽象概念法則和原理。我就在那時轉到柏師任教，開始了教育科技的教學生涯，時為1990年。

隨着數位科技的發展，很多的傳統內容製作和播放器材逐漸被電腦取代，而學習內容也由於電腦多媒體和編程技術而變得更具吸引力和互動性。這個時期，教育科技開始被確認其教學的角色，很多電腦學習課件相繼出現，教育學院的教育科技課程亦加入了「電腦教材製作」。可惜的是，科技雖變，但教學方法依然故舊，電腦學習光碟和簡報教材只是各類傳統媒體的替代品，仍然擺脫不了其輔助的角色。電腦教材的互動功能在中小學的教學上仍未得到充份發揮。教學方法仍是教師主導，能夠讓學生利用電腦學習課件進行獨立學習的學校為數不多。自1997年後，政府開始倡議教育改革，推動資訊科技教育。當時，「教學範式轉向」、「以學生為本發展共通能力」、「運用資訊科技進行互動學習」等口號還記憶猶新。縱使理念正確，奈何軟硬件的配置和教師運用資訊科技的能力仍未裝備好，能夠運用科技進行創新的教學方法的學校甚少。直至互聯網獲普遍使用後，很多的電腦教材都可通過網路發佈或以網頁的形式展示，於是學習不再受時間和地點的限制，再加上資訊科技的基礎建設和教師的專業培訓漸趨完成，很多的創新教學試驗項目相繼出現，而部份項目的理念和成果至今仍具影響力，「校園電視台」便是其中一個例子。身為教育科技的推動者，我當然也參與了不少由優質教育基金和教育局資助的項目，當中包括學習軟件和平台的開發，也有結合科技的創新教學研究。這些項目的成效直至今天仍然可在教師專業發展課程裏分享。試舉「運用資訊科技照顧個別學

習差異」這個十多年前的項目為例，其理念及實踐經驗能讓今天老師反省到學習管理平台不單是用來存放老師上課時用的教材，讓學生課後取來溫習的地方。要實現照顧個別學習差異的理念，平台上的教材應具互動性，內容可按學習能力差異而作適當的剪裁，能即時評估學習成效並提供回饋，讓學生進行有效度的獨立學習。平台上更可以為不同能力的學生設計不同的學習活動，運用不同的網上學習資源，務求讓不同學習能力的學生都有一個適合自己的學習方案。

今天，由於互聯網和無線通訊技術的快速發展，我們已能運用輕便的流動裝置例如智能電話、筆記型和平板電腦去處理日常事務，甚至工作和學習都可透過高速網絡進行，造就了各種的電子學習模式甚至網課的出現。

表面來看，網課確能解決各科目因疫情而停課的授課問題，惟其學習成效是否可與傳統的面授形式作比較，則可從我的親身體驗作一點分享。我可以說與教育科技結下了不解之緣，退休不久便繼續擔任與電子學習相關的課程及教學實習的導師，後來迎上了疫症，課程和實習視導要改為網上形式，於是便當上了網課老師。記得有一次，在實際運用網課作實習教學前的一個預試視像會議上，見有一位實習同學，只縮在家中一個角落，似乎不想給人看到家中狀況；問他為甚麼不用軟件的虛擬背景功能，原來他的電腦配置較舊，未能用到。我相信這情況在中小學裏是相當普遍的，那些基層學生較多的學校這問題會更為嚴重。這個經驗告訴我，原來學習的差異不單在學生的能力方面，家庭的經濟情況差異，對是否能有效運用科技進行學習也是一個重要的因素。可以想像到如果家中沒有適當的電腦和上網設施，網課能有效地進行嗎？雖然教育局及學校在如何減少這種「數碼鴻溝」的問題上已推出了不少措施，但在疫

重道篇

情持續下，一些針對性和即時性的幫助仍是不宜忽略的。

　　網課的另外一個問題是：如何可在網絡空間裏塑造一個如實體課中，充滿互動的學習環境。從好的角度看，只要老師能夠善用數碼媒體教材，在教學過程中運用提問或短測，讓學生在鏡頭前回答，或者運用視像會議軟件的舉手和即時回應功能，而老師則可即時回饋。我相信這個互動效果必比傳統面授課的更好，因為學生更能聚焦老師的鏡頭和共享的畫面。當然，要得到順暢的互動效果，在電腦設備上便要下點功夫。單用一個屏幕同時看到所有學生的鏡頭和數碼媒體教材的共享畫面，在操作上會有點困難。倘情況許可，我建議學校在進行網課時多設一個屏幕，好讓兩組影像能分開展示。還有，日常在實體課中的「課室常規」都應該運用到網課裏，因為設定這些常規的目的是維繫學生的專注力，沒有專注便沒有學習，所以應要求學生穿着整齊校服，準備書本文具，面向鏡頭，專心上課等良好態度都要維持。當然，一些網課特有的常規都是需要的，如正確使用軟件的話音功能，在回應問題或發問時才開啟，平時則要設定為靜音狀態，發問時要按「舉手」圖示，得老師允許後才開啟「咪高峰」等。

　　以上所談的科技應用都聚焦在如何提升知識的學習效能方面，但從教育的宏觀目標即學生的全人發展來看，似乎仍未作充份考慮。現時，互聯網科技已進入一個容許用家以不同的媒體如文字、相片和影片等創造內容、還可與其他用家合作創造和分享作品的年代。祈望老師們能夠讓學生善用這些社交平台或軟件，作為協助完成各種小組探究或專題研習活動的工具，從而培養到如協作、溝通、批判思維和創造等能力。

　　教育科技已經歷過三個階段。第一個是視聽教具階段，科技是用來輔助老師教學。第二個是多媒體互動學習階段，科技能讓學習

者進行獨立學習。第三個是網絡知識和技術共享的階段,科技能讓
學習者創造和分享內容。隨着疫情漸漸受控,學校也開始復課,相
信老師們藉着因停課而獲得的電子學習經驗,能提升個人的教學效
能,體會到科技確有照顧學生的學習差異和培養各種共通能力的好
處。

高映片曾經是非常普及的教學媒體

這是製作幻燈片的拍攝檯

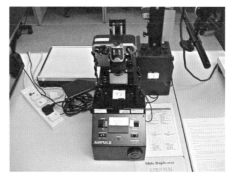

這是幻燈片翻拍機

重道篇

這是製作高映片其中的一種器材

今天我們可利用電腦通過數碼投影機把學習內容影像投射在學生眼前，以往只能運用上述的高映機及幻燈片觀看機或播放機

（一）1970年代的手提錄影機

（二）各種舊式教學媒體

可掃描上面的二維碼觀看其他舊式教學媒體的圖片

重道篇

社會服務‧代代相傳

徐葉慧蓮老師 (任教年期：1984-94)

潘嘉衡先生 (在讀年份：1986-89)

　　引言：本文由葛師社會教育科的一位老師及一位學生合作寫成。老師注重理論的探究，學生注重教學的實踐，互相呼應。下列先是二人簡介，後是兩個短篇。

　　在英國修讀學士，攻教育心理，碩士及博士則主修價值教育與公民教育。1984年開始投入教師培訓行列，在葛師任教社會教育科；1992年調任小學複修課程部門，主要教授常識科。1994年加入香港教育學院至2005年。後獲考試及評核局聘為教育評核服務部總經理，專責推行基本能力評估和全港性系統評估，至2010年退休。

　　畢業於葛量洪教育學院體育及社會教育學系，繼往英國完成教育學士課程，及後在香港完成碩士課程。葛師受訓後回母校香港培正中學任教至今，現擔任學校課外活動主任。1999年獲傑出教師協會選為「全港傑出教師優異獎」，2005年獲「民政事務局局長嘉許狀」等，2015年開始加入葛師校友會常委會擔任委員及秘書工作。

重道篇

社會教育的宗旨是要學生認識社會，參與社會、服務社會，從而使學生成為一個良好的公民。

一個負責任、愛學生，關心社會的社會教育科老師，應如《大學》篇中的：「大學之道，在明明德，在親民，在止於至善……。」需要彰顯正確的道德價值，反省自己的道德行為；從而推己及人，使人人都能棄惡從善。但如何可使學生棄惡揚善，則需要深入了解問題，才可以把其前的陋習摒棄？Peter Burger（1996）對社會學的看法，也認為要認識社會，必須打開社會之門，才可以聽到社會的聲音。這樣學生們才可以徹底地認識社會，從而改善社會，服務社會，對社會更有歸屬感。許多近代社會學及公民教育的學者像Pratte（1988），Klein（2001），Holden（1998）等，都指出要使學生成為良好公民的基礎和有效策略，是要培養學生成為「積極的公民」。

我相信有效促使學生關心社會的策略，莫過於要他們「親民」，走出課室，讓他們了解和認識社會真實的一面，從而思考有甚麼解決社會問題的良好方案。社會服務正正是認識社會，參與社會和改善社會的良方。透過參與服務，學生才懂得反思，能反思才可以培養出具備明德，能改善不正確修為的老師。故此，當時葛量洪教育學院選修社會教育科的同學，都必須修讀「社會服務」。透過這單元，學生決定他們服務的對象後，需要到有關的機構參觀和訪問，作深入的了解，使其後的服務更加到位、更加實際。

經驗告訴我社會服務好像一支魔術棒，葛師準老師們經過一輪社會服務後，無論待人接物或處事，好像忽然成熟起來。他們會更加關心別人，一反以往的蹦蹦跳，能夠以較正面的角度看事物。筆者在2001至2002年曾經對服務學習進行深入的研究，結果顯示學生經過參與社會服務後，抗逆能力較高，在對人處事方面的積極性有

明顯的增長，對事物比以前更懂得珍惜，對社會更加關心。稍後我亦不定期為不同機構擔當顧問，發現香港學校在這十年間在社會服務的質和量方面有很大的進步。十多年前的社會服務，學校多數讓學生參加賣旗，進展至現今到老人院、特殊學校、甚至回到內地為那些住在山區的貧窮家庭服務，等等。

　　教育的特質是潤物無聲，靜悄悄地把珍貴的價值傳給下一代，期望下一代能秉承這些價值，發揚光大。社會服務的價值便是使學生明白幸福不是必然，使他們懂得珍惜擁有，懂得欣賞別人的長處。假若學生們都能擁有這些價值，我們的社會將是一個快樂、充滿愛心的社會。

＊　　　＊　　　＊　　　＊　　　＊

　　每當我教導學生施比受更有福這道理時，就想到當年葛量洪教育學院社會科導師徐葉慧蓮女士與我分享的說話。她說作為老師，你除了教授知識外，更要讓學生認識社會，而認識社會的最好方法便是接觸社會。當時她安排我們參觀不同機構、參與不同的社會服務，讓我們一班準老師了解不同機構的服務宗旨。例如探訪專為智障人士而設的特殊學校，可使我們從中明白社會應怎樣支援弱勢社群，令受助者適應生活，這正是助人自助的好例子。當我們離開這特殊學校後，導師們會與我們這一批準老師們分享一個教育概念：天生我才，每位學生都有不同的長處、不同的需要，所以老師必須要從他們的個人需要入手，因材施教，幫助他們學習某一類知識和採用某一種態度，為自己、家庭及社會作出貢獻。這就是教育的重要成果；同時，我們亦可從這群學生身上認識到：簡單就是快樂。學生們以純真的態度，參與學習，老師們也會受到他們的感染。快

重道篇

樂，其實可以很簡單地獲得，這正是施比受更有福的道理。

教育其實就是道理承傳。我個人最喜歡用身教的方式教學，所以在日常工作中，常常提醒自己要做學生的榜樣，也秉承了我們社會教育科各位老師的教導。他們除了教授知識外，培養學生擁有個人的正確態度，也是十分重要的，例如從課外活動中，帶領學生參與社會服務，擴闊視野。

在過去三十年的前線教學中，我曾經帶領學生到過多處落後地區，例如蒙古、尼泊爾及中國貧困地區，除了讓學生了解和學習世界宣明會在當地所做的扶貧工作外，亦讓他們參與當地的社會服務，例如探訪家庭、義教及同小朋友玩遊戲。當自己看到學生們從過程中得到快樂，便回想自己從前也因為當年從服務中獲得的知識和快樂，決定要把它承傳下去。每當與學生們檢討活動成果時，我定必引導他們回想自己過程中的得着比受助者更多。作為中學教師，我曾不斷鼓勵學生勇於嘗試，只要肯想，只要試做，無論在學習或課餘生活中都要有積極的態度，面對逆境時絕不氣餒，身邊總有支持自己迎難而上的方法，就好像貧困地區的人也可活得快樂。這些生活體驗上的分享，都成為教學時的好例子。而積極樂觀的態度，足以使生命影響生命，它比傳授知識更為重要。作為老師就是要幫助同學們發掘機會，在學校生活中創出活力和希望。有時候，同事或會問我：「日常教學已是這般忙碌，你為何還有力氣去組織這些探訪和服務活動？」我總會笑着回答：這些正是我最享受的學校工作，師生一同經歷不同人和不同地的世界，跳出自己的框框，便能找到推動自己工作的動力。每次檢討過後，我總是期待下次機會的來臨，再帶另一批年青人經歷生活，才算不枉此生。

三十年前我在葛師受訓，讀的是社會教育，這是一個以社會學和社會工作學為基礎的學科。人們群聚而成社會，大家相助相濟而

重道篇

使整個社會和諧進步。個人健康、生態環境、地球資源等課題是較淺易的,可以一直提升到經濟、政治的複雜層面。而社會教育則注重平等和流動機會。眼看香港社會不斷轉型,可惜還是幫不到中下家庭;導致貧富懸殊加劇,而市民又漠不關心。2018年,我有幸再有機會與葛師的恩師徐太合作,一起策劃,參與一間社福機構(惜食堂)的推廣工作,共同推動惜食及關愛信息。她為惜食堂編寫教材,而我就使用這些教材加插在學校課程和活動之中,讓學生體驗深水埗區貧民的生活。學生透過派飯和與受助老人交談,就能從活動中學習分享,讓他們知道自己力量雖然微小,但也可藉此機會為社會作些貢獻。我熱切期望這些經驗可以啟發同學們將來貢獻社會的心志,我更希望學生們從老師身上看到,施比受更有福的道理,相信必會使他們一生受用。

回想當日在葛師學習,社會科導師教導我們:認識社會的最好方法便是接觸社會,所以我在工作上時刻提醒自己,為學生創造機會,讓師生一起學習、一同體驗生命的精彩。

2012年筆者(後排左二)帶領學生到尼泊爾加德滿都,探訪宣明會在當地的扶貧工作。

重道篇

在尼泊爾加德滿都宣明會內，
與外表歡樂的貧苦兒童合照。

2017年帶領學生探訪西藏拉薩
盲人學校，並且由學生帶領小
朋友玩遊戲。

我校學生與西藏同學交談，
了解他們的生活狀況。

畫藝傳情——共渡疫境

　　本文由一眾葛師畫友為同一標題合作組成。先作畫後說明，再在其前寫個引言，十分別緻。畫友多先在師範修讀美術科一或二年，後入讀葛師第三年美術及設計科，甚至早具學歷即入葛師執教該科者。下列為各人在葛師就讀年期及以☆號表示曾經任教。

區潔愛女士1978-79　☆	李兆媛女士1983-84　☆
馬桂順先生　☆	謝江華先生　☆
朱少芳女士1985-86	許蓮華女士1981-82　☆
吳香生女士1985-86　☆	梁志芬女士1980-83
彭展模先生1956-57	

　　葛師一班熱愛藝術創作的視藝科導師和校友，退休後，每年都舉辦「聚藝展」。2015年與數位藝術家朋友組成悠閒寫生組，每週抽一天到戶外寫生，延續創作的興趣。

　　2020年是富挑戰性的一年，新冠肺炎席捲全球。從三月開始香港疫情嚴重，市民因而要留在家中避免外出，十分無奈！畫友都想為社群出一分力，舒緩大家心中的鬱結。經討論後，決定每週訂立一個主題，可以在家裏或到住所附近的地方繪畫；創作目的是要透過個人的所思所想，去關心環繞自己身邊的人或事物。創作完成後，拍成視像，透過網絡傳送給朋友分享。

　　這九輯的視像錄影（由3月23日至5月22日），播出後得到不少正面的回應和鼓勵。這是意想不到的！因為有了大家的支持，增強信心和希望，繼續我們的創作路。

　　以下簡介是這九輯創作內容的意念和構思，就與大家分享罷！

重道篇

第一輯：窗內窗外 2020.3.23-3.27

大家困在家裏，最常做的事就是往窗外望。由於我們各人所住的地區不同，所見景色便各異；有望見的是高樓大廈，近看是露台種植着的盆栽，遠看是街上的人和物……讓我們平常沒有留意的，都因透過繪畫而作出了細心的觀察！

區潔愛：
窗外看愉景灣景色

重道篇

李兆媛：馬照跑，
但是觀眾也跑掉
了！看台靜寂。

第二、三輯：左鄰右里 2020.3.28-4.10

　　香港地方少，人口稠密，但周遭的環境卻多姿多采。生活在疫境下，市民仍會做運動，仍會購物，仍會玩樂……細看之下，公園的花依然盛放，但是街上的路人卻匆匆而過，無暇欣賞！人與人之間因戴着口罩而存在着隔膜。但大家都相信，總有一天除下口罩之時，笑容會再現的！

馬桂順：花依然盛開，大自然的美景常在。

謝江華：街上的行人匆匆而過

重道篇

第四輯：活在當下 （2020.4.11-4.17）

生活在疫境中，身心都受到困擾，但情況既然不能改變，惟有樂觀面對！只要有陽光、水分、空氣，植物便可以生長。這是大自然給予我們的啟示！試問，人類又何嘗不是依靠着大自然而生存？我們要嘗試從艱苦中尋找生存的空間，在有限的生活環境中尋找快樂，大家要學習如何自處，以顯示我們的適應能力！

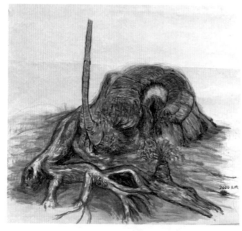

朱少芳：生機勃勃，腐木也能重生。

許蓮華：留在家裏，
手機不可少。

重道篇

第五輯：我的收藏（2020.4.18-4.24）

　　一間小小的房子，卻有着我們多年喜愛的收藏品；許多時都會放在不當眼的地方，或者已被厚厚的灰塵蓋着，閒暇時拿來看看，會勾起當年的美好回憶。當看到一件件旅行時所買的紀念品，就有如重回舊地；看見那重重的攝影器材，就回想當年上課時，不分晝夜去捕捉景物以交功課。尋找家中陪伴着我們成長的物品，也就是見證我們成長的印記！

許蓮華：旅行時買來的紀念品，充滿着甜蜜的回憶。

吳香生：不同型號的相機，令我懷念當時快樂的上課時光。

重道篇

第六輯：店舖 （2020.4.25-5.1）

　　無可疑問，疫情下嚴重影響着香港店舖的生意。經濟的不景氣，使許多店舖都結束營業。做生意的、打工的、為求兩餐都努力求存，期望能捱過寒冬。憑着香港人靈活的智慧，無論位於尖沙咀的名店，位於深水埗的鐘錶小店或彌敦道的執笠倉，也各具特色。在逆境其間，正顯示着多元文化大都會城市的魅力！

李兆媛：店舖結業，等待出租。

梁志芬：香港的店舖以平價貨招徠生意

重道篇

第七輯：觀察者，漫遊人 （2020.5.2-5.8）

　　人生如過客，冷眼看世界，有美麗的，也有醜陋的，視個人的心情有所分別而已。香港人是積極的，經多年的苦幹，懷着獅子山精神，深信美好的明天很快會到來。當我們走到街上，所見的人與事都充滿色彩，他們的背後或許有着不同的故事。作為漫遊人的我們，或許不明白，但透過畫作，我們可演繹這個充滿傳奇的世界！

朱少芳：
戶外活動樂趣多

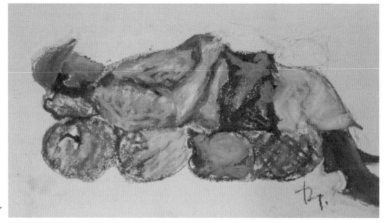

彭展模：
疲倦的工人睡倒了

重道篇

第八輯：香港的公園 （2020.5.9-5.15）

　　香港康樂及文化事務署管理着1,590個公園，面積大小不一，而大型公園佔26個。當我們去公園的時候，會看到工人們忙着打掃，小心地栽種；晨運客做着各式各樣運動以強身健體。優閒人士在公園內坐着，有些在打瞌睡，有些在閒聊，他們就是這樣打發每天的日子，享受着公園裏提供的各種設施！公園是城市的綠州，讓市民有個喘息的空間，來欣賞大自然賦予的綠色植物、繽紛的花朵和燦爛的陽光！

彭展模：公園裏的抗疫人士

重道篇

第九輯：各自精彩 （2020.5.16-5.22）

創作是個人的表達手段，隨着每人的閱歷不同，所看事物的焦點也有相異。這一輯以畫友的喜好為主，尋找自己的創作題材，在媒介方面的運用也多樣化：有用鉛筆，有用簽字筆，有用水墨，有用水彩……以表現疫境中多元化的香港。

區潔愛：老樹盤根，植物也充滿生機。

吳香生：觀塘海濱長廊，見證東九龍文化區的發展。

重道篇

在創作過程中，畫友們互相交流、互相勉勵。創作不僅聯繫着葛師導師和校友的情誼，還透過創作過程，帶給大家在逆境時的歡樂。我們並不孤獨，畫友共同進退，共渡時艱！2020年4月及6月，我們將其中的畫作印製成記事簿，留為紀念，以寫下了我們在疫境時所感受的點滴。未來的日子不可預見，但是我們可掌握今天；只要大家繼續努力，香港一定會有光明的未來！

2020年3月13日南昌公園寫生

重道篇

與葛師幾位老師的交往

　　此文由五節合成，由五位校友各寫一位老師，另設小題。曾憲森寫 Mr Moorhouse；郭麗英寫馮翰文老師；楊又蓮寫李國榮老師；余國光寫郭煒民院長；李柏雄寫歐錦年老師。

Mr Moorhouse木工科老師其人其事

曾憲森老師

（在讀年份：1958-59；任教年期：1974-86）

　　葛師早期雖辦一年制，但學科、術科並重，使學生在受訓後能擔任小學普通科和圖、工、音、體等一項術科。而英國師範學制素來重視縫紉和木工，分別由女生和男生選修。自開校以來，木工由英籍的Mr Moorhouse掌教，該科有一個較大的工場，設在葛師本部三樓。我不選修木工，但路經時會好奇地向室內窺探一下，只見室內的刀鋸鑽鑿等工具，井井有條地擺設；工作檯十餘張，由兩位同學共用一檯。在學年結束前的開放日，把部份所製木器展覽出來，大至家具，小至飾物，所有製品及其相關設計圖樣，琳瑯滿目。

　　Mr Moorhouse外表木訥，身穿白色工作服，結上領帶。同學大都讚其為人斯文，對學生友誼、工作境況，十分關顧。作為木工

重道篇

專才，他自有一套教學理論和實習過程，行之有效。他在六十年代中葉退休，由他的傳人蔡禦寇先生執教；而他自己與家人即移居到紐西蘭去。

我在七十年代才調入葛師教學，無緣再會。在休息室與同事閒聊時，聽蔡兄提及Mr Moorhouse有一次曾笑說在過身後，願意把骨灰撒在葛師的露天草場上；同事們聽了，不以為意。有些人稍嚴肅地談及此議，眾人多予反對。其後某同事在七十年代末得到他家人傳來噩耗，事情當然自動告終了。不過，Mr Moorhouse 對香港這個地方、對在葛師服務十餘年人事方面的深厚感情，確是令人感動的。

木工組上課時老師（左一）示範留影

木工組老師（右六）與同學合照（1957）

重道篇

向老而彌堅的馮翰文老師致敬

郭麗英女士
（在讀年份：1960-61）

　　聚會在2021年3月9日，地點在利舞臺廣場高層的粵式酒樓。

　　校友會主席李百強、校友戴景灝、何萬森、何玉琴，和我一共五人，約好與馮翰文老師在酒樓相聚，吃一頓午餐；算是舊學生向老師賀壽。約會是何玉琴發起的，百強率先贊成，請她約人。新冠疫情稍為緩和，容許四人一桌；大家同意是小組聚會，人不宜多，由萬森訂好地點。那天百強和我很早到場，被引往寬闊的小廳，不久各人先後抵達。馮家除老師外，有他女兒明恩和二兒子，當然少不了菲傭一名，推着輪椅陪來。

　　馮老師當天108歲。見他面色紅潤，目光有神，只聽覺稍弱，雙足乏力。年逾百齡老人，真是上等健康了！

　　我們分別走上前向老師祝賀。他微微點頭，雖不答話，但經常用靈活的眼神回應。老師身材健碩，傭人參扶坐定後，大家便閒談一會。因萬森說另有約先走，我們決定先行切餅唱生日歌。玉琴先獻上一個不小的蛋糕，百強也帶來「壽」字一幅；明恩說舊例難免，於是老師派給我們紅包，在歡樂氣氛下一同拍照。明恩說老師胃口不錯，能自行舉箸吃東西，吃得飽飽便有興趣說話。她還對我們透露老師的生活狀況：最近作例行體檢，一切正常。他在家中活動自如，祇是慢慢移步，閒來看看電視影像，聽聽音樂旋律，舒舒筋骨；別人說話他能理解，所答的全合語音文法。進餐時，老師吃過幾款點心，切雞、牛柳，尤其喜歡豉油皇煎蝦，也吃了些菜和長壽麵，像是十分欣賞餸菜滋味。百強是個老頑童，便把手上的一些

重道篇

後左起戴景灝，何萬森、李百強、筆者及何玉琴，2021年3月。

左起金華芝、筆者、李百強、馮老師及蔡禦寇，攝於2019年。

前左起馮老師、郭鄭蘊檀老師、李百強；後郭麗英、馮明恩，攝於2017年。

中英文字請他試讀，他竟能清晰地讀出，發音正確而有力。我們後來換了個向光的座位，與他多拍幾張相。他毫無倦意，滿臉歡愉而慈祥；大家為他有好兒女相伴服侍，生活閒適，感到快慰。我們都明白，老人家能樂於享用食物，真是福氣！

進餐用了兩個小時，便道別分手。回家後再致電得悉平安，約會才告圓滿。

（補註：同年5月20日下午，從手機收得他女兒明恩傳來噩耗，說馮老師剛在醫院安詳辭世，一時驚愕不已。願他主懷安息，家人節哀。他一生奉獻教育，實是我輩典範。我將永遠銘記他的教誨。）

重道篇

樸實無華的書畫家李國榮老師

楊又蓮女士

（在讀年份：1962-63，1975-76）

　　我跟李國榮老師是在1962年認識的。那一年，我剛中學畢業，幸運地考進了葛量洪師範專科學校，修讀美術科，受教於李國榮及李國樑兩位大師。

　　葛師畢業後，我屆同學每年總有一兩次，往訪李國榮老師。印象最深刻的，就是新春拜年。當時，李老師的府上在藍塘道，甫入門，就像進入藝術博物館般。牆壁上，掛滿了繽紛的年畫；桌子上，擺設了年代久遠的陶器。李老師還給我們介紹他收藏的部份雕塑、繪畫、書法和民間藝術，全都是很具歷史價值的。儀態優雅的師母，就一直陪伴在側，跟我們一起細聽老師解說。老師收藏的古玩、字畫、書譜、文物，多不勝數，並曾於1965和1966年，在香港大會堂美術博物館展出其珍藏：蘇六朋和蘇仁山的作品。退休後，他陸續將自己絕大部份的珍藏，捐贈予香港藝術博物館、廣東省博物館及廣州美術學院圖書館等。其中捐贈給廣東省博物館的，還包括他尊翁李汝南先生的作品，而捐予香港藝術博物館的48幅佛山木板神像，為20世紀初的成品，至為珍貴。

　　李老師遷居北角後，日常有傭人照料妥當，過着樸實無華的生活。誠如老師所說，自己不求名、不求利。所以，時至今天，他沒有用電郵、傳真，甚至微信，卻無礙他與昔日好友、愛徒的聯繫和歡聚。怡然自得，心無罣礙，簡直是心中富有。他有兩位公子，分別在加拿大和澳洲；共有五位孫女，都已大學或碩士畢業了。每週必有老朋友及學生到訪，談詩論畫，倒也愜意！而我們同屆同學，

重道篇

除小組探訪外，每有外地校友回港，都一定約李老師茶敍。其後，再到他府上暢談既往，老師會把他的珍藏給我們欣賞；偶爾還會送贈我們一些他口中的小玩物。而這些小玩物，我們都視為珍寶！可惜，疫情其間，這些活動都暫停了。

國榮老師致力推動美術教育。在葛師任教其間大事改革，於原有的課程中，增添了版畫、圖案設計、立體設計、手工、中西美術史及藝術欣賞等。為了推廣美術史及藝術普及化，老師安排了每週一次，在禮堂為全校同學舉辦午間美術欣賞會，甚受歡迎。

李老師是藝術教育家、畫家、書法家、古物鑑賞家和古物收藏家，這不是一般美術教育工作者所可比擬的。不過，我們仍可努力去裝備自己，在創意無限的視藝教學方面，做到最好。

2021年春，探李國榮老師，後立者為筆者、李百強、郭麗英。

李老師贈筆者檀香小佛像

李老師出席2018年校友會聯歡晚宴

重道篇

郭院長親自扶掖了兩名學生

余國光先生
（在讀年份：1968-70）

　　在這篇短文裏，我要向大家剖白年少無知的我。老實說，我在中學時渾渾噩噩，沒有好好讀書，考慮前途；祇是湊湊興趣，隨着同學們拉隊報考師範。葛師取錄了我，我便往報到。一個星期的聯誼後，我胡亂地選了木工為第二副修。

　　上了兩個月的教育理論課，便派到小學去實習了。當時我全無意志，情緒低落，祇過了一天便待在家裏，無緣無故又沒有請假。那天早上，郭煒民院長竟蓦然來到我家，要了解我缺課的原因。他見到我，便慈祥地說：「你今天為甚麼不到學校實習？」我直率地答他：「沒有興趣嘛。」他繼續問：「你是否找到了新的工作？」我沒精打采地答：「沒有。」於是他語帶鼓勵地說：「那你明天就回去上課，我會到校看你上堂。」那時我才突然間似晴天霹靂、也如夢初醒。心裏想：院長都來了，還好意思鬧情緒嗎？

　　第二天，我當然去了上課，郭院長也來了觀課。課後他大讚我教得好，我想那番話大概是屬於鼓勵性的罷。就是這樣，我開始安定下來，好好地學習，完成了受訓期，做了小學教師，也做了葛師校友。

　　這裏順帶寫一寫我同屆的孫寶富，他也是副修木工的。孫同學一向用心學習，好一名乖乖學生。可是在臨畢業前的幾個月，突然身患奇疾，身軀無法站立，且要長臥病牀。郭院長知道了，怕他不經過考試而拿不到結業證書。於是在考試期內的幾天，親自把試題和文件帶到醫院去給他應試，使他具有資格，其後覓得學校教席直

重道篇

到退休。聽說他須靠輪椅和拐杖的幫助才能走路；為人積極，教學認真。

　　上面所記我和寶富兩宗經歷，使我終生感銘。郭院長真是一位真誠、慈祥，樂意扶掖學生的大好人，一位非凡的公務員和教育家。

香港教育學院十週年活動，左起陸鴻基教授、郭煒民院長、司徒華前本會主席、張榮冕夫人、蘇國生舍監。

孫寶富（中），余國光（左四）與葛師校友參加遠足活動。

我衷心佩服的歐錦年老師

李柏雄先生
（在讀年份：1968-70）

我在葛師連讀三年，前兩年主修地理，第三年專修美術，得到很多好老師的教導。地理科的上課地點就在葛師舊宿舍的整個樓下，有兩個較大的課室，擺放地圖、雜誌、教具和繪圖用品，另有沖印室；儼然成為地理王國。

回憶修習地理科的時段，使我最懷念的老師，就是本文要記述的歐錦年先生。人生能遇上一或兩個良師，可説此生無憾。我覺得一位好老師，不單能教，而且能感染他人⋯⋯就像傳染感冒病般，慢慢滲透別人而不使他自覺；從而使人潛意識地模倣。做老師的，倘能有效傳授知識，頂多是一個教書匠，業界中多得很；而為師者一言一行，都十分檢點，本着身教重於言教，那麼歐老師真是其中的表表者。

他很喜歡自己所教的科目，全心投入教學工作。他以學生為中心，為學生設想，關心他們，甚至其朋友及家庭成員；他給予學生很多機會，失敗了會鼓勵他再嘗試⋯⋯。有一次，我使用放映機，不小心震了一下，燈膽燒了⋯⋯他沒怪責我，還出錢叫我到專門品購回，讓我裝好⋯⋯；他又從捷成公司引入平價彩色幻燈片，給學員製造放映教材，教他們自己動手沖洗⋯⋯他從雜誌中吸收到很多新的教學法、自掏腰包從外國把新教具郵購回來，供學生使用，如放置在高映機上的投射盒，使不動的高映片變得流動，適合電流或熔岩流動的方向，以助講解等等。⋯⋯單是這份教學熱誠，就很難找到第二位了。他接下了很多有意義的專項研究，如長洲全民人口

重道篇

統計，逐戶探訪⋯⋯。這要靠整個地理組同學的合作，到離島宿營；讓學生們得到思維、組織、計劃等能力的訓練。

　　歐老師處事公平、公正、公開，後來升任副院長，顯然獲得公信。學生們對他極為尊敬、十分佩服。而他為人低調，從不出席任何餐飲茶敘，是以多年葛師週年聚會，都見不到他的蹤影⋯⋯。

　　我已退休多年，但歐老師退而不休。在西環開了間衛星智圖公司，繼續追求其個人興趣；又與港大合作研究，聘用了多位就讀的大學生協助。早年我曾相約幾位同學去探訪他的公司，後來知道公司搬了去柴灣工廠大廈，再組織了多屆同學去探他。相聚一起，暢談舊事，見他還是一如以往，謙謙君子，甚為豁達⋯⋯。

　　祝願他身體健康，能一直做他自己喜歡做的事。

歐錦年老師（中左三）與來探訪的昔日葛師學生合照

他所經營的衛星智圖公司，藏有珍貴的3D衛星圖像。

重道篇

八詩賀壽《賀葛師七十週年》

　　本篇由八位校友各寫一首詩組成，另附小題，各詩依作者入讀年份為序。各校友的簡介見於本書者，有梁杏寬、郭善伙、胡其石；見於本書第一冊者，有朱溥生、關志雄、戴景灝、龍玉波。

（一） 賀葛師七十週年

朱溥生先生 （在讀年份：1953-54）

人生七十古來稀　　本歲黌宮與此齊
健步當年長陡徑　　為低輩造白雲梯

（二） 詞一闋 （調寄鷓鴣天）

伍兆銘先生 （在讀年份：1954-55）

建校如今七十年　　庠門弟姊過萬千
芸窗瑣事應懷記　　社稷乾坤在眼前
憑節序　寄花箋　　一丘一壑也相連
濟濟一堂同相聚　　闊論高談笑拍肩

重道篇

（三） 賀葛師七十週年

關志雄先生（在讀年份：1955-56）

香港重光百廢興　　葛師建立顯功能
兒童教育無遺算　　小學師資有可矜
七十年來頻甲子　　三千人繼甚雲冰
當時友輩多微賤　　往後紛紛意氣弘

（四） 賀葛師

梁杏寬女士（在讀年份：1956-57）

黌宮屹立爐峰下　　作育英才響遍遐
桃李滿門皆俊彥　　成功學子耀中華

（五） 葛師情長

戴景灝先生（在讀年份：1956-57）

葛院原根加士居　　師生振鐸露屏圍
情懷七十從心欲　　長念傳承教澤源

（六） 歲月崢嶸

龍玉波先生（在讀年份：1962-63）

樹人立德七旬年　　桃李芬芳越萬千
同玩同修同互勉　　各南各北各分妍
師恩謹記常懷念　　校訓毋忘永記全
學子承傳詩禮道　　葛師美譽續長延

（七） 葛師頌

郭善伙先生（在讀年份：1964-66）

春風化雨未言倦　　作育英才七十年
玉受琢磨增潤亮　　金須冶鍊變精堅
登山始覺天連海　　臨水方知海接天
母校躋身為大學　　弦歌不輟展新篇

（八） 葛師追懷

胡其石先生（在讀年份：1964-66）

坡陡天天上　　登階步步情
稀年思兩載　　猶憶鐸聲聲

重道篇

寫賀詩的朱溥生校友，即本港著名作家「阿濃」。他移居溫哥華後仍不斷寫作，曾為香港《大公報》副刊「小公園」寫小品。這一篇短文記下他一些事蹟，可見師範好友的難忘舊情。主編收到後幸能趕及付梓；致電朱兄亦不嫌置於篇末。謝甚！

澳洲新報
AUSTRALIAN CHINESE DAILY
小公園／

2014 - 3月4日

為栽桃李每忘年 　阿濃

南墻集

我一九五三年入讀葛量洪師範學院，那時只有一年制，一九五四年卒業，至今剛一甲子。

收到校友會通知，將於四月舉行會員大會和聯歡晚宴。

一九五三是葛師第三屆，與鄉村師範的最後一屆合併上課。葛師收生約九十，鄉師三十餘。鄉師同學多讀一科「農科」。他們畢業後頭幾年要派往鄉村任教，其實那年代市區教職緊張，不是鄉師的同學也一樣要去鄉村任教，我就在新界任教七年。那時新界的交通可不像現在如此方便。我父母也遷入新界陪我。

經過六十年，一百二十多位同學只有六十一位在通訊名單中，相信除亡故者外，還有些是聯絡不上的。

不過通訊中列于千禧年後亡故的名單竟有九位，七男二女，是否女士較能養生？

當年有導師十多位，通訊上說有兩位可以出席，一位是社會科的馮翰文老師，已年過百歲。一位是音樂科的鄭蘊檀老師，也九十多了。這幾年校友活動，多見他們參加，足證情長。

中小學教師退休之年不超六十五歲，假設當年最年輕的入讀師範是十八歲，如今退休也十四年了。香港教師待遇合理，他們該都在安享晚年吧。通訊上有當年同學趙惠樂君撰詩二首，寫出我等心聲，錄其一：

爲栽桃李每忘年，六十辛勤始卸肩。
昔日青苗今競秀，理應我輩共陶然。

立己篇

是篇由校友會黃埔學校校長、副校長、主任及各科教師執筆為文，寫出個人在擔任教學工作、從事教育服務的感受，包括同事間的合作、對學生的關懷等等。

他們服務年期愈長，情誼愈深。

限於篇幅，僅寫三言兩語。作為團隊一員，他們敬業樂業，誨人不倦；在個人教學經歷中成長，作出無言的奉獻。

校友會黃埔學校校長及教師感言

李耀寶校長 （服務葛小8年）

　　時光如炬，歲月如梭，葛師育賢興學七十載，締造豐碩的教育成果。屬校葛小傳承葛師「FORWARD」精神，繼續昂首闊步，向前躍進，實踐「一籽落地，萬穀歸倉」的教育理念，造福莘莘學子。

袁慧敏副校長 （服務葛小23年）

　　時間從來都在指間溜走，1998年起服務葛師屬校，不經不覺二十三年。感謝司徒先生和李校監讓我在葛師磨劍多年，實現志向。薪火相傳，我們會像一粒麥子，在生命不息的奮鬥中，樹木樹人，承傳葛師精神。

蔡龍生副校長 （服務葛小22年）

　　面對疫情及教學模式的轉變，大家都遇上不少衝擊。幸好我在葛小並不是孤軍作戰，我有一班合作無間的好同事、純真乖巧的好學生和無私奉獻的好家長，感恩在葛小遇上你們，亦慶幸我是葛小的一分子。

藍美儀主任 （服務葛小23年）

　　最初踏入葛小工作，我便感覺到這兒是一個充滿人情味的地方。今天我能確信在這兒和我一起成長的同事，每人心底裏都蘊藏着一份不用言語的感情。即使大家工作繁忙，但只要一個眼神、一個微笑，就能感受彼此之間的支持和關心。

立己篇

鄺麗琴主任（服務葛小23年）

　　作為英文科組成員之一，常感教學相長，特別是在廿年間與十多名外籍老師並肩執教，受益匪淺。我受命為師生間的溝通橋樑，從英語課堂內的教與學，以至教室外林林總總的活動、表演，校內師生皆努力拼搏，取得不少佳績，又喜見孩子們在口語和寫作上增強信心，迅速進步。祝願葛師百尺竿頭，葛小校譽日隆。

胡海珊主任（服務葛小22年）

　　慶幸每一年，我都有機會參與葛量洪教育學院校友會的聚餐。這是一個「返老還童」的聚會：宴會中，前輩們認為我這個在屬校任教廿多年的人十分「年青」；而我看到席間各校友雖是白髮蒼蒼，仍散發着一股青春氣息，笑談葛師歲月，暢談校園趣事，就像穿越了時空，重回到青蔥歲月……這啟迪了我這個「年青人」。校友們所孕育的師生情誼，就是我們的葛師傳統。祝願葛師永遠青春常駐。

張富榮主任（服務葛小23年）

　　在葛量洪校友會黃埔學校，不經不覺已有二十多個寒暑了。對我而言，最珍貴的是每一位共事的夥伴和一起上課的同學。在組織舊生會時，看到當年稚氣的臉蛋又回到老地方相會，真是五味雜陳。

立己篇

黃翠珊主任 （服務葛小23年）

　　能在葛量洪教育學院畢業，又有幸在葛小任教，我會秉承葛師「有教無類」的精神，繼續陪伴葛小村莊的孩子一起學習、一起經歷成長的得與失。

尹兆光主任 （服務葛小23年）

　　七十載的歲月記錄着很多珍貴難忘的片段，在葛量洪教育學院七十週年校慶之際，祝願葛師校友更錦繡輝煌！讓我們手拉手、肩並肩，緊密團結，共同鑄造優質教育的明天！

黃志敏主任 （服務葛小21年）

　　七十年前，葛師開始培育良師，為香港教育作出貢獻。七十年後，縱然葛師已有名無實，但由葛師校友會承傳着葛師成立時的初心一直不變。由葛師加士居道校舍走出來的各位前輩，一直在不同學校、不同崗位領着我們「勇往直前」，為教育孩子孜孜不倦、循循善誘。願葛師精神永存，願葛師校友會永遠為教育發光發熱，願葛小永遠是孩子愉快學習的樂園！

立己篇

葉俊康主任 （服務葛小8年）

在這個葛小村莊裏，校長、老師和家長關係融洽，學生活潑可愛，令我在這裏工作得十分愉快。葛小的「情景教學，經歷為本」教育模式，也為同學留下難忘的「我做得到」成長回憶。

黃慧瑜主任 （服務葛小21年）

時光荏苒，葛量洪教育學院已成立七十週年。葛師精神誨人不倦，滋潤一代又一代滿腔熱誠的教育工作者，讓無數小小生命欣欣向榮，展現風姿。衷心祝願葛師校友會繼續春風化雨，歷久不衰，桃李滿天下！

葉霧儀老師 （服務葛小9年）

走進葛小校園，不難看到一幅斗大標語：「教養一個孩子需要全村人的努力！」「只要做，甚麼都可能！」「每個人都可以從原有的基礎上進步。」這些標語不是口號，而是葛小的精神，鼓舞着同學、老師和家長們，要勇於挑戰，堅持進步，羣策羣力，向着目標和理想邁進！這些葛小精神的背後，其實包含着一個「愛（LOVE）」字；因為有愛，才令葛小變得不一樣！

關瑞文老師 （服務葛小24年）

　　恭賀葛師校友會成立七十週年，並堅持以「有教無類」的精神為香港教育界服務，為培育下一代作出貢獻。

　　感恩自己是葛師的一分子，而且能與葛小一同成長。期望能繼續秉承葛師的誨人精神培育每個學生，使他們擁有快樂健康的校園生活，成為愛生命、愛學習的未來主人翁。

鄧思恩老師 （服務葛小4年）

　　時光荏苒，轉眼間葛師已經七十歲了。葛師一直孕育無數優秀人才，栽培無數社會菁英，為教育界作出重大貢獻。候忽間我加入葛小已經四年多，它是個充滿愛的大家庭，每位學生都在健康和快樂的校園中茁壯成長，每天都在輕鬆的學習氣氛下，學習知識和培養品德。眼見學生一天天進步，令我在教學道路上感到豐盛滿足，更是我教育工作的原動力。「十年樹木，百年樹人」，在此祝願葛小在未來的日子繼續作育英才，果實滿園。

葛焱老師 （服務葛小23年）

　　「春風化雨七十載，桃李盛開滿天下。」

　　在這個特別的日子，我們聚首一堂，送上祝福，同賀葛師校友會成立七十年。

　　感謝你們用愛心、用熱情、用生命來孕育出無數莘莘學子。

立己篇

羅國儀老師 （服務葛小8年）

葛師扶幼盡心栽　師專典範育英才
七十年來薪火繼　十年磨劍賴傳人
載道立功惠我羣
全人造就教無類　「鶯」飛振翅志凌雲
重任身肩春化雨　高瞻遠矚並時行
飛騰萬里英姿展　頌祝輝煌再創新

甄葉玲老師 （服務葛小5年）

　　加入了葛小的大家庭已第五年，我能在一個充滿愛心的校園裏教導一群可愛的孩子，十分感恩。看着同學們每天不斷進步，是老師辛勞工作的最大回報！祝願葛小師生們共同努力，在未來的日子再創佳績！

李錦清老師 （服務葛小8年）

　　「學校是花園，教師是園丁，學生是花草。」感恩有幸加入葛小這個大家庭，每天都生活在一個充滿生機和愛的地方！這些年，見證着學生健康地茁壯成長，深深感受到以愛影響生命的力量。

徐嘉雁老師 （服務葛小21年）

　　在葛小二十年了，看着不少學生由傻乎乎的可愛小孩，到日漸懂事的少年，深深感到作育英才是一件神聖的任務。而當中有些學生今天已長大成人，投身社會，有的找到自己的理想，有的有不平凡的發展，都能盡展所長，實在令人欣慰！真的喜歡教育這份工作呢！

立己篇

李可欣老師（服務葛小14年）

在葛小這些年的教學裏，感受到葛小不斷在穩中求變，同事在教學上不斷追求進步，對學生嚴中有愛，是一間充滿愛的學校。

古錦秀老師（服務葛小4年）

素聞葛小作育英才，有教無類，來此執教數年，足證其言不虛。教育是一項以生命影響生命的工作，甚具意義。我在葛小的幾年教學中，見到一群莘莘學子受教、蛻變、愛惜自己及尊重他人，令我的教育之火更加旺盛。願與同事們共勉。

林珮汶老師（服務葛小3年）

葛量洪教育學院作為香港早期的師資培訓機構之一，為本地教育貢獻長達半個世紀。葛師人為教育努力，讓學童能夠在良好的環境下學習和成長，願他們能像校徽獅鷲一樣，展翅高飛。

周麗華老師（服務葛小23年）

每次唱到校歌「服務他人，完成自我」，心有所感。在不經不覺中，原來我已把這首校歌唱了二十多個年頭。在這段教學的日子裏，「葛小」給了我很大的發揮機會！

立己篇

黃寶瑤老師 （服務葛小2年）

　　加入葛小才第二年，我遇上一群創意無限的同事。為了設計有趣的教學活動，花盡心思；亦遇上一班純真可愛的學生，熱衷服務，充滿朝氣。期望大家繼續為葛小全村努力，桃李滿門！

趙雅雯老師 （服務葛小4年）

　　我在葛小服務已踏入第五年了。葛小給我不少發揮所長的機會，同事們亦上下一心，為此深深感恩。當不斷自我精進，提升教學質素，繼續為葛小村的未來發光發亮。

李宇煌老師 （服務葛小3年）

　　不經不覺已踏入葛小三年，每天看到同學們臉上掛着笑容對老師說「早晨」，看着他們在課堂上輕鬆學習，使我感覺到同學們享受過程，亦察覺到他們真的熱愛葛小這個大家庭。

吳兆敏老師 （服務葛小6年）

　　教育，從來不是一朝一夕的事。跨越七十載，葛師校友會篤行「以人為本，有教無類」的辦學宗旨，孕育着一代又一代的人才。這些年，我有幸能成為這個「葛小村」的一份子，以生命影響生命。

立己篇

麥迪奇老師 （服務葛小7年）

在葛小工作，讓我有機會認識葛師校友會，了解葛師對教育的貢獻。今天葛小的師生們，都帶着葛師校訓的精神——FORWARD，不斷前進，天天進步！我深信葛小的發展一定會愈來愈好！

周亮老師 （服務葛小2年）

今年已經是我在葛小的第「八」年，在葛小畢業之後，沒想到會重回這裏做個老師。很多事情都來得很快，事物變了，惟獨老師對同學的愛依舊沒變。希望葛小每一位同學都珍惜在這裏學習的時光，充實自己。

黃國雄老師 （服務葛小7年）

不經不覺我已經加入了葛小七年。作為一位老師，除了教授學生知識外，更重要的是讓他們認識自己，接納自己，建立自信，培育成一個身心健康、具良好品德的公民。另一方面，感受到葛小能根據辦學理念的「以人為本，有教無類」，按照學生的需要，提供合適的課程（如「我做得到」），讓學生從情景經歷中，親自學習。

李穎枬老師 （服務葛小6年）

時光飛逝，我在葛小已踏進第六個年頭，這個大家庭很有人情味，學生也很有歸屬感。葛小給我的感覺是一所師生相處很融洽的學校，同學們都愛找老師談天說地，即使畢業生回校亦然。寄望葛小作育英才，生生不息。

立己篇

王綺雯老師 （服務葛小4年）

在「葛小村」服務進入第四年，與團隊和學生們且前行且探索，一同進步。我們會繼續以葛師精神——勇往直前，以身教言傳的方式去實踐「一籽落地，萬穀歸倉」的育人理念。

何瓊芝老師 （服務葛小7年）

念書的時候，覺得當老師是一份很純真的職業，用心教好學生便盡了責任。但以往的經歷卻告訴我，事實並不如此，原來教育界也有不少宮廷鬥爭的戲碼。來到葛小，讓我感受到教育團隊的精神，同事們努力教導學生，達成當一個愛學生的老師的夢想。我加入葛小快到第八個年頭了，在這裏教學，終於能感受到當老師的那份純真。

陶佩殷老師 （服務葛小7年）

葛小老師們充滿着愛和關心，同學們每天都享受着愉快的校園生活。我們本着「有教無類、因材施教」的教育理念，培育出一班健康快樂、勇於學習的未來社會棟樑！看到家長們對校長及老師們的信任，給予我們很大的動力和鼓勵。祝願葛小在未來的歲月裏繼續努力，「春風化雨、薪火相傳」。

譚詠彬老師 （服務葛小4年）

在葛小數年，親自感受到這裏的關愛；除了給予學生外，也給予老師關顧，讓老師可以在這地方好好培育下一代。

立己篇

楊浩泉老師 （服務葛小6年）

　　轉眼間在葛小已任教六年了，各位老師都懷着「嚴中有愛」的精神栽培學生，除了使他們增長知識外，更得到全人的發展。葛小就像一個大家庭，不論是家長或教職員都群策群力，為同學們的成長一起努力、一起奮鬥。

邱家儀老師 （服務葛小3年）

　　很幸運地，我能進入葛小教學，工作順利，遇到一群樂於助人的好夥伴；當我遇到問題會善意提醒，當我遇到困難會主動幫忙。希望往後，與大家繼續為傳承教育而努力。

王泳欣老師 （服務葛小4年）

　　因為疫情，我們無法正常教學，但嘗試網上教學卻有成績；一步一步從無到有，從幾個級別到全校施行，無一不是這條「村」中各人共同努力的成果。作為團隊的一員，我深深感受到葛小團隊合作的精神和力量。

劉少瓊老師 （服務葛小7年）

　　在疫情其間，教學是充滿挑戰的，時而網課，時而面授，幸好葛小團隊能因應校情而作出應變。校內教師雖然對資訊科技的掌握各有不同，但仍能一起努力，經過不斷裝備和實戰，網課技巧已漸漸掌握。盼望疫情快些過去，學生能回到最合適的學習環境。

立己篇

賴文慧老師 （服務葛小2年）

我深信「玉不琢，不成器」這句話。每位學生在我眼中都是一顆珍貴的寶石，必須經過打磨，才能呈現最美麗的一面。我們葛小的培育方針，就是讓學生在多姿多彩的校園生活中成長。

楊月華老師 （服務葛小24年）

要說我是葛小的老師，倒不如說葛小是我的老師；要說葛小是學生成長的地方，倒不如說葛小是我成長的地方。她陪伴我經歷不同的人生階段，編織我的教師美夢，豐富我的教學經驗。每次踏進這個家，見到自己的同儕手足，感到無比溫暖。郭校長，多謝您二十四年前給我的一個信任。

彭瑩瑩老師 （服務葛小7年）

時光荏苒，轉眼間，我加入「葛小的大家庭」已踏上第七個年頭。校中最溫馨的是：「葛小」有親切友善的校長、副校長及一班同事，互助互勉；最感動的是「葛小」的學生純真可愛，尊敬師長，友愛同學，熱心服務；最期盼的是「葛小」培養出更多傑出英才，桃李滿天下。讓我們一起渡過十七、二十七……個年頭。

葉家亮老師 （服務葛小6年）

在葛小教學的六年間，讓我體驗到這是「好玩」的六年，亦推動我不斷突破自己。感謝葛小，也感激校長、副校長及同工們的提點，自己才能不斷成長，做出成績。

立己篇

陳可欣老師 （服務葛小16年）

「人生七十古來稀」，一所孕育教師的學院——葛量洪教育學院適逢今年七十週年，同樣是難能可貴。能夠在校友會屬校黃埔學校工作，與師生們一同成長，更是我難得的人生經歷。在葛小生活已近廿載，看着環境的改變、時代的移遷，但葛小那份關愛學生的情誼，卻沒有一點變動過。但願我們都能謹守崗位，傳承葛師的精神，培育我們的下一代。

趙崇德老師 （服務葛小22年）

「黃埔葛小」不單是教育小朋友的地方，同時也是孕育教師的福地。在這裏我找到不斷成長的機會、我找到發展人生的鑰匙、我找到栽種學生的土壤，我真的很感激她給我的一切。願「黃埔葛小」的學生，將來能煥發出葛小精神。

石家輝老師 （服務葛小24年）

作為「黃埔葛小」的一分子，真的是千言萬語也說不完。最初柏師一畢業，便投入了「黃埔葛小」這個大家庭。初出茅廬的小夥子，遇上剛成立的「黃埔葛小」，我們印證彼此成長；小夥子待人由幼嫩變成熟，處事由獨行獨斷變互相切磋。現在「葛師」七十歲了，願她在風雨中堅守信念、屹立成長。

立己篇

譚鳳儀老師 (服務葛小7年)

　　從事教育十年，但相比葛師對教育的付出，確實微不足道。雖不是葛師人，但在黃埔葛小工作的數年間，深深感受到辦學團體對教育的熱誠和愛護孩童的初心，也激勵我對教育工作的承擔，謝謝您！葛師，七十週年快樂！

李珊珊老師 (服務葛小6年)

　　校友情長七十載　葛園桃李多姿采

　　育才振翅高飛去　海闊天空闖未來

朱錦添老師 (服務葛小13年)

　　時光飛快過去，由觀塘學校任職至今，轉眼間在葛師校友會屬校任教超過三十年了，由司徒華校長至現任李耀寶校長，其中共經歷了八位領導，看着不少學生畢業離校，也見證着學校的興衰。在此由衷祝福葛師七十週年，繼續為香港教育努力，滿門桃李，為下一代的培育，繼續發光。

殷捷宏老師 (服務葛小19年)

　　回顧六十年前，因應人口增長，本港兒童急需教育服務，葛師校友會先後成立五所小學，為學子提供教育服務，成果斐然。

　　面對社會變化，黃埔學校一直勇於接受挑戰，以仁者的胸懷、園丁的勤奮栽植幼芽。

立己篇

鍾家盈老師 （服務葛小6年）

　　光陰似箭，今年在葛小工作已踏入第七個年頭。我跟隨葛小的宗旨，一直堅持「有教無類，以人為本」的教學理念去教學，希望學生能愉快地成長，並好好裝備自己，成為他日社會的棟樑。

陳美寶老師 （服務葛小23年）

　　葛師校友會本着「有教無類」的精神，積極開展興學宏圖，貢獻良多。有幸在葛小遇上一班能同甘共苦的同事，一起培育莘莘學子，體現葛師「勇往直前」的奮發精神。祝願葛師校友會能造福社會，見證「一籽落地，萬穀歸倉」的豐碩成果。

陳莉老師 （服務葛小4年）

在葛小教學的四年間，讓我見證着每位學生都在健康和快樂的校園中茁壯地成長，師生間亦建立了真摯的感情。每天看着學生一天一天長大和進步，就是我工作的原動力。

劉佩珊老師 （服務葛小10年）

　　「一籽落地，萬穀歸倉」轉眼黃埔葛小快踏入卅五載，栽培無數莘莘學子，在社會各行各業中發光發亮。能成為葛小一分子，見證學校發展、學生成長，我心中滿是感恩。祝願萬籽落地，載載豐收。

立己篇

梁詠詩老師 （服務葛小9年）

　　回顧在葛小任教的日子，在腦海浮現的是：感恩！感恩自己在葛小有機會看着學生健康成長，也感恩自己能在充滿愛和正能量的葛小任教，讓我有力量不斷向前，邁步成長！

潘希然老師 （服務葛小5年）

　　對我來說，葛小是個溫暖的家；在這裏我遇上滿有理想衝勁的夥伴，充滿關愛與支持的家長和活潑可愛的學生。期望在未來的日子，葛小能繼續凝聚我們，建立屬於我們的大家庭。

陳瑞娟老師 （服務葛小23年）

　　桃株根紮葛師緣　化雨春風七十年
　　作育英才多砥礪　無窮薪火永相傳

曾昭傑先生 （服務葛小10年）

　　從小已非常尊敬司徒華先生的風骨。踏入葛小家庭，司徒先生已離開人世，但身在此間，仍感受到司徒先生給予的信念遺產──「有教無類，扶攜弱小，以生命影響生命。」雖然本人是外聘學校社工，但學校上下視我如一家人般，遠遠不如他校將社工投閒置散。學校既對我信任，若我有不足，應感愧疚。希望葛師上下能繼續司徒先生的信念：「兒童是人類的花朵、明天和希望。」教育兒童行當行的道德之路。

立己篇

立人篇

是篇由校友會黃埔學校六年級學生離校前寫作，表達他們在學習生活上，與老師、同學相處時的心聲：說一點難忘往事，見一點依依之情。

二○二○年度葛小有五班畢業生，由6A至6E，共一百三十人。

他們文筆稚嫩，但能寫下真言真意，十分難得。篇幅所限，不免簡短；國人慣用中文，外籍或用英語，總合成篇。

校友會黃埔學校2020年畢業生的心聲

6A 白倩文

I am happy in school because it is full of fun. I like 6A because they are friendly. We are like a family. Miss Chow takes good care of us. I am grateful to Miss Yuen because she has helped me a lot in Putonghua.

6A 陳智謙

去年，周老師挑選我做週會的主持人，我用了三個星期去背司儀稿。到了週會那天，我十分緊張，但得到周老師的鼓勵和同學們的掌聲支持，令我充滿勇氣站在台上。謝謝你們！使我明白到做人要勇於接受挑戰。

6A 陳禧誼

時光飛逝，我們很快就要畢業了！我最想感謝的是周老師，她不論在我的學業及領導才能方面，都有很高要求，令我十分刻苦。今天我發現自己有很大的進步，才明白到她用心良苦。周老師，謝謝你一直以來對我的訓練，使我成為班中的領導者。

6A 鄭沛怡

當我還是一年級時，很渴望快點畢業。但現在要畢業了，卻又依依不捨。還記得去年最後一次的生日會，周老師竟然寄了一張照片給我，令我感到十分驚喜！今年，我和6A班同學一起在環保年宵

擺攤檔的經歷，令我十分難忘！

6A　符杰韜

在這兩年，我最欣賞李昀祐同學在生日會及聖誕派對為我班帶來有趣的集體遊戲，每次我和好友蔡銘霖都玩得非常投入。我最想感謝周老師，因為她令我中文作文有了進步。快要離開葛小，我會繼續努力讀書，不會辜負老師對我的期望。

6A　侯幸瑜

我十分感謝周老師的教導，才能培育出現在算是優秀的我。我在四年級時遇上周老師，她改掉了我的壞習慣，使我成為一個好學生。快要離開葛小，我永遠不會忘記和6A班同學相處的快樂時光。

6A　許思羿

我在葛小生活了六年，得到不同的老師的教導，令我成為一個更進取，更有自信的人。我最難忘的片段就是今年的環保年宵，我和同學一起佈置攤位，大聲叫賣，我們各人都盡忠職守，做好本分。我會把李校長的話「機會只會留給有準備的人」銘記於心。升上中學後，我也不會忘記葛小這個大家庭。

6A　許弘傲

在這六年來，各位老師都不停地提醒我、關心我，使我成為一個不斷進步的人。最後我想感謝周老師的教導和鼓勵，也要謝謝6A班同學帶給我很多快樂的時光。

立人篇

6A　古家晴

我在葛小有很多難忘的回憶，其中「長洲軍訓」最令我畢生難忘。這次軍訓雖然辛苦，卻使我獲益良多。我很想感謝周老師的悉心教導和6A班的同學們快樂的學習生活。一想到快要離開葛小，真是捨不得。

6A　鄺子頌

我這一世都不會忘記引導我踏上「成功之橋」的周老師。從前的我在課上不踴躍回答提問，但在四年級遇上周老師後，她慢慢向我解釋，使我明白要專心讀書，變得積極主動，也明白到「每天努力一點點，失敗遠離一點點」的道理。謝謝周老師，我不會忘記你對我的教誨。

6A　林辰燁

我最想感謝周老師，因為每當我考試成績差時，她會緊張地勸我：「你是一個有能力的人，只是你做事不用心！」這句話銘記在我的腦海中，時刻提醒自己做事要用心和認真！我快要離開與我融洽相處的同學們、關心我的老師們，在此祝願大家身體健康。

6A　林子晴

我最想感謝周老師在這兩年來的鼓勵和支持，令我學會了專心地做好每件事。我十分懷念與6A班同學一起走過的日子：軍訓、生日會、評估……你們永遠是我的好朋友。

6A　林芸蔚

我在一、二年級時，因為不適應新環境，而感到害怕，這些年

多得老師們在旁邊一直鼓勵，我才能認識到一批又一批的新朋友。我感謝所有老師一直以來的照顧和教導，我以後一定會繼續努力學習，向着自己的目標前進。

6A　林恩熙

從前的我十分害羞，不敢參加各項校內活動。自四年級起，班主任周老師細心地幫助我走出困境，使我勇於嘗試接觸不同的事物。雖然我快要升上中學，但我永遠不會忘記周老師的教導！

6A　李民謙

我喜歡6A班的同學，每逢在課室小息時，我和他們都會一起看圖書和分享零食。我更喜歡開生日會時和同學一起玩遊戲的愉快經歷。

6A　李昀祐

我還依稀記得爸媽在我小一第一天送我回學校的情景，誰會想到五年多的光景就這樣過去了。雖然老師們有時候很嚴厲，但我知道是為我們好。快畢業了，但我肯定比大家傷心，因我要回到新加坡，要離開陪伴我多年的老師和好友。我每天都想着何時可以與老師、同學們重聚。

6A　梁佩怡

在葛小六年，我十分感謝老師們用心的教導、同學們的陪伴，我和6A班的同學相親相愛、互相鼓勵。快要畢業了，我實在捨不得你們。我要感謝班主任周老師，是她給我機會參加中文話劇。我永遠不會忘記葛小帶給我無限的快樂時光。

立人篇

6A　李創超

我最難忘的一次活動就是和周老師在黃埔小舞台一起跳舞。起初我是不願意的，因為我怕出醜！後來周老師告訴我她的生日願望是和我一起跳舞，最後我答應了。我很感謝周老師耐心地教導我、安慰我和支持我！我會繼續努力的！

6A　林在心

在這六年的校園生活中，我最想感謝周老師。她為了6A班勞心勞力，就算喉嚨痛也堅持回校教導我們。在環保年宵的時候，她陪着我們一起看攤檔，沒有休息。在我眼中侯幸瑜同學就像一個天使，陪着我成長，當我遇到困難時，她永遠都是第一個向我伸出援手的人，謝謝幸瑜，希望我倆畢業後，也能友誼永固。

6A　萬靖君

我喜歡6A班的同學，因為我們一起渡過很多快樂的時光。每次的生日會都令我十分難忘：老師和同學們一起遊戲和拍照，生日的同學還會收到周老師所送的小禮物。我最想多謝周老師，因為她一直用心地教導我們。謝謝葛小為我的人生添上光彩。

6A　艾美心

I am happy in school because I have a lot of friends and all the teachers are so nice. I like 6A because they are friendly and helpful. I am grateful for the teachers' effort at school because they tried their best to teach all the students.

立人篇

6A 潘家銘

一想起「大嶼山軍訓」，我就要感謝曾sir的照顧。因為他為我按摩，令我在走了三小時後減輕了小腿的痛楚。上課時，每次當我舉手回答周老師的問題時，聽到她讚我「叻仔」，都令我開心不已！感謝6A班同學的幫忙，令我們之間的友誼比茶更濃。在此祝願大家學有所成！老師們身體健康！

6A 薛鼎譯

在這六年的校園生活中，我最喜歡的活動是環保年宵，因為大家可以用印章去換玩具，而六年級的同學更感受「做老闆」的感覺。當我們叫賣時間快要完的時候，我們竟然要把禮物的價格降到兩個印章呢！

6A 蔡銘霖

在這六年的校園生活中，我經歷過大大小小的活動，也認識了很多的老師和同學。我感謝葛小所有老師，特別是周老師。自四年級開始，她一直對我很嚴格，要求很高，但我知道她是想我進步。周老師教給我很多知識，幫我戒掉了很多壞習慣。謝謝你，周老師！

6A 許鴻煒

我最難忘的活動就是「環保年宵」。當日我和6A班同學一同經營攤位，學校就像一個年宵市場。當我想到要和好朋友丁凱銜分離，又有點傷感。我最想感謝周老師，雖然她很嚴格，但她在我心中是最好的。謝謝周老師在這兩年的照顧，教會了我很多做人的道理。

立人篇

6A　袁朗晴

六年來，感謝各位老師的教導和照顧，而我最感謝的是周老師。雖然我到五年級才認識周老師，但她十分關心我，給我許多鼓勵。周老師給了我很多機會，讓我不斷去嘗試和突破自己，成為一個具有目標的人。

6A　莊嘉琪

說起最難忘的學校活動，便是大嶼山軍訓。當時種種的特別經歷和體驗，使我獲益良多，能勇於面對困難。臨別在即，我很感謝周老師教導和6A班同學的幫助，我永遠懷念在葛小的快樂時光。

6B　陳智謙

時光飛逝，我快要離開葛小這個大家庭了，我一定不會忘記這六年來葛小給我的愛，大家還記得我們在五年級軍訓時所遇到的挫折嗎？那段時間真的非常辛苦，但在同學和老師的鼓勵下，我們都成功撐過去，那件事後我明白甚麼是「有福同享，有難同當」。我也要感謝老師一直以來的照顧和關懷，我最喜歡班主任何老師，在這兩年相處的日子，何老師帶給我們不少歡樂，也製造了我在葛小的美好回憶，非常感謝您。畢業後，我可能沒有機會和同學和老師再度相見，但是你們一定不會在我腦海中消失。

6B　陳浩宇

我最想感謝的是何瓊芝老師，她是我五、六年班的班主任。在兩年的相處時間裏，何老師令我明白了很多道理，例如：做事要做好而不只是做完。如果當初不是何老師用心教導，也不會有今天的我。我非常感激何老師兩年來的悉心栽培。

6B　陳皓陽

不知不覺間，我在葛小已經渡過了六年。這六年間，我和同學們都有不少難忘的經歷。我寧願永遠都不長大，留在葛小而不離開！還記得我第一次踏入葛小是哭着進入校門的，現在卻哭着準備離開葛小這個大家庭。將來或許我們並不是最棒的，但我們都一定是獨一無二的！

6B　陳穎心

記得剛升上五年級的我，犯了些錯，全靠老師的循循善誘，令我明白到高分不是萬能，做人要有氣量的道理。我衷心感謝老師們在這六年裏不斷給我珍貴的機會去突破自我，也謝謝我身邊的同學一直和我一起走過這小學生涯。

6B　巢綺珊

在這六年來，我印象最深刻的活動就是每年的環保年宵，特別是六年級那次。我和朋友們玩得非常開心，因為這是在葛小的最後一年。我很感謝這六年來教導我的老師、陪我渡過無數歡樂時光的同學。

6B　鄭喬方

六年的葛小生涯，帶給我無數美好的回憶。心中雖然有萬般的不捨，但是我會昂然濶步邁向我人生另一個新階段。我會努力向上，將來要成為一個對社會有貢獻的人。謝謝您，葛小！

6B　張靜汶

這六年來，我得到很多老師的教導和幫助，讓我成為更好的

立人篇

我，謝謝您們的付出。在葛小，我認識了很多朋友和同學，在這裏經歷的每一件事，都深深地記在我的心中。儘管我現在仍有很多不足，但我一定不負眾望，一點一點地學習，成為一個優秀的人。在葛小，讓我感受到像家一般的溫暖，謝謝各位老師！

6B　馮永哲

我最難忘的活動是五年級軍訓，因為軍官教會了我很多技能，例如怎樣搭帳篷，怎樣在野外烹煮等。我還記得那天在野外露營，凌晨一時，突然下起大雨，我們立刻疏散，那寒冷的天氣使我有深刻的感受。我感謝這六年來教導過我的老師，葛小的校園生活多姿多采，非常充實。

6B　Jayla Ombao

I am thankful that I have studied at GCE for 6 years. I have many precious experiences and memories here. I would like to say 「thank you」 to my teachers and classmates because they always help me when I encounter difficulties. I'll always treasure those memories of my school life. Nothing can replace it. Thank you, GCEPSA, for the past 6 years.

6B　郭芷蕎

時光流逝，轉眼就六年了。這六年來，葛小帶給我很多歡樂的回憶，例如環保年宵時，我和同學們一起合力經營攤檔；我被提升為風紀隊長；我們一起完成大嶼山軍訓等。感謝老師對我的包容、教導和信任。葛小老師們、同學們的一點一滴，將會成為我永恆的回憶！

6B　黎芊睿

我還記得在六年級的環保年宵，我們要負責把玩具賣給一至五年級同學，我感到非常害怕和害羞，幸得同學們不停鼓勵我。我們一切都準備好了，很多人來到我們的攤位「買」東西。幾個小時後，我們終於完成任務了，真的很興奮啊！

6B　Lam Shawn Gabriel

My most memorable experience in these past two years is going camping in Lantau Island because I have learnt a lot of new things that I have not experienced before, such as cooking, using gas stove etc. Everyone was tough in the camp. We accepted different challenges and we didn't give up easily. I would like to take this opportunity to thank all my teachers in these six years, they have taught and helped me to become a better person. Thank you, teachers!

6B　勞澤斌

轉眼我們快要離開葛小，回想起剛來葛小的時候，我是個害羞的男孩，也不善於跟同學和老師溝通，在何瓊芝老師的幫助和指導下，我漸漸變得不一樣，更和班裏的同學打成一片。後來我更成為了「明日領袖」的一員，經過了一系列的訓練，內向的我搖身一變，變得熱情開朗，能言善道。我非常感謝各位老師的用心教導，感謝你們的付出。這四年在葛小的經歷，成為我最難忘、最美好的回憶。

立人篇

6B　李宏海

六年了，我和這間學校有着別人想像不到的親密關係。好不容易認識的同學、朋友，這麼快就要分開，真使人捨不得。畢業後，也不知能不能再次相見。再見了，這陪伴我成長的葛小校園！

6B　廖為善

時間流逝，一眨眼就已經五年了！在這五年所經歷的事情都在我腦海中徘徊，就像六年級的明日領袖，因為疫情的關係，我們不能和北京的同學見面，只能在網上進行交流。因為網絡問題，令視像交流遇上阻滯，例如有同學的畫面忽然停止了。這雖然增加了我們交流的難度，但我們也十分享受這個過程。

6B　連婉瑩

不知不覺，我們的小學校園生活就要結束了。還記得二年級，我曾經做過環保年宵的司儀。袁副校長細心地教導我，說話要大聲、清楚。表演當天，面對着七百多位同學和家長，這經驗十分難忘。我最想感謝的是我的班主任何老師，她把我很多的壞習慣都矯正過來，令我一直走在正確的道路上。肺炎突然襲港，令大家措手不及。失去了畢業前好好和同學相處的機會。小學生涯將要結束，但不會結束的，是六年來老師對我的關懷，同學的友愛。

6B　楊洋

我曾經是一個頑皮的小孩，可能為老師帶來了麻煩，但老師一直不放棄我。感謝老師六年來的教導，我長大後一定要成為一個有用的人。

立人篇

6B　羅心悅

葛小的六年是我成長的基石，最難忘是大嶼山軍訓時獲頒「大澳探索大使」，我明白「機會是留給勇於爭取的人」，亦終於體會到「只要做，甚麼都可能」的精神。成長路並非一帆風順；回想起來，真要感謝時常關顧我的校長、老師和知心好友！

6B　吳峻源

我在葛小最深刻的事情是一年一度的全方位學習日，那些活動可以讓我們發明或創造出不同的製成品，過程中當然會有障礙，甚至失敗，但沒有影響我們的認真和投入，這些回憶已深深地記入我的腦海中。如果將來可以再見的話，我一定會送些禮物給同學和老師，希望我們有緣再見。

6B　顏子軒

過去的我，是一個貪玩、不愛讀書的小孩。隨着進入學校學習，我逐漸長大，終於變成一個懂事的人。我感謝教導我的老師，幫我溫習的同學。我覺得葛小就是一個溫暖的大家庭。

6B　石凱文

六年了，轉眼間已經六年了，回想起六年的美好時光，我最深刻的是環保年宵，還記得當時我嗌破喉嚨，為攤位招徠，使師弟師妹渡過美好的一天。感謝每位老師的教導和照顧，葛小，謝謝您！

6B　蕭凱文

我以前是一個很懶惰和頑皮的學生，但現在已改過來。當然我有時也會偷懶一會，但不久便自我更正。感謝每位教導我的老師和

立人篇

幫助我的同學。畢業後我不知道還可否再和大家見面，但這些都不重要，因為在我的記憶中永遠都有着你們。

6B　鄧光強

還記得六年級第一學期，我們一起坐在圖書館，等待公佈「明日領袖」的入選名單時，我的心情非常緊張。當我在熒幕上找不到我的名字時，我瞬間哭了出來。班主任何老師看見後，拉着我的手，走出圖書館安慰我，她還鼓勵我說：「人生中總有跌跌撞撞的……」這六年來，我要多謝每位教導過我的老師，特別是何老師，雖然她對我們很嚴厲，但我們確實學會了很多做人的道理，特別是要做一個誠實不撒謊的人。

6B　曾樂兒

我還記得那一次既難忘又緊張的經歷。某次週會課，袁副校長突然對我們說：「在座的六年級有誰想當明日領袖？想的請舉手。」不知道哪裏來的勇氣，我果斷地舉手。之後，我的同學問我有沒有報名參加明日領袖計劃，我說：「有啊！但是好像要面試的，現在想來有點後悔。」同學聽後便鼓勵我，於是我充滿信心地去應試。經過幾輪緊張的面試，我成功進入了「明日領袖」。如果沒有同學的鼓勵，我可能會失去這次寶貴的機會。

6B　謝迅妍

一轉眼就畢業了，我真的很捨不得這六年來認識的同學和老師，我們創造了很多開心、傷心、難忘的回憶。雖然我們要離開這個溫暖的大家庭，但是我永不會忘記一起渡過的歡樂時光。我希望各位同學可以達成自己的理想，各位保重！

立人篇

6B 王思穎

我的成績本來不太理想，但六年來經過多位老師的教導，我的成績逐漸進步。我要感謝各位老師的付出。將來，我一定是個用功而努力的人。希望畢業後，我和同學們、老師們再有見面的機會。

6B 鍾梓榕

在葛小，有我們很多的回憶，令我印象最深刻的就是五年級大嶼山軍訓的野外遠足。我們在山上走了三個多小時，很多同學已經疲累了，我也是其中一個，但因為其他同學的鼓勵，令我們重新振作起來。我很想感謝曾經幫助過我的多位同學，希望我們畢業後可以保持聯繫。

6C 陳妍彤

一眨眼，時光如流水般飛逝，六年的葛小校園生活快將結束。我不得不感謝曾在這六年教導過我的老師，多謝您們教予我們知識。我也要感謝曾陪伴我六年的同學，多謝你們在我孤單的時候出現了。在2019年年底，一場新型冠狀病毒，使老師、同學和我暫時分離，我們的相處時間減少了許多呢！葛小，多謝您！是您令我成長。9月份，我將要升上中學，將會展開另一個階段的六年生活，然而，我是不會忘記葛小的。再見，葛小！

6C 陳宥安

畢業後我可能無法再跟朋友們見面了，因為我要出國升學，但我相信總有一天我們再會相聚。幸好現在網絡發達，我們都能保持聯繫。我不會忘記這六年在葛小發生過的事情，即使我現在跟大家分開，我也常會思念學校的老師和同學。我很感謝老師，他們都很

立人篇

疼愛我，很耐心地勉勵我，我在老師的教導下慢慢成長，成為一個向學的人，讓我在葛小快樂地學習。我會謹記葛小的教誨，繼續實踐「葛小三品人」。還有我親愛的同學們，我們一起度過很充實的六年小學生活呢！這成為我一輩子美好的回憶。

6C　丁凱銜

轉眼間，我的小學生活就要結束，回憶着這六年的小學生活，真的很懷念。在這六年，有着許許多多的往事，今天我們快要離開那充滿笑聲的6C教室；快要離開那熟悉的母校。六年了，最令我懷念的是我的同學和老師，我們一起泛舟學海，一起在漫長的跑道上跌跌爬爬，一起盡情地玩耍，互相鼓勵，互相關心。在吵吵鬧鬧中，嘻嘻哈哈中，寫下了真摯的一頁又一頁。葛小，再見了！

6C　范大文

在這六年的小學生活裏，令我最難忘的就是可以認識到各位老師及一班好朋友。每位老師的悉心教導令我慢慢長大，朋友們的相處讓我更懂事。雖然升上中學之後大家不會時常碰面，但是我們生活的點滴都會永遠記在我的腦海裏。希望每位同學都能考上心儀的中學，也在此感謝每位老師對我們的教導。

6C　霍健華

隨着時光的流逝，不知不覺，我們離開小學校園的日子也越來越近了。在這裏，我要感謝學校的每一位老師，他們一直呵護我們，耐心地教導我們，陪着我們一起成長。另外，我也要感謝每一位同學的支持與鼓勵。離別的滋味是難受的，但它不意味着結束，而是意味着另一個的開始。我會深深地記着老師對我的教誨，做到

「每天進步一點點」。最後，我祝各位老師們青春常駐，同學們鵬程萬里，無限前途。

6C　許曉晴

往事如煙，我們快完成六年的小學生涯，將要畢業了。在此我要向各位老師、同學說聲謝謝，他們令我從那個懵懵懂懂、童言無忌的小一生變成現在這個準備升中的我。「天下無不散之筵席」，現在我就要離開葛小這個大家庭，我會把在這裏所學到知識、所經歷的事情和在葛小的所有美好回憶，深深烙在自己的腦海中。

6C　卓思恩

These past six years in this school have been amazing. Everyone here is so nice and it makes me feel really welcome. I would like to thank my friends throughout these past years and teachers who have dealt with my problems. No words can express how much I am thankful and how much I love this school. I hope a great future bestows upon every single person in this school along with this school itself. Thank you for the fun memories I have made in this school! GCEPSA! I will forever treasure them.

6C　黎仲晴

轉眼間，六年快過了，我們也即將畢業。回首一看，好像才剛入學，那時同學們互不認識，感覺十分陌生。但在老師的照顧和教導下，我開始熟悉這個校園，開始認識新朋友。老師循循善誘教導我們人生道理、學習態度，這些都令我刻骨銘心。同學們在教室裏談天說笑，一起玩耍。我們一起上課，一起被老師教訓的景象也令

立人篇

我感到很珍貴。葛小,謝謝您!。

6C　林銘杰

畢業後,我和同學的友誼是永恆的,我會與他們保持聯絡。我最想感謝老師們,謝謝您們對我的照顧和關心。

6C　李松納

我在學校讀了六個年頭,很捨不得學校的校長、老師和同學。快將升中了,我希望能升讀自己喜歡的中學。我要感謝每一位老師的鼓勵及教導,謝謝您們!

6C　李家榮

不久之後,我將會離開這個充滿回憶的校園,也許和同學們不再相見,但在學校發生過的難忘經歷,我絕對不會忘記的。在我一年級的時候,我既是班中的一個搗蛋鬼,又是一個成績很差的小夥子,我想老師應該不會喜歡我,可是老師沒有放棄我,還細心地栽培我、提點我,我真的很感謝各位老師的付出。升上中學後,我會努力讀書,將來做一個有用的人。

6C　雷紫瑩

轉眼間,六年不經不覺地過去了。令我最深刻的就是六年級的環保年宵。大家一起分禮物、佈置、定價格、擺攤檔……雖然我們的小組一開始不太合作,但經過班主任陶老師的教導,我們變得愈來愈有默契,大家都很努力地做好自己的本份。這寶貴的經歷,成為了我最難忘的回憶。

6C　陸孝渝

畢業前，我要感謝用心栽培我的胡老師。三年級的時候，我十分頑皮，常被老師責罰。我曾經感到十分傷心，幸好仍有很多老師關心我，其中一位就是胡老師。她引導我、關心我，更給我嘗試當主持。怎料上台時，擴音器突然壞了，我不知所措。在這個時候，胡老師為我鼓掌打氣，最後我順利完成了任務，還得到其他老師的肯定呢！胡老師發掘了我的才能，我也對自己開始有了信心。葛小，謝謝您！胡老師，謝謝您！

6C　吳家珈

不知不覺間，我們即將畢業，老師和同學們陪伴了我六年。在葛小六年間，跟同學一起談天說地，在課室上課，被老師訓斥，在小舞台上表演，這些回憶都使我刻骨銘心。我相信，畢業以後，我們必定會重逢的。

6C　伍鑑堯

在葛小生活的六年，我感到十分快樂，其中令我印象最深刻的莫過於小五那年的運動會。當天我們都盡力比賽，爭取成績；在看台上，我們一起為班中的健兒打氣。一轉眼就要畢業了，我永遠不會忘記與同學們一起的每一段快樂時光。

6C　潘思晴

這六年來，我要感謝葛小老師和同學們的關懷及照顧。這個小學階段成為了我一生中的一個重要部份。在葛小參加過的每一個活動，都令我念念不忘，永記心間。世事難料，因為今年的疫情令到我們少了四個月相處的時間。希望大家珍惜餘下的時光，留下更多

立人篇

美好的回憶。

6C　包永希

I would like to thank all my teachers for supporting me because on the first day I went to school, I was scared that they would not understand me. However, for the past few years I have been learning in school, I enjoyed being in school. In the beginning I did not know how to speak Chinese, but my teachers encouraged me to do better. So I tried harder even though I got bad marks in Chinese. I kept trying my best to get good marks. I would like to thank all my teachers for helping me and encouraging me to learn and speak other languages. I hope I can do better in the future. Thanks for teaching me and helping me. For all the teachers who helped me, I wish you a healthy and happy life.

6C　譚淑琪

在葛小六年的學習，得到各位老師經常鼓勵、耐心教導，使我不斷進步。我要感謝各位老師的付出，謝謝各位老師！

6C　鄧匡祐

畢業了！這一次的畢業真來得有點突然。因為疫情關係，我們一直被困在家，導致我這幾個月不可能和同學們見面，本來還有很多事情，大家可以一起討論，一起說笑。現在剩下的日子愈來愈少，希望在畢業後，我們可以保持聯絡，讓我們友誼永固。

6C　唐林杰

三年級，我還是一個很害羞、沒有甚麼朋友的小孩。一天，班中一位新同學主動跟我交朋友，他就是秦皓天。雖然後來我們再也沒有同班，但彼此的友誼是永固的。我曾經覺得自己一輩子跟別人說話時都會害羞，但六年以來，不同的老師，不同的同學都引導我、鼓勵我，使我成為積極向上的人。我要向各位老師和同學承諾，我會繼續努力的！

6C　黃敏詩

轉眼間，六年就過去了，印象最深刻的是今年參加了「明日領袖」。由於疫情，今年「明日領袖」的交流形式與以往不同，由到北京交流改為網上交流。「明日領袖」令我獲益良多，我學會了要勇於接受挑戰，堅持做對的事，並且肯定自己的努力。在葛小的一切，都使我非常難忘。

6C　許景銘

一年級，我被李錦清老師選為班長，我很高興。初入學校，我不熟悉環境，當我不知所措的時候，李老師找我傾談，一步一步耐心地教導我，所以我很感謝她。這六年，我的校園生活過得很充實，留下了許多珍貴的回憶。

6C　嚴芷瑩

我很高興和同學們一起渡過這六年。六年間，我有很多美好的回憶，其中最快樂的就是和同學們一起小息玩耍，一起聊天，一起上課……如果可以的話，我希望畢業後大家也可以保持這份珍貴的友情。

立人篇

6C　鍾海霖

五年級的時候，我們全班進行「服務學習」，曾到老人院探訪及照顧老人，還製作了一些禮物送給老人家。回想起那天的情景，至今仍然難忘。我初時有點害羞，但老師一直鼓勵我，增強我的信心，於是我便慢慢適應。學校裏，有不同的老師教導我，我很感謝所有老師的付出，將來我一定會繼續努力學習，成為一個有用的人，不會辜負您們的期望。

6D　蔡芷晴

時間過得真快，我們馬上就要畢業了。在這六年，我認識了不少老師和同學。雖然偶然會與同學發生一些小矛盾，但我們很快就和好如初。各位老師們更會耐心地教導我，我真的很感謝你們。你們的教誨，我會銘記於心。

6D　陳熙宙

今年是我在小學生活的最後一年，再過不久，我便會升上中學。我很感謝這六年來教導過我的老師，也很高興能夠認識很多好朋友。升上中學後，我一定會比現在更加努力讀書的。

6D　陳柏橋

回想一年級來到葛小時，身邊全是陌生的老師和同學，真的有點害怕。可是六年眨眼過去，快將畢業，我竟有點不捨。最難忘的是五年級時的軍訓，那幾天雖然十分辛苦，但又感到很值得，因為我在軍訓時學了很多技能，這些都令我畢生受用。

立人篇

6D　陳穎恆

時光飛逝，轉眼間六年的小學生涯即將結束。在這六個年頭裏，我經歷了很多喜怒哀樂，也交了很多朋友，他們在傷心的時候鼓勵我、安慰我。老師則教導我做人做事的道理，讓我成長了很多。

6D　周秉鋒

時間過得真快，我們快將告別葛小這個大家庭了。在這六年裏，我認識到很多好朋友，也學到很多知識。我想感謝葛小每一位老師的教導，也希望我們6D班同學友誼長存。

6D　陳高翔

在這六年裏，學校為我們舉辦了不少活動，如三至五年級的「我做得到」訓練營、一年一度的環保年宵、可以令大家大展身手的親子運動會……到了最後，我還有幸參加「明日領袖」計劃。我要感謝各位老師所付出的努力，你們不但讓我的校園生活多采多姿，也令我留下太多太多的珍貴經歷和回憶。

6D　陳彤

葛小六年的校園生活多姿多采，有笑也有淚，有苦也有甜……光陰似箭，我們快將畢業，離開這個快樂的校園了，真有點捨不得呢！我衷心感謝同學們對我的愛和老師們對我的循循善誘。畢業後，我希望大家都能保持聯繫，友誼更加深厚。

6D　陳沅瑤

轉眼間，我快將小學畢業了。在這六年裏，我認識了不少同

立人篇

學，大家從陌生人變成好朋友，一起走過高山低谷。此外，我要感謝老師們的教誨之恩，老師傳授我們知識和人生道理，使我們更勇敢面對這個世界。或許畢業後，有些同學會和好朋友就讀同一間中學，有些同學要獨自面對陌生的環境，有些可能畢業了就不會再碰面……但只要各自努力，他日總會有相見的機會。未來很長，各位準備好了嗎？

6D　朱美琪

轉眼間我已經在葛小六年了，雖然我曾想過快點畢業，快點升中，可是到最後心裏還是有點不捨。葛小見證着我的成長，我獲益良多，學得很多新知識。現在我要踏上新的旅程了，感謝校長和老師們的教導和指引，有緣再見！

6D　朱柏螢

在葛小這個校園裏，一晃眼，六年就過去了……一想到我們快要各散東西，不捨之情湧上心頭。一個初來乍到的黃毛小子，現在已經長大了！老師對我的教導，對我的勉勵，讓我逐漸成材！感激之情，數說不盡！未來我一定會繼續努力，不會辜負老師和家人對我的期望。

6D　馬智文

在六年的小學生涯裏，雖然我有時候會懶惰，有時候會頑皮，但老師們仍然耐心教導，對我不離不棄。在此，我要感謝所有老師對我的悉心栽培、愛護和包容，使我能夠茁壯成長。同學們，我們快將畢業了，與你們一起總是充滿歡樂，我永遠不會忘記你們，希望大家都有美好的將來。

6D　許政昕

光陰似箭，日月如梭，六年的小學生活匆匆過去，我快要向這裏的老師和同學告別，深感依依不捨。同學們從陌生到熟悉，老師們的循循善誘，這一切都會成為我珍貴的回憶。我希望同學們在未來繼續努力，並且有美好的將來和幸福的生活。

6D　Khan Raheel

Time flies! My six years of primary school life is about to come to an end. I will have to face my new life as a secondary school student soon. I will miss Miss Chiu the most because she was willing to teach me new things every day. She opened her heart and always talked to me. Even if sometimes I was naughty, she would not shout at me but would talk to me gently and told me the right things to do. The most important thing of all, she helped me with my secondary school application and she even visited the schools with me. Miss Chiu was very kind and helpful. She lent me a helping hand to find my wallet as if it was hers. Without the help of Miss Chiu, my wallet would not be found. Without Miss Chiu, my primary school life would not be complete.

6D　林穎恩

轉眼間，多姿多采的六年小學生活即將結束。葛小給予我美好的時光，也擴闊了我的視野，增進了我的知識。我要感謝校長和老師們的教誨，使我畢生受用，也感謝各位同學這六年來的相伴。

立人篇

6D　倫焯穎

還記得五年級的軍訓，我經歷了人生中第一次在戶外搭起帳篷睡覺，這是多麼令人興奮的事情呢！怎料有一夜，大約在凌晨一時半，蔡副校長突然叫醒我們，原來下大雨了！這場大雨使我們不得不回宿舍睡覺，我失望極了。雖然如此，但這會成為我最珍貴的回憶之一。

6D　吳愷涎

時間過得真快啊！總的感覺是昨天還是一個無知的、傻傻的一年級小女孩，眨眼間就變成了一個懂事的、獨立的六年級大姐姐。在這六年裏，不僅有許多朋友相伴，還有老師嘔心瀝血地教育我們；即使說千萬遍「謝謝」，都難以表達心中感激之情。

6D　秦皓天

時光飛逝，我馬上就要畢業了，我非常感謝我在葛小的三個班主任，在我轉校到葛小的三年來，譚老師、周老師和趙老師都不停的提醒我，教導我，讓我學會了很多珍貴的道理。我也非常感謝我的「豬朋狗友」們，讓我在葛小留下了一生難忘的寶貴回憶。我會永遠記得在葛小的快樂時光。

6D　譚浩鈞

我們快要畢業，各自展開新的旅程了。記得低年級的時候，我是一個頑皮的小孩，但是現在已經長大了，變得成熟，而且成了懂得照顧別人的大哥哥，更成為明日領袖的成員。我真的要感謝老師們的教導和提點。我會把在校園裏的一切都記在心裏。

立人篇

6D 譚嘉淇

時光流逝，不經不覺，我們快要離開母校了。在這六年，同學和老師陪伴着我渡過無數的歡樂，跨越無數的難關，這些經歷都成了我深深的烙印。我要感謝各位老師的付出，也要感謝各位同學對我的關懷和愛護，願我們的友誼永遠不變。

6D 譚哲穎

六年時間，説短不短，説長也不長。在這六年中，我渡過了一段充滿歡聲笑語的小學生涯。還記得六年級環保年宵的活動，那是我第一次主持攤位，我本來還以為我們會手忙腳亂，但沒想到竟然出奇地順暢，讓我樂在其中。六年裏有老師對我悉心教導，也有和同學一起以罰抄來補過。課室和操場，目光所及之處，盡是回憶。小學畢業，並不意味着一個結束，其實這是人生的一個新的起點；再見，並不意味着再也不見，而是要開啟下一段路程。

6D 唐諾謙

時光流逝，六年的小學生涯快結束了。還記得六年前開學的時候，我對葛小很陌生，很緊張，現在的我完全不一樣，我會主動去跟老師打招呼，不像以前那麼害羞。六年過去了，謝謝你們給予我開心又愉快的校園生活，我要感謝葛小給我的一切，也非常感謝葛小每一位老師的付出，謝謝你們。

6D 黃晉寧

眨眼間，六年過去，畢業在即，我感到依依不捨。這六年的校園生活，讓我學習了許多知識，十分感謝老師們和社工們的引導，還有同學們的協助，讓我愉快地成長。在此向所有老師、校長、社

立人篇

工和同學說聲謝謝。

6D　胡卓翹

我最難忘的活動就在五年級的時候，我的班主任趙老師選了我做班代表，上台參加英文Spelling Bee比賽。雖然那時我在台上很緊張，但聽到趙老師和同學的鼓勵，令我滿有信心，最後更勝出比賽呢！

6D　吳卓穎

在這六年的小學生活中，我們一起上課學習，一起課室工作，一起操場嬉戲，每天都是豐富多彩的。這個記載着我無數歡笑和淚水的校園，每位教過我的老師和與我一同成長的同學，我都不會忘記的。

6D　張閏雨

轉眼間，我們快將畢業了，真的捨不得葛小的同學們。還記得每一次的生日會，我們都玩得非常開心，不過這都已經過去了，已經成為了我們美好的回憶。雖然我們男女同學偶爾也會因為一些很無聊的事情而爭吵，但到最後還是發現：其實我們很捨不得彼此！

6D　章志涵

我是三年級才來的插班生，剛來的時候我的成績很差，但葛小的老師和同學對我非常好。每當我遇到不明白的題目，老師和同學都會指點我，我有困難也會幫助我。我真的很感謝大家。

6E　蔡怡詩

時間如流水，一眨眼六年就過去，我們即將畢業。老師說得沒錯，六年原來真的非常短暫，但我不會忘記和大家在一起的快樂時光。這六年的校園生活，我覺得很享受和滿足。謝謝每一位在我身邊，陪伴我成長的老師和同學們。

6E　陳琦琛

我在葛小的六年生活過得非常開心，在我有困難的時候，老師都會盡力幫助我，謝謝各位老師。

6E　陳紫柔

六年的校園生活快要結束，我們相處了六年，終於都要分開了。但是，我們一起經歷過的事，一起吃過的苦，永遠記在心裏，期待他日可以再見！我特別想感謝班主任譚老師，他是一位體貼細心的老師，十分照顧我和其他同學，我們有甚麼心事，都願意和他分享，他也很用心去引導我們，經他用心教導，我班同學的數學成績特別好。譚老師，謝謝你！

6E　張曉慈

隨着時間過去，不知不覺在葛小過了六年，現在我終於畢業了。我以前或會說不想上學，每天都想着假期。但現在經歷了漫長的停課後，我每天都在倒數還能上學的日子，才發現自己捨不得這裏，捨不得我們經歷過的環保年宵、軍訓、聖誕聯歡會，還有我最難忘的學校旅行。我有幸認識這一班特別的同學，可以一起完整地走過小學的全程，真的謝謝你們每一位。

立人篇

6E　蔡芷榆

時光匆匆，六年一閃而過。回想起當初第一次踏入葛小，到現在準備離開，難免會有些不捨。看着每年新來的一年級同學，就想起自己小一時戰戰兢兢的模樣，原來轉眼六年過去，腦中泛起很多快樂的片段……畢業之後，我們正式踏入了下一個階段，要迎接前所未有的挑戰。每次我不能克服困難的時候，我總會想起李校長的教誨：「吃得苦中苦，方為人上人。」感謝葛小帶給我豐富知識和快樂時光！

6E　朱倩盈

時光匆匆，如今六年快將過去，而我們也快要離開陪伴六年的葛小了！這六年來，在老師們的諄諄教誨下，我學習了很多知識。我真希望時光可以倒流，讓我能回到低年級時的美好時光。希望畢業以後，我和同學能夠保持聯繫。再見了母校！

6E　馮一賢

一眨眼，便快要畢業了。我和同學可能會再次見面，也可能永遠都不再見面，但是，對我來說已經不重要，因為我們的友誼已在心中留下深深的烙印。就算再過十年、二十年、三十年甚至四十年，我相信我也不會忘記這班好朋友。

6E　何巧儀

在2020年這個難忘的春天，已經停課四個月了，而我們就在這無聲無息之中步向畢業，我多麼捨不得老師和同學啊！我很感謝各位老師教會我很多知識，也很感謝同學們的陪伴，讓我感到學習生活的開心。我最難忘的是去年的聖誕聯歡會，在最後一個抽獎環節

中，老師説出同學的學號，我和同學緊張和期待的樣子，至今仍令
我念念不忘呢！

6E　黃俊希

就快畢業了，沒想到，我們可能要在疫情之下畢業，但這完
全沒有磨掉我們經歷過的一點一滴。還記得二年級的體育課，我上
廁所時發現沒有廁紙，不知所措。當時我做了一個到現在我都覺得
羞恥的決定——就帶着一股臭味完成了體育堂。還記得五年級軍訓
時，我們要走六公里的路程，那是我人生中走得最長的路，我走到
盡頭時，疲累得倒在地上，但我最終也完成了整個遠足活動。在這
六年裏，我經歷了很多，是葛小老師為我們創造了數不完的珍貴回
憶。老師，謝謝你！

6E　許智文

畢業後，即使不再見面，但我們的經歷已成了我們深深的烙
印。四年級的時候，我被李穎枒老師選為足球校隊成員，李老師很
用心教導我，他還帶領我們參加不同的校際比賽。雖然球賽有時會
輸，但我並沒有放棄，由於努力練習的刻苦過程，令我更加愛上足
球。五年級的時候，我更參加了廣州訓練之旅，令我獲益良多！謝
謝老師給我各種寶貴的機會。

6E　甘子朗

時光匆匆，一眨眼已六年，我終於小學畢業了。　我以前常常
不想上學，希望可以天天在家裏玩電動遊戲，但現在的我只想繼續
上學……我最深刻的活動是今年的環保年宵，因為我們通力合作，
各盡所能去經營屬於自己班的攤位，最後一年的環保年宵雖然辛

立人篇

苦，卻是令人最難忘的。

6E　賴建宙

時光流逝，快要畢業了，現在回想起這六年的生活，總覺得十分快樂，其中最難忘的是五年級的大嶼山軍訓。記得有一晚我們在野外露營，我好不容易才睡着，但過了不久，我又被叫醒，原來是下大雨了！我們急忙地收拾東西，跟着我的營友一起跑回宿舍。雖然狼狽不堪，更有同學連鞋也來不及穿上，但卻是我們獨有的難忘回憶呢！

6E　劉俊言

某天，我們上過第五節課，校工姨姨如常地進入班房為同學們送來飯盒。怎料，今天校工姨姨還帶來了一串鑰匙，她高舉鑰匙說：「請問這條吉蒂貓鑰匙是誰的？」我尷尬地舉手，老師用奇怪的目光看着我，説道：「劉俊言，原來你喜歡吉蒂貓哦！」全班同學都哄堂大笑。從此，同學們都叫我「吉蒂貓」。畢業後，大家也要記得我的別號「吉蒂貓」。

6E　李曉峰

我最難忘的校內瑣事是：陪伴幼稚園學生參觀葛小，我有機會體驗做「大哥哥」的滋味。雖然帶着他們有點令人煩惱，但是我也感受到陪伴小孩的樂趣，更覺得很滿足。我要感謝黃翠珊老師教我們英文；她用心盡力的教導，令我們的英文大有進步呢！

6E　梁錦浩

時光飛逝，轉眼間我便要升上中學了。我非常感謝各位老師的

立人篇

循循善誘，升上中學後，我會繼續努力，決不辜負老師們對我的期望。我很高興在校裏遇到一班好同學，雖然我們以後見面不多，但我們的友誼是永固的。

6E　呂慧頤

六年時光一眨眼就過去了。在這六年間，我參加了許多活動，而令我最難忘的就是三年級的「我做得到」自理訓練營。這個宿營活動，是我第一次離開父母，和同學一起生活三日兩夜呢！所以，我十分感激校長、老師們帶給了我許多的第一次，而每一次的活動，都給我一些全新的體驗！

6E　盧煒舜

由小一到小六我都在葛小生活，現在終於畢業了，這刻真是捨不得，尤其是想起葛小獨有的環保年宵、軍訓課程、生日會等。我最難忘的活動是五年級的軍訓，因為不但可以野外露營，更可以學習野炊，考驗我們的廚藝。我們這一屆六年級是最特別的，疫情令我們少了很多上學時間，令我們相處的時光也減了很多，心中實在有點遺憾。

6E　馬紫恩

還記得四年級時，我被葛焱老師選為「黃埔小舞台」的主持。當我站在台上時，說話結結巴巴，最後總算完成任務。葛老師不但沒有怪責我，還鼓勵我。五年級時，我們班要表演「黃埔好聲音」，當時我擔心自己會出錯而拖累全班，但同學們的不斷鼓勵，使我們順利演出。即使最後我班拿不到冠軍，但我慶幸身邊有一班好朋友。我曾以為自己會交不了朋友，怯於合群，但這六年來得到

立人篇

不同老師和同學的鼓勵，活潑起來，使我在葛小建立很多美好的情誼。

6E　施子晴

六年了，我在葛小生活了六年，如今快要畢業，説沒有絲毫不捨是假的。同學和老師早就成為了我生活中的一部份，像家人一樣互相陪伴，我又怎麼可能捨得離開葛小呢？如果可以，我真的希望永遠都不長大，永遠留在葛小，過着跟葛小同學和老師們相伴的日子。可是現實就是現實，我們終究要離開。我們能做的，就是把這六年的時光好好藏在心裏，時常回想一番……

6E　唐植林

我相信，從來沒有一種病菌或病毒會令到所有學校停課四個月。但是，這件意想不到的事情正好在今年發生了。1月21日的環保年宵，正是我們在停課前見面的日子，也是我們在葛小最後一個的大型活動。這個疫情，令我的小學生涯更加畢生難忘啊！

6E　王芷瑤

在葛小學習令我非常開心，讓我學到很多本來不懂的知識，也讓我交了很多朋友。在此我想感謝校長，和所有陪伴我的同學、老師，謝謝你們六年來的陪伴！

6E　楊穎琳

時間就像流水飛快，六年就這樣過去了，我們在這個教室裏一起上課、學習、玩耍、開派對……這些都是我們最美好的回憶。暑假過後，這個教室會再次坐滿了人，可惜不再是我們了。之前總

是看着學兄學姐畢業，但沒想到那麼快就到我們。畢業，雖然是開心，但是心裏有點難受，因為我們真的要離開這個充滿歡樂的校園，而在這裏所經歷過的已經成為了我記憶中的一頁了。我們「青春永不散，記憶永不忘」！

6E　余敏綺

我自小都覺得自己是一個較內向和欠缺自信的孩子，但在葛小的六年，我感覺到自己有很大的變化，我變得較外向，願意跟別人傾訴自己的心聲，老師和同學們更經常鼓勵我、教導我。最後，我更有幸被挑選加入我夢寐以求的「明日領袖」計劃，我覺得這是對我的一種肯定。我很感謝老師和同學們對我的付出和陪伴，我希望我將來會是一個樂觀積極的人！

6E　余碩謙

記得四年級長洲軍訓的時候，軍官不斷提醒我，教導我。最後，雖然我沒有拿到任何獎項，但我會好好記住軍官所說的每一句說話。

6E　于穎詩

還記得四、五年級時的軍訓，由於我十分想念家人，所以便時常哭，但有同學和老師的安慰，我的臉上才開始重現笑容。可以的話，我想再次在葛小多過六年，每天帶着笑容，和大家好好相處。這六年我十分開心，感謝您們。

6E　鄭凱權

還記得五年級時，我們參加大嶼山軍訓。我們要登上山頂，要

立人篇

走十公里路，我感到有些心怯！因為我很擔心自己不能完成。結果我們每人都成功登上山頂，覺得無比滿足。經過這次，我有信心升上中學後，必能勇敢地面對種種挑戰。

葛小畢業生心聲，刊於學校通訊2020年7月號。

學校通訊2021年3月號

附錄一

葛量洪教育學院校友會簡介

（一）會章及註冊

葛量洪教育學院校友會，在八十年代前祇以非牟利社團名義註冊；後鑑於政府法例，遂籌組有限公司。在1989年3月28日，向公司註冊處呈交會章，正式註冊。

（二）會員大會及聯歡晚宴

校友會存有永久會員名冊，詳載有關資料。

本會須依章程辦事。每年多在3月或4月召開週年會員大會，每兩年由會員大會選出常務委員會委員，互選各職，分擔會內事務。會方全部賬目須交與會計師審核、證明。而常委會亦須在會員大會上提交會務及財務報告，由大會通過接納。至於常委名單及有關資料，則須呈交公司註冊處存案。校友會在是日會員大會後，即舉行聯歡晚宴。參加校友相當踴躍，尤以金禧、鑽禧之年，人數最多。前任院長、導師、教大高層人士，應邀出席，極為熱鬧。

下表列出本會週年會員大會情況 （2011年至今）：

日期	會議及晚宴地點	參加晚宴人數
2011年4月2日	香港金鐘統一中心名都酒樓	180人
2012年4月21日	同上	588人（鑽禧晚宴，詳見《葛師的歲月》2012）
2013年4月13日	同上	151人
2014年4月11日	同上	180人
2015年4月11日	同上	157人
2016年4月10日	九龍紅磡德安街葛量洪校友會黃埔學校禮堂	285人（午餐盆菜宴）
2017年4月29日	香港金鐘統一中心名都酒樓	220人
2018年4月28日	同上	250人
2019年5月4日	同上	197人
2020年7月10日（因新冠肺炎疫情而延至此日）	九龍紅磡德安街葛量洪校友會黃埔學校禮堂	（取消聚餐）

　　常務委員會由會員大會選出，由主席領導各組，辦好會務工作。曾任主席者有：歐耀庭、岑世琪、趙惠樂、戴景灝、方文莊、李漢雄、司徒華、馮壽松諸君，而以末二位任期最長。

常務委員會（2019-21）

主席：李百強　　副主席：謝少熹

秘書：潘嘉衡　　副秘書：楊又蓮

司庫：郭麗英　　副司庫：鄧志成

委員：何萬森、余國光、梁紀昌、陳澧祥，鄭振發、胡家霖、
　　　何振業

常務委員會（2019-21）左起前排：楊又蓮、何萬森、郭麗英、李百強、謝少熹、鄧志成、
後排：何振業、胡家霖、梁紀昌、陳澧祥、鄭振發、潘嘉衡、余國光

嘉賓與常委（2013-15）

2017年會員大會選出新的常委會

鑽禧晚宴筵開49席，當屆常委與主禮嘉賓合照（鑽禧晚宴詳情見第一冊）。

畢業40週年校友（2018）

畢業30週年校友與老師（2019）

第一屆校友鑽禧在本會週年聯歡宴上（2012）

第五屆校友鑽禧在本會週年聯歡宴上（2016）

第三屆校友鑽禧在本會週年聯歡宴上（2014）

（三）學術、康樂及旅遊活動

校友會在1953年春至1968年秋，曾出版《葛師校友》小冊四十餘輯，內載教育、學術文章，並報道會務消息及校友動態。為聯繫校友，編有《校友通訊錄》。為紀念母校2001年金禧及2011鑽禧，曾舉辦藝展，參展校友甚夥。校友會並將各人畫作編印成精美的《鑽禧藝展作品集》。同時，為紀念母校60週年，特向校友徵集文稿，編集成《葛師的歲月》。今年為紀念母校70週年，則繼續編刊其第二冊。

至於康樂及旅遊活動，自五十年代起，校友會又曾多次借用母校場地舉行校友日、聯歡晚會及聖誕舞會，藉以聯誼。每年暑假租借郊外地區舉行夏令營，安排豐富的康樂及文娛活動；並租用泳屋渡輪，作游泳海浴之用。六十年代中後期，常在秋冬季節搞郊遊燒烤一天遊節目。七十年代則在暑假舉辦海外短線旅遊團，赴台灣、菲律賓、日韓、星馬泰等地，也曾辦過歐洲多國、美西長程旅遊。其後則專搞本地及廣東縣市旅行團。每項活動，參加校友甚為踴躍。

下表列出自2011年至今的秋季聯誼旅行一覽：

日期	旅行安排	參加人數
2011年12月17日	乘專輪出海、觀賞中華白海豚、遊馬灣舊村、大澳漁村	100人
2012年11月18日	參觀南生圍、上水大龍坑村假日農場	72人
2013年11月9日	參觀志蓮淨苑、啓德郵輪碼頭	127人
2014年11月12日	參觀孫中山紀念館、文武廟	25人
2015年11月15日	參觀新落成的慈山寺、香港教育學院教育博物館	180人
2016年11月23-24日	舉辦順德遊覽及美食二天遊	80人
2017年11月16-17日	舉辦中山、珠海遊覽及美食二天遊	82人
2018年11月27-28日	舉辦廣東番禺、順德美食二天團	80人
2019年11月12及23日	參觀慈山寺及齋宴活動	44人（每團22人）
2020年	（因新冠肺炎持續而停辦）	------

校友會早期刊物《葛師校友》

葛量洪教育學院校友會出版之校友通訊錄

葛師鑽禧藝展作品集2011 封面

葛師鑽禧藝展開幕典禮嘉賓（詳情見第一冊）

2012年假日農場旅行

附錄一：葛量洪教育學院校友會簡介

2018年番禺順德美食團，順道參觀佛山柏林藝術館。

2016年旅遊順德，並參觀順德博物館。

2016年委員帶隊與
校友同遊順德

2013年往新落成啟德
郵輪碼頭參觀

2019年參觀慈山寺

2019年11月遊雲泉仙館

（四）告別母校校舍大會（2014年7月13日）

　　葛量洪教育學院加士居道本部校舍，自1994年秋併入香港教育學院（稱為分校）；越二年則遷入大埔的香港教育學院新址。教育局在1995年起將該校舍分配與其他教育機構使用。及後葛師校友會接獲政府消息，得悉政府定於2014年8月收回整座校舍，準備作伊利沙伯醫院擴建之用。

　　葛師校友會聞此消息，遂特別安排2014年 7月13日（星期日）下午2時至5時，商得使用團體慨允開放整座校舍，予葛師校友會舉辦告別校園活動。當日出席的校友超過500人。蒙香港教育博物館借出展板和藏品，在校園各個場地展示，供校友緬懷一番，拍照留念。

　　大會特別在校舍禮堂舉行惜別校園大會，會場座無虛席，蒞場嘉賓包括葛師前副院長及多位各科老師；大會由校友會主席李百強致歡迎辭，校友鍾志光及潘嘉衡擔任司儀。會上大家暢談當年葛師的生活點滴，加士居道校舍給葛師師生們留下了很多工作和學習的回憶。大會結束前是拍照留念，先由第一屆校友分屆步到台上，台下校友均報以熱烈掌聲，歡迎各位大師兄大師姐出席，然後各屆分別上台與老師合照，氣氛熱烈，場面溫馨。直到最後一屆葛師畢業校友上台，禮堂內仍充滿着校友們歡樂的聲音，走廊空地，處處都有留戀的踏步。無奈校舍關門時間已到，葛師校友先後同學，都懷着依依心情向校舍告別。

不少校友仍保存葛師校章、校徽、領帶等舊物，作為紀念。

告別葛師校舍當天，五百舊生擠滿禮堂，熱情可感。

馮翰文前副院長見證當年校舍使用，
如今則行將拆卸。

各屆老師在台上，1950年代校友們站在台下。

1960年代畢業校友在前分行坐立

1970年代後的校友，有「葛師再見」的心願。

80-90年代畢業校友仍是奮力向前，誨人不倦。

球場上看到「葛師情長」的直幅大字

附錄二

葛量洪教育學院校友會辦學概要

（一）辦學立案法團

葛師校友會於1955年3月起，試辦兩所規模甚小的夜校，分別借用港島李陞及九龍循道小學，並為此而兩度演劇籌款。直至1958年校友會開展興學宏圖，募集校友捐款，眾志成城；因而能於1961年秋開辦觀塘學校，及其後九龍地區的幾間屋邨學校，均屬政府資助小學。

早於1970年代，校友會得教育署批准成立教育發展基金；該項發展基金的積聚，主要為設立新校及為屬校添置校具，遂能不斷開辦學校。校友會鑒於教育事業的承擔，經多年籌劃，於1989年3月註冊為有限公司，據公司規章行事，成為本港辦學團體之一。

常委會推薦校董會成員，負責管理有關屬校事務；成員須呈教育局批准。千禧以後，教育局規定學校須成立法團校董會；為此黃埔學校於2012年8月正式組成。會內加入校長校董、教師校董、家長校董。目前任辦學團體校董者，有李百強、郭麗英、鄧志成、梁紀昌、雷其昌、謝少熹及鄭振發七人。

校友會一向設有五項獎學金，由學生資助辦事處管轄，分別為紀念張榮冕院長、羅宗熊院長、葉梁寶祿女士，另有葛師三十週年

參與黃埔葛小2019-20年度畢業禮的辦學法團校董，左起：謝少熹、雷其昌、梁紀昌、李百強、郭麗英、鄧志成。

2016-17畢業禮，教大校長張仁良教授主禮。

2017-18畢業禮，考評局秘書長蘇國生博士主禮。

校友會常委們參與黃埔葛小的環保年宵，左二為李耀寶校長。

黃埔葛小校監，常委、校長，家長手持揮春賀年。

　　紀念及校友會服務獎。2012年新設葛師鑽禧紀念獎學金。上述各項獎學金額共9,900元，獎予黃埔學校各級表現優異的學生。學校近年得熱心人士江紹裘先生捐款，贊助學生體育活動，深表感謝。

2020-2021年度法團校董會（IMC）校董名單

辦學團體校董：李百強（校監）、鄧志成、郭麗英、梁紀昌、
雷其昌、謝少熹、鄭振發（替代）

獨立校董：莊耀洸

校長校董：李耀寶

教師校董：張富榮、蔡龍生（替代）

家長校董：王淑盈、王征征（替代）

（二）學校興替概略

校友會辦學逾六十年。屬校的興替概略，可見下表：

校名	校址	開辦日期	備註
葛量洪校友會觀塘學校	九龍觀塘雞寮（翠屏道）第17座	1961-9至1978-12	初時辦上下午兩部 1998年9月轉為全日制 2008年秋交回房屋署
	九龍觀塘順安邨	1979-1至2008-8	
葛量洪校友會慈雲山學校	九龍慈雲山邨第61座	1967-9至1988-8	1985年轉全日制 1988年秋交回房屋署
葛量洪校友會油塘學校	九龍油塘高超道邨（與晨崗學校合用校舍）	1973-9至1993-8	1993年秋交回房屋署
葛量洪校友會將軍澳學校	新界將軍澳翠林邨	1988-9至2008-8	1999年9月轉為全日制 2008年秋交回房屋署
葛量洪校友會黃埔學校	九龍黃埔花園德安街30號	1997-9至今	辦全日制

校友會在千禧年仍有屬校三間。但由於本港兒童出生率下降及
學校所在地區人口老化問題，收生不足，逼於2008年秋結束觀塘
及將軍澳兩校。上述三校的辦學情況，由各校長執筆撰寫，均見於
2012年《葛師的歲月》書內。

（三）黃埔學校現況

甲、歷任校監及校長

年份	校監	校長
1997-2000	馮壽松	郭麗英
2000-2008 2008-2009	馮壽松 司徒華	潘天賜
2009-2011 2011-2013	司徒華 李百強	阮淑冰
2013至今	李百強	李耀寶

乙、校務簡報

校長：李耀寶

副校長：袁慧敏　蔡龍生

李耀寶校長（中）、副校長：袁慧敏（右一）、蔡龍生（左一）。

學校簡介

葛量洪校友會黃埔學校（下文簡稱葛小）創立於1997年，轉瞬間已踏入第二十三年。近年在校監李百強先生及法團校董會校董成員的帶領下，讓葛小自2011年面對縮班，全校只得13班的情況，逐年穩定擴充班數。至2019年度，小一至小六各級均開設五班，全校合共30班；教職員人數增至80人，學生人數達八百多人。

葛小位於九龍紅磡黃埔花園，是一所政府資助津貼小學。為要迎合教育發展新趨勢及學生學習的需要，我們不斷完善學校的設備及設施，包括：「葛小時間廊」（小型博物館）、中央圖書館、黃埔小舞台、創科天地（The Tech-Land）、I.T.Zone、美術巴（CreArtive Bus）、階梯教室、創意黑板、攀石牆等等，都是有利提供優質教育的條件。

附錄二：葛量洪教育學院校友會辦學概要

學校大堂

美術巴（CreArtive Bus）

階梯教室

由小一開始有系統地學習電腦知識

學習編程知識

語文學習重視情感朗讀

積極推廣閱讀風氣

透過英語話劇提升學習趣味

English Reading Rockets Programme

同學在小息時參與「創意黑板」活動

培養學生創意藝術

葛小樂團的演出

低年級同學學習橫向攀石

高年級同學學習直向攀石

辦學理念

「以人為本，有教無類」是葛小的辦學精神，提供愉快有效的
學習環境，讓孩子從經歷中學習，敢於接受挑戰；讓每個孩子都能
在原有的基礎上進步，發揮個人潛能。期望孩子們成長後，勤懇踏
實，服務社會，為同儕樹立楷模，實現葛量洪教育學院校友會「一
籽落地，萬穀歸倉」的百年樹人教育理念。

學校發展目標

自2013年9月，李耀寶成為葛小第四任校長，秉承辦學理
念，以「穩中求變、自我精進、展現成就」為學校改革目標，重
新檢視，分析校情，眾志籌謀，決心走出「舒適區」（comfort
zone），由學校政策、教師專業發展、課程規劃、課堂教學、學生
支援、多元智能、優才計劃、家長教育等等，均以「小步子」方
式，創新嘗奇，持續更新完善，逐步為葛小奠立優質教育的基石。

校本特色課程

「我做得到──生活體驗課程」──屬於葛小孩子的校本訓輔課程

軍團大合照

因應現今社會環境的急速轉變，以及學生成長的需要，學校須重視培育學生獨立思考及自主學習的能力，當遇上難題的時候，懂得辨識當中涉及的價值觀，作出客觀分析和合理判斷，並付諸實踐，方能面對未來生活上種種的挑戰。

若要學生在幼小成長路上、升中路上，以至踏足社會路上，都能穩步向前，必須教導學生擁有堅毅、主動積極、敢於接受挑戰和對抗逆境的態度，不能單以說教方式，且須讓學生有更多的學習經歷和生活體驗，才能有效培育學生擁有良好品德和公民素質。所以，我們以「情景教育，經歷為本」的課程理念，於2013至2014年度開始，創設了「我做得到——生活體驗課程」。

年級	課程主題	實踐課程日數	培養能力及價值觀	全方位學習內容	課堂學習的連結
小一 小二	童軍式自理課	兩天	自理能力 服從紀律	自然環境	多元智能課 常識課
小三	曹公潭自理訓練	三日兩夜	自理能力 合作合群 服從紀律	自然生態	周會課 常識課
小四	長洲軍訓	五日四夜	團隊紀律 自理獨立 不怕吃苦	香港歷史	周會課、常識課 中文課、體育課
小五	大嶼山軍訓	五日四夜	對抗逆境 自尊自信 不怕失敗	社區探索	周會課、常識課 中文課、體育課
小六	北京學習交流 (「明日領袖」計劃)	七日六夜	主動積極 領袖才能 突破自我	國民身份認同 中國歷史與文化	周會課、常識課 中文課、普通話課

「我做得到——生活體驗課程」規劃總表

　　「我做得到——生活體驗課程」並不是一次性的活動，而是一個涵蓋一至六年級，有整全的縱向課程規劃。課程包含前置、實踐和延伸學習三個部份，每部份均緊扣課堂學習、實踐體驗及學習氛圍；讓學生從三年級初嘗自理訓練營，至四、五年級接受長洲軍訓和大嶼山進階軍訓的考驗，到六年級成為「明日領袖」，突破自我，接受挑戰，遠赴北京進行兩地學習交流。「我做得到」讓葛小學生能夠在不同的經歷中去自我改進。

三年級同學參與「自理訓練營」

參與歷奇訓練

四年級同學參與「長洲軍訓」

同學們展示軍體拳

五年級同學參與「大嶼山軍訓」

在大嶼山軍訓中體驗野外露營

五年級同學挑戰五小時的遠足活動

六年級同學參與「明日領袖」交流計劃

「明日領袖」交流團到清華附小上課

交流團同學學習傳統中華文化

葛小時間廊

「葛小時間廊」記載了葛量洪教育學院校友會的進展。從1960年代初期開始辦學至今，先後經歷逾半個世紀，在推動教育及專業發展工作上，均作出重大的貢獻。

身為葛小一分子，應該對自己這「第二個家」要有深度的認識，就好像我們要了解國家、家族的歷史一樣，才能產生認同，建立歸屬，進而同心向理想邁進，將葛小的「精神火炬」永續。為此學校在2015年開始籌備建設「葛小時間廊」，由構思設計、按步施工、挑選展品到撰寫文稿資料等等，逐步完成。2017年6月30日，承蒙香港教育大學校長張仁良教授蒞臨主禮，為「葛小時間廊」主持揭幕儀式。

揭幕禮嘉賓（左起）：家長校董區美容女士、校董莊耀洸先生、創校校長郭麗英校董、教大校長張仁良教授、校監李百強先生、校董鄧志成先生、家長校董黃雯女士、校長李耀寶先生。

葛小時間廊全景圖

張仁良教授參觀葛小時間廊

「葛小時間廊」共分為四個展區：

葛小獅鷲

步上一樓大堂，大家便清晰看見雄赳
赳的本校校徽「獅鷲」，它象徵保守着葛
小學生能夠在安全及優質的環境下學習及
成長，將來由這裏振翅高飛，「獅鷲」下
方有「葛小時間廊」五個字，出自校監李
百強先生手筆。

葛小時光

葛小時光由四幅展板組成，設有不同主題，包括：

1. 葛量洪教育學院發展及葛量洪教育學院校友會成立的歷程。

2. 辦學團體葛量洪教育學院校友會開展興學宏圖的歷程。

3. 永遠懷念本校前任校監司徒華先生，簡述其一生對教育的貢獻。

4. 葛量洪校友會黃埔學校由1997年開校至今的學校發展概況。

附錄二：葛量洪教育學院校友會辦學概要

葛小寶盒

六十年來，葛師校友會保留了不少珍貴的文物，經過精挑細選，我們把部份具代表性的歷史文物，放在「葛小寶盒」展覽，例如觀塘學校原址實木校名牌匾，就是由嶺南派名畫家何漆園老師為葛師校友會的第一所小學題名，甚具歷史意義。參觀者可把歷史文物與「葛小時光」展板的內容配對，探古尋源，令葛師校友會的辦學歷史立體呈現。

葛小成就

葛量洪校友會黃埔學校注重五育，致力培養學生成為「葛小三品人：做人有品德、做事有品質、生活有品味」，提倡多元化學習，讓學生發揮及展現潛能，本文所附照片及其說明，正表現學生們多年來的學習成就。

葛小時間廊是校內的一個小型歷史博物館，它能讓參觀者認識葛小歷史。期望它能培養同學們對葛小的情感，感悟葛師前輩對教育的付出，對育人理想的追求，從而勤學立志，發揮「獅鷲」振翅高飛的精神。

葛小展望

葛小教師與別不同之處，在於我們不是各自為政，不會以個人利益為先，而是一個擁有共同信念，堅守「核心價值」的團隊，事事以「學生為本」，務實而不浮誇，教學用心盡責，真誠關愛孩子的教育專業人員，也是這幾年間，葛小持續明顯進步的成功關鍵。

正所謂：「創業難，守業更難！」我們深明葛小不會就此停步、就此滿足，我們將會以「自我精進、追求卓越」為葛小教師團隊的奮鬥目標，以「不是做了，而是做好」的專業態度，冀望事事有形有實，在原有良好的教育基礎上不斷力求進步，使葛小成為一所「智慧型學校」，給孩子們擁有優質的教育，迎接美好的未來。

（四）三位前校監功績

辦學團體屬校的校監，是個有責無酬的職位。它應是一個具宏願而有能力的教育人；學校教育成功，全仗校監的英明領導。本節且來記述與校友會所辦學校有關的三位前任校監的事跡。他們雖已辭世，但好人好事總是留在好友腦中。

甲、李知其先生

校友會在1955年辦理第一間小學夜校時，眾推李知其校友擔任校監。他處事公正，辦事認真。早年會方出版的《葛師校友》小冊中載其所作校務報告，筆路藍縷，艱苦經營。

以下錄其文中第一節緣起，可見開校時一些人事關係。另錄其第五節學生兩級四班人數表，這164個學生係在逾四百名申請者中考取的；大抵住在西營盤區而家境十分貧苦，可見當年小學學位需

校友會小學夜校報告
（一九五五年三月一日至八月卅一日）
　　　　　　　　　　　　　李如其

茲將本學期（一九五五—五六學年度預備學期）校務概況報告如后：

一、緣起

自一九五三年秋校友會公演「少奶奶的扇子」話劇籌募後，當年校友會主席歐耀庭君便即著手向各處借用校址，擬開辦夜校，然因租金問題未能告成；直至一九五四年秋因恰逢新建官立李陞小學之開設，得張榮晃校長代向教育司署洽商，復蒙李陞經柏校長與韓鈺豐校長之允准，遂得晚間借用該校校舍，直至本年三月間，始蒙教育司正式批准開學。在此醞釀期間，得前任主席歐耀庭君、趙惠榮君、現任書記司徒華君及現任主席岑世琪君等出力甚多。

二、組織

—6—

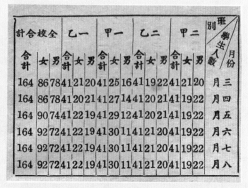

全校合計			乙一			甲一			乙二			甲二			月份
合計	女	男	合計	女	男	合計	女	男	合計	女	男	合計	女	男	學生人數 班別
164	86	78	41	21	20	41	25	16	41	19	22	41	21	20	三月
164	86	78	41	20	21	41	27	14	41	20	21	41	19	22	四月
164	90	74	41	22	19	41	29	12	41	20	21	41	19	22	五月
164	92	72	41	22	19	41	30	11	41	21	20	41	19	22	六月
164	92	72	41	22	19	41	30	11	41	21	20	41	19	22	七月
164	92	72	41	22	19	41	30	11	41	21	20	41	19	22	八月

葛師校友會夜校（借用李陞小學）簡報（1955）

求甚殷。李氏在文中提及夜校學生多勤奮向學，祇惜家長不太重視其子女學業。第六節列出課程：每週上課五晚，七至九時共四節，祇設中、英、數、社、音五科，學費每月二元；教師月薪為一百元。諸君看過此段，或可想像到香港五十年代的教育情況與社會困境罷！嗣後日校的小學學位供應改善，而本會夜校則於1966年在張志強校友做主任時結束。

乙、司徒華先生

司徒華校友在葛師首屆畢業，是我們的大師兄。他熱誠教學，身膺觀塘校長，仍親力親為去教會考班，成績斐然。他管理校政，用公平性、同理心去處理問題。他主張有教無類，多次為校友會向

政府申請營辦學校，取得成功；更投入社會服務，盡心盡力，極受坊眾們和教育界的敬重。

司徒氏在1978年倡議中文為法定語文；1985年獲選為立法會議員，連任數屆，任內爭取九年免費教育、要求取消升中試，相繼實現。他高瞻遠矚，致力監督政府發展教育，增加中學、大學學額，資助幼兒教育等。1992年自學校退休後仍努力不懈，千禧年間又為內地無證兒童在港讀書請命，申張公義，一生為市民福祉服務（請參閱教大出版之紀念特刊「教院人・師範生」中的「懷念平民教育家司徒華」一文）。

丙、馮壽松先生

馮壽松校友在校友會屬校任校監逾四十年。他早期在教學及校政方面，表現出色。課餘進修文史、教育，隨即升為校長，在青山、屯門區舉辦過不少校際聯合活動，任教育署教育中心、區域市政局委員，人脈廣闊；曾赴英進修宗教教育、校政管理，又在穗在京修習語言及出版事務，學識淵博。

他任中華基督教會香港區會執委及主席共五十年，管轄學校六十餘所；又任中小學校董十數間，經驗豐富。他曾掌教會的副總幹事職，又任文藝出版社社長，功績卓著。於2013年獲香港教育大學頒授榮譽院士（請參閱教大為該典禮印製的小冊）。馮氏為我校友會各屬校的校務與人事方面，出謀獻策，建樹良多。

早期校友會的屬校校董會：左起梁灼、馮壽松（校監）、司徒華（主席）、劉國屏、李百強。

附錄三

校友會與香港教育大學的聯繫

香港教育大學（The Education University of Hong Kong）簡稱教大，前身為香港教育學院 （The Hong Kong Institute of Education）簡稱教院，於1994年由羅富國教育學院、葛量洪教育學院、柏立基教育學院、香港工商師範學院及語文教育學院合併而成，秉承七十多年的師訓基礎，努力融合、創新、拓展，於2016年正名為大學。現已發展成為以教育為本，提供多元學科、兼具研究實力的教育大學。繼往開來，教大成立「香港教育大學基金」（The EdUHK Foundation），旨在凝聚各方力量，開拓社會網絡，從而協助教大持續發展，層樓再上，成為高等教育界的優秀學府。

（一）響應教大籌募捐款

校友會本着薪火相傳的宗旨，對教大籌款事宜十分關注，經常響應募捐款項，每逢教大慶祝的進階年份，校友會都捐獻一筆款項，成為香港教育大學基金榮譽顧問。

校友會為紀念首任院長張榮冕先生，曾於2004年4月捐款十萬

教院十週年，本會前主席司徒華及部份委員到場祝賀。

2016年教大成立，羅師古學俊（左一）、
鄉師鄺啟濤（左三）、葛師李百強
（左四）三會長向張校長致賀。

教大成立，校董會主席
彭耀佳博士在校友擁簇
下切餅慶祝。

葛師校友會為香港教育大
學基金的榮譽成員之一

校友會主席李百強及委員何萬森與教大得獎學生代表合影

元。得教院將其圖書館的一間學生討論室冠名為「葛量洪校友會張榮冕院長室」。2011年所捐十萬元，教院則在C座的演講廳（C-LP-11）的座位留芳，分別以「葛師鑽禧紀念」及「懷念司徒華先生」為名，各佔五席。

葛師第三任院長何雅明先生於2004年辭世後，其家人匯集385,000元捐贈與教院，專為修讀英文的優異學生作獎學之用。

葛師早屆畢業生鍾靜嫻女士，偕其弟鍾向榮先生於 2015 年11月，捐款40萬元與教院，以紀念其尊翁育人事工。教院為答謝鍾氏姐弟慷慨捐款，將 B2 座LP層一課室，命名為「鍾維新室」。

在2004年秋，教院為籌募事宜，呼籲校友捐出個人或所藏書畫佳作，義賣籌款。校友會司徒華先生送出新寫書法數幀響應，而李百強先生獻出手書楹聯則由教院講師高國威先生購得。十餘年後高

李百強所書木刻楹聯
懸掛於葛小教材資料室

氏將該副木聯贈與校友會，現懸掛於黃埔學校教材資料室的一角。

2014年3月，校友會為慶祝教院成立二十週年，曾在校友日中主辦一項「唱曲樂獻‧教師校友粵曲獻唱」文娛節目，邀約曾任教師的唱家十人，安排下午三個小時，在胡郭秀萍演講廳獻唱粵曲，由演唱者及其好友共捐贈15萬元，匡助教院發展。該節目由李百強、郭麗英統籌其事。

2014年本會在教大校友日主辦「唱曲樂獻」，籌款捐與教大。

另外，教大設有「樹人樹木」捐款計劃，並在B4座LP層的學習共享區設有多棵長有茂葉的捐款樹，每葉寫上捐款者姓名，以表謝意。葛師一樹有大葉寫上「發光發熱‧愛人助人」。校友會期望各屆校友能經常慷慨解囊，回饋教大，積極響應這項極具意義的捐款計劃。

（二）教大頒授榮譽院士

教大自2009年起，每年向教育界及對社會有貢獻人士頒授榮譽院士，下列葛師講師及校友獲此榮銜（按年份及英文姓氏排序）：

朱溥生先生 （2009）

麥陳尹玲女士 （2010）

陳榮光先生 （2011）

馮翰文先生 （2011）

何沛雄教授 （2011）

陳謳明主教 （2013）

馮壽松先生 （2013）

鄭國江先生 （2014）

李百強先生 （2014）

梁紀昌先生 （2015）

霍和平先生 （2019）

（三）教大的「校友及拓展事務處」

教大設「校友及拓展事務處」，以推動校友事務，及為大學長遠發展籌募捐款和資源為主要工作。在未來數年，校友及拓展事務處將會在籌款和校友事務推出新策略，包括為校友提供增值服務、舉辦主題性活動、鼓勵教育創新，以及更積極與捐款者及持份者建立關係，擔當橋樑角色，把捐款者、教大及社群連結起來，推行不同項目，對社會帶來正面影響。

主題性活動方面，以特殊教育主題為例，校友及拓展事務處擬舉辦慈善步行籌款、藝術展覽、跨界別講座及慈善晚宴等。除了與

特殊教育相關的教大部門、中心以及非牟利社福機構合作外，校友及拓展事務處亦會邀請眾校友會及校友參與，攜手支援社會弱勢社群。

　　隨着教育科技普及，校友及拓展事務處會配合教大發展及校友所需，致力於教育創新的活動。校友及拓展事務處正構思一個教育創新的項目，希望鼓勵校友把「設計思維（design thinking）」融入工作及日常生活，甚至以設計思維解決難題，從而為校友增值，幫助個人成長及發展。

為參與教大校友日活動，本會常
委陳澧祥教小朋友製作大頭佛。

教大25週年時間囊開啟禮上，校長張仁良教授（左五）與本會主席及委員合照。

附錄三：校友會與香港教育大學的聯繫

校友及拓展事務處期望與校友保持緊密聯繫，並得到校友的鼎力支持，與教大攜手推動學與教的發展，以及為社會可持續發展作出貢獻。

校友及拓展事務處
地址：新界大埔露屏路10號
電話：2948 6048
傳真：2948 8466
電郵：alumni_affairs@eduhk.hk
網址：https://www.eduhk.hk/aado/

（四）教大的「香港教育博物館」

香港教育博物館（博物館）成立於2009年，是收藏、保存、研究及展示有關香港教育歷史、文化及發展相關之文物的專題博物館。該館設於教大校園之內。

博物館收藏不少具歷史價值的本地教育文物，當中包括有教學用具、校服、課本、獎杯、證書、文獻及歷史照片等。葛師導師及校友們至今捐出文物近千件，包括葛師的舊照片、同學名錄、校服和教具等，當中彌足珍貴的有葛量洪教育學院副校長馮翰文先生於1935年獲廣州中山大學頒發的優學獎章及何漆園先生於1950年代末送贈馮氏的一把摺扇、陳炳添先生與鍾永文先生的多幀葛師相片，以及眾葛師校友的寶貴捐贈等等。

博物館定期舉辦專題展覽，主題如香港的師訓發展、香港學校建築演變、香港幼兒教育今昔、香港校服今昔，以及夥伴辦學團體

傳承歷史珍藏展等。在2011年1月至2月，博物館與葛師校友會合作，舉辦「懷念司徒華先生」紀念展，回顧他在教育路上的心路歷程，以及播放司徒華校友接受口述歷史訪談的足本錄影片段。在訪談中，司徒校友分享葛師生活點滴、四十年教育生涯的心路歷程，以及從政治、經濟及社會的變遷剖析本港教育發展的幾個階段。此外，在2011年11月，博物館、教大校友及拓展事務處，以及本會合辦「鑽禧藝展」，以照片展覽形式介紹葛師的青蔥歲月，喚起不少葛師校友對往日美好時光的集體回憶。

博物館不定期推出特別展覽與活動，校友可透過網頁及社交平台獲悉該館最新動向。

地址：香港新界大埔露屏路10號香港教育大學D1座平台

電話：2948 6692

電郵：hkme@eduhk.hk

網址：https://www.museum.eduhk.hk社交平台：

Facebook: https://www.facebook.com/eduhkmuseum

Instagram: https://www.instagram.com/eduhkmuseum

香港教育博物館

《葛師的歲月》（2012）文題及作者目錄

　　十年前，本會為慶祝母校六十週年，曾於2012年12月出版《葛師的歲月》。該書可稱為此系列的第一冊，共480頁，由70篇文稿組成。

　　以下重刊該書目錄，先列文題而後列作者，其餘如前言、後記等則全部略去。

葛師，謝謝您　邱少文

感謝葛師　雷其昌

在葛師的五個年頭　李栢雄

那些年葛師的一些人和事　張志真

經師與人師　張志鴻

葛師——成就了我的人生　楊樂常

葛師給我體魄與信心　陳澧祥

擁抱葛師的日子　廖玉光

鮮魚行學校的傳奇　梁紀昌

在分校修體育的一員　鄭振發

雕塑之路　黎日晃

自小結下葛師緣　陳謳明

飲其流者懷其源　王香生

那些年：一起走過的日子　朱少芳

緣自葛師　朱啓文

人生路上‧亦師亦友　吳香生

註：是書由天地圖書有限公司出版，書號為978-988-219-865-4，香港各大公共圖書館均置此書
　　於「社會科學」欄522.84391-4222。

編輯後記

主編：李百強

　　本書文章數十篇，要花幾個小時才看得完。諸君讀後，相信與編者有以下同感。

　　文中最常用的實體詞是簡稱的「葛師」，這個自然。作者們所寫的正是他們在讀或任教的一段美好而珍貴的葛師時光：在讀者大多於年輕時、剛離中學而進入師範，一讀便是兩三年，絕少中途退學。這顯見教師行業的意義及葛院培訓的成功。至於任教者，大多是年青有識的俊彥、學養湛深的學者；誨人不倦、解惑求知。師生一起，教學相長，共同朝着育人大業而前進。

　　文中最常用的心底詞是「恩」、「感」、「樂」、「緣」這幾個字，不論用在題目或用在文內。配起詞來，有「受恩」、「恩師」、「感受」、「感動」、「喜樂」、「歡樂」，而「緣」字更多姿采，有師生緣、同窗緣、伴侶緣等，自然流露，都充斥於文章之中。至於文內所描述的，有「進修」與「發憤向上」、「挑戰」與「接受考驗」，其成功在「嘗試」與「堅持」、其貢獻在「啟導」與「付出」。這些詞語組成了真摯真誠、善心善意的句段，使文章的內容載滿了「師道」。而情意方面，有悼念也有祝願，尊師懷友，讀書人、教學人之本心也。

　　書中文章，既出自每一作者的所思所感，風格當然各有不同。關乎個人的事與情，有的寫來坦誠，有的稍為含蓄。關乎各人的興

488

趣與研究，有的輕鬆、有的嚴肅。我仔細地翻閱，竟發覺文章有相連的線索與呼應的效果。談到數學教育，有電視介入課室教學，也有課程的分階遞進。談到社會教育，有理論的也有實踐的。談到美藝研習，有創新的也有精進的。談到特殊教育，有致力辦學的也有提升實效的。談到幼師培訓，有幼稚園辦學人的奉獻，也有葛院和教大培育課程的逐步拓展。在中小學校裏任教師或校長而執筆的，佔了作者群中的多數：有為一校而服務一生者，有為一教會而獻身者，有為一地區而奮力者，從學校到社會，做好天職之外，也盡了公民的責任。

是書作者，不少來自大中小學的行政人員，職責有重有輕，而影響有大有小，其任務有艱苦的也有順遂的，得看時勢和際遇。說到為一個科目而努力，則體育科、美術科、陶藝科、手工科等，特別見到他們的創意與辛勞，成就了他們自己的專業世界。說到千禧以來校本政策的推行，本港中小學常向教育局有關基金申請，得與內地學校互相探訪交流，成功例子極多。說到教師個人志業方面的奮進，則在所服務學校之內或學院各系之間，都有很多發展的機會；全視乎個人當時的抉擇及其後的進展而已。教師所長的是思考與語言，延伸下去就是寫文章、任編輯、做司儀，甚至在幕前演出當演員等等。畢竟個人良知的培植、潛能的發揮，做一番有益於人的事業，是無愧於天地的。

是書作者，曾在葛師任教的近三十人，他們任教的年期有長有短，但畢生從事教育的佔絕大多數。有的從中小學轉來，有的其後因升職而轉任教署分處各部。這情況在葛院隸屬教署時，至為常見。前輩們多在適時退休，其中移居海外者亦不在少數。九十年代中期，五院合併為香港教育學院，較年輕的講師們則多選擇過渡到

編輯後記

新機構去，繼續其育人使命。無論如何，教育專業需要持久進修；進入葛院時有此初心，轉到教大時加緊鑽研。他們具有更高學歷、抱有更大理想，合力建立一所新的香港教育大學。

本書文章，詩文並舉，中英兼備。作者肯動筆為文，十分感激；而惠稿者不乏以耄耋之年奮持健筆，殊為難得。文稿蒐集後，取「尊師重道，立己立人」為篇名，實亦表達吾輩為人師者的一生箴言與教育理想。在徵稿方面，身居海外得靠電腦傳送，以今天科技而言，甚為便捷；而在編輯方面，有時或因篇幅所限而略作刪減，幸得作者們予以諒解。事實上，書內各篇大多言有未盡；他們只寫教學生活與體會的一點一滴而已。本書篇章頗多，為求格式一致，文中作者多用舊日在讀時姓名，而署去其後所獲官階、博士、教授等名銜，祇分別尊為老師、或以先生、女士作稱謂。而文內所附照片，亦僅得一頁半版，有關人事時地則疏漏難免，尚祈原宥。本書書末所載附錄，編入校友會近十年的會務報導及辦學現況，且列出本會《葛師的歲月》第一冊目錄，讀者自可覓來細閱。

最後，主編須向編輯小組成員致謝，由文稿審議、編排以至校對，工作雖繁複而暢順。並向下列人士致謝：他們包括陳婉玲、劉錦新、陳炳添、吳香生等幾位致力聯繫。而本書所蒐集的校友會資料及舊老師文章，則有賴陸武平、容雁雲、李錫瑜、黃德尊、郭善伙、陳錫鈞等盡力襄助。諸費清神，在此謹致以衷心謝意。

編輯後記

鳴　謝

是書蒙下列人士或機構鼎力協助，謹致謝意：

江潤勳、潘宏強、趙蘇麗珍三位院長題辭

香港教育大學校長張仁良教授賀辭

江潤勳院長擔任編輯顧問

何漆園老師後嗣同意使用其書法集字而成書題

鍾永文校友准用其前所設計之聖誕卡作封面（原作紅色）

七十多位校友提交詩文及照片

香港教育大學校友及拓展事務處提供資料及照片

香港教育博物館提供資料及照片

各屆熱心校友為本書提供珍貴照片

本會通訊地址：

九龍紅磡德安街30號葛量洪校友會黃埔學校

電話：2334 3673

傳真：2334 7689

網址：www.gcewps.edu.hk

電郵：gcepsa@gcewps.edu.hk

www.cosmosbooks.com.hk

書　　名　葛師的歲月（二）——情長七十年

主　　編　李百強

責任編輯　王穎嫻

美術編輯　楊曉林

出　　版　天地圖書有限公司

　　　　　香港黃竹坑道46號

　　　　　新興工業大廈11樓（總寫字樓）

　　　　　電話：2528 3671　傳真：2865 2609

　　　　　香港灣仔莊士敦道30號地庫（門市部）

　　　　　電話：2865 0708 傳真：2861 1541

印　　刷　亨泰印刷有限公司

　　　　　柴灣利眾街27號德景工業大廈10字樓

　　　　　電話：2896 3687　傳真：2558 1902

發　　行　香港聯合書刊物流有限公司

　　　　　香港新界荃灣德士古道220-248號荃灣工業中心16樓

　　　　　電話：2150 2100　傳真：2407 3062

出版日期　2021年6月/ 初版